LE
PROBLÈME DE LA MORT

OUVRAGES DU MÊME AUTEUR

A la même librairie

Théorie des Sciences, plan de science intégrale. (Deux forts volumes in-8) . . . . 20 fr. »
L'Histoire et les Historiens, essai critique sur l'histoire considérée comme science positive. (Un volume in-8).   7 fr. 50

ÉTUDES D'HISTOIRE GÉNÉRALE
ÉVOLUTION DES ARTS UTILES

Ont paru :

Les Forces de l'Industrie. (Un volume in-8). . . 5 fr. »
Conquête du Monde animal. (Un volume in-8). . 5 fr. »
Conquête du Monde végétal. (Un volume in-8) . 5 fr. »
Histoire de l'Alimentation. (Un volume in-8). . 5 fr. »

BIBLIOTHÈQUE
DE PHILOSOPHIE CONTEMPORAINE

LE PROBLÈME

DE

LA MORT

SES SOLUTIONS IMAGINAIRES
ET LA SCIENCE POSITIVE

PAR

LOUIS BOURDEAU

DEUXIÈME ÉDITION, REVUE ET AUGMENTÉE

PARIS

ANCIENNE LIBRAIRIE GERMER BAILLIÈRE ET Cie
FÉLIX ALCAN, ÉDITEUR
108, BOULEVARD SAINT-GERMAIN, 108

1896

INTRODUCTION

« Le soleil ni la mort ne se peuvent regarder fixement, » dit la Rochefoucauld (1). Quoique souvent citée, cette maxime n'a qu'une vérité relative, car, prise dans le sens absolu, elle exprimerait plutôt une double erreur. D'une part, en effet, les astronomes, moyennant quelques précautions assez simples, observent très bien le soleil et l'étudient avec une curiosité passionnée ; de l'autre, une foule de héros obscurs bravent résolument la mort au service de la patrie, de la science ou de l'humanité. Nombre d'infortunés l'invoquent même à titre de libératrice et cherchent en elle un asile contre les maux de la vie. Il n'y a pas, remarque Bacon, de passion si faible dans le cœur de l'homme qui ne puisse le porter à défier la mort : « Le désir de la vengeance triomphe d'elle, l'amour la méprise, l'honneur y aspire, le désespoir s'y réfugie, la peur la devance, la foi l'embrasse avec une sorte de joie (2). »

Il n'est donc pas impossible de regarder fixement

(1) *Maximes*, 26.
(2) *Essais de morale*, II.

la mort, et nous sommes tenus de le faire si nous voulons la comprendre. La plupart, il est vrai, n'arrêtent pas sans angoisse leur pensée sur l'énigme qu'elle nous pose. La mort est, selon l'expression biblique, « le roi des épouvantements », et Homère l'appelle « le plus détesté des dieux (1) ». Mais l'effroi qu'elle inspire tient surtout à l'obscurité qui l'environne. Les hommes la redoutent comme les enfants ont peur des ténèbres, faute de savoir ce dont il s'agit (2). Nulle part sans doute le *nocturnus horror* n'est aussi complet et aussi tragique; néanmoins, comme il suffit d'un peu de lumière pour dissiper les vaines terreurs de la nuit, on aurait moins d'appréhension de la mort si on la connaissait mieux. Tâchons de nous en faire une juste idée, nous pourrons alors l'envisager sans fausses alarmes et la subir avec une plus tranquille résignation.

Qu'est-ce donc que la mort? Faut-il voir en elle le terme réel de la vie, supprimant pour ce qui doit suivre tout motif d'espoir et d'inquiétude, ou le point de départ d'une existence nouvelle qui ouvre sur l'avenir de vastes perspectives, objet de craintes et d'espérances sans fin ? Ce problème est assurément le plus digne de nos méditations, puisque, résolu dans l'un ou l'autre sens, il préjuge notre destinée future et assigne sa direction à la vie présente. « L'immortalité de l'âme, dit Pascal, est une chose qui nous importe si fort, qui nous touche si profondément, qu'il faut avoir perdu tout sentiment pour être dans l'indifférence de savoir ce qui en est. Toutes nos actions et nos pen-

---

(1) *Odyssée*, XI, 487.
(2) Lucrèce, *De rerum naturâ*, III, 87 et 88.

sées doivent prendre des routes si différentes selon qu'il y aura des biens éternels à espérer ou non, qu'il est impossible de faire une démarche avec sens et jugement qu'en la réglant par la vue de ce point qui doit être notre dernier objet (1). »

Ce n'est point, toutefois, la curiosité qui manque aux hommes à cet égard, mais bien le moyen d'investigation qui fait défaut. L'idée de la mort est une de celles qui ont le plus préoccupé, on peut dire obsédé l'esprit humain. Aux questions que soulève cette éventualité redoutée, les religions et les philosophies ont fait des réponses diverses et voulu dominer la vie par l'interprétation de sa fin. Mais, procédant par l'à priori de l'intuition, de la révélation ou du système, elles n'ont pu que formuler des doctrines de foi ou d'opinion, c'est-à-dire persuader sans preuves, suggérer la certitude de l'inconnu. Il reste à examiner le problème au point de vue de la science, qui s'est trop longtemps abstenue d'intervenir dans le débat. Essayons d'indiquer la possibilité d'arriver par elle à une solution rationnelle.

Malgré toutes les ressources d'enquête dont la science dispose, elle a refusé jusqu'ici d'aborder la question de savoir si la mort est une cessation complète de vie ou l'entrée dans une autre condition de vie, parce que le fait à constater, n'étant saisissable par aucun mode de perception, est inaccessible à une étude directe. Faute d'évidence immédiate et d'indices d'ordre positif, rien n'autorise à certifier, de prime abord, la réalité d'un état futur qui, pour l'observa-

(1) *Pensées*, édit. Havet, t. I, p. 137.

teur, n'est jamais présent. La science ne pouvant alors, ni étayer une affirmation, puisqu'elle manque de données, ni justifier une négation, parce que, logiquement, une simple négation n'est pas susceptible d'être prouvée, elle n'a pas de solution à proposer, fait profession d'agnosticisme au sujet d'une vie future, et s'en tient à la notion, seule manifeste, de notre mortalité. Elle laisse aux partisans de la survivance le soin de fournir des preuves, mais en se réservant le droit d'en apprécier la valeur.

A défaut de la science, qui se récusait, l'esprit humain, ne pouvant se résoudre à ignorer ce qu'il lui importerait si fort de connaître, s'est efforcé d'atteindre par d'autres voies la vérité cachée. Il a demandé au sentiment et à l'imagination de lui apprendre ce que la pure raison se déclarait incapable de découvrir. Dès le début de la spéculation, le désir et le rêve, prodigues de conjectures, proposèrent des hypothèses qui, adoptées sans contrôle, sont devenues avec le temps, par l'autorité de la tradition, des systèmes de croyances. Nombre de philosophes, attribuant même à ce mode de connaissance plus d'efficacité qu'à tout autre, tiennent qu'on peut obtenir par lui la révélation de l'inconnaissable. Par-delà le champ si borné des vérités de la science s'étendent, disent-ils, les horizons illimités de la foi, qui a pour preuves de ses inférences les pressentiments du cœur et les élans de l'imagination. Instincts divinateurs, le sentiment et l'idéal nous procureraient la notion, à la fois claire et mystérieuse, de la vérité absolue. Il suffirait donc, pour être en droit d'affirmer la survivance, qu'on la désire et qu'on y croie. Mais une thèse pareille est difficile à soutenir par de solides raisons, et la théorie de la connaissance doit s'appliquer avec soin à mieux distinguer les conditions de la certitude véritable.

Étroitement lié à la constitution de l'organisme et à l'activité de ses fonctions, le sentiment exprime ce qu'il y a en nous de plus intime et d'exclusivement personnel. Sous forme d'émotion et de désir, il signale avec une force et une netteté singulières ce qui est agréable ou pénible, favorable ou contraire au développement de la vie individuelle. Sa clairvoyance est même telle sur ce point, que la raison, aussi ferme qu'elle soit, a peine à prévaloir contre lui. Mais si, comme dit Pascal, « le cœur a ses raisons, que la raison ne connaît pas (1) », ces raisons ne valent que pour lui, dans l'ordre des affections, où il décide en maître, non dans l'ordre des connaissances, qu'il n'a pas qualité pour certifier. Cela revient à dire que le cœur et l'esprit ont chacun leur manière de raisonner, leurs motifs spéciaux, l'un pour désirer, l'autre pour savoir, et il serait illogique de prendre les indications de la sensibilité pour des preuves de vérité transcendante, car, lorsqu'il s'agit de démêler le vrai du faux, la raison seule en juge souverainement. Le désir, en effet, n'est point une clarté sereine, mais une impulsion aveugle. Propre au moi et tout imprégné d'égoïsme, il n'a aucune compétence au delà du for intérieur. Ses données sont toujours particulières et momentanées. Chacun a sa manière de sentir, d'éprouver du plaisir ou de la peine, sans que jamais ses sentiments fassent loi pour les autres, ni même qu'il puisse se rendre compte des leurs, sauf par des apparences trom-

---

(1) *Pensées*, édit. Havet, II, 88.

peuses. Lui-même est versatile, changeant, et ses affections se modifient suivant l'âge et les circonstances. La capacité du sentiment se réduit donc, pour chaque être, à signaler les états actuels et les tendances variables de la sensibilité. Comme mode de connaissance, il manque absolument de lumières pour établir des vérités générales et constantes.

Moins personnelle, puisque plusieurs peuvent former à peu près les mêmes rêves, tandis qu'ils n'éprouvent jamais de sentiments identiques, l'imagination conçoit l'idéal et se fait un monde illusoire où elle dispose à son gré les éléments du monde réel. Mais ces rêves, où domine la fantaisie, flottent dans une indécision perpétuelle et sont, comme les goûts, essentiellement divers. L'idéal se transforme et se renouvelle sans cesse, en nous, dans les autres, de siècle en siècle et de groupe en groupe. La faculté d'imaginer a donc encore un caractère marqué de particularisme et de personnalité. « Dans la veille, remarque Aristote, nous avons un monde en commun; dans le rêve, chacun a le sien. » Cela suffit à montrer l'irréalité de tous les rêves, car on ne peut pas admettre qu'il puisse y avoir autant de mondes que de rêveurs, et même le propre des rêves est, on le sait, de ne se réaliser jamais. Il n'y a donc pas, en cette matière, d'entente possible entre les esprits. Ils ne sont mis d'accord que sur des réalités, par la science.

Combien le sentiment est peu sûr, enclin à se méprendre, dans la poursuite du bonheur, sur ses intérêts les plus chers, c'est ce que montrent surabondamment les imprudences du désir et les désenchantements de la passion. Combien aussi l'imagination s'abuse, exagère ou fausse la réalité des choses, rien ne le dit plus clairement que l'inanité de la plupart de nos rêves et la perte des illusions à mesure que s'acquiert l'expérience de la vie. Ce sont là, par conséquent, des modes inférieurs, non supérieurs, de connaissance, et, quand on les trouve si souvent en défaut dans la pratique, ne serait-il pas bien étrange de les réputer infaillibles en théorie ? Le cœur se trompe, l'imagination nous déçoit. Seule, l'intelligence a, par son désintéressement absolu, son application suivie, ses méthodes rigoureuses d'investigation et de preuve, le pouvoir et le droit d'affirmer des vérités générales, permanentes, qui s'imposent également à tous les esprits. Ces vérités, dont le sentiment se borne à désirer la possession, et que l'imagination conjecture sous forme d'hypothèses, la raison les discerne, les met en lumière et les institue sur un fondement de certitude. Il n'appartient qu'à elle de constater et de proclamer l'évidence en matière d'idées.

Sans doute, dans l'œuvre de la connaissance, une part de sentiment et d'idéal se mêle toujours au travail de la pensée, car, sans leur concours, rien ne se pourrait. Au début de chaque recherche, l'inquiétude de l'ignorance, consciente de sa faiblesse, et la curiosité de savoir sont un stimulant nécessaire pour arracher l'esprit à son inertie, éveiller et soutenir l'attention. Ensuite l'imagination, s'exerçant sur les premières données recueillies par l'étude des choses, s'ingénie à deviner leurs rapports, dont le détail se dérobe encore, et propose des conjectures. Dans cette collaboration nécessaire, la fonction du désir est de fournir une appétition du vrai et d'inciter à sa poursuite ; celle de l'idéal, de suggérer des hypothèses qui présument où la vérité peut être. Mais là se bornent leurs aptitudes, et ni l'un ni l'autre n'a qualité pour certifier le vrai lui-même, car cela constitue le privilège de l'esprit. Il faut donc subordonner à ses arrêts les aspirations du sentiment et les anticipations de l'idéal. Leurs inférences ne sont recevables que contrôlées et vérifiées par la raison. Admettre, à titre de vérités prouvées, et même à meilleur titre que les vérités prouvées, les désirs du cœur et les mirages de l'imagination, c'est se fier à des guides sans clairvoyance et se tromper à coup sûr. Ni le besoin ni le plaisir de croire ne prouvent la vérité de ce qu'on croit, car, s'il en était ainsi, toutes les croyances seraient vraies, par cela même qu'on y a cru, tandis que leur diversité les fait se démentir réciproquement. La science, au contraire, tant qu'elle se renferme dans les limites de la certitude, n'abuse personne et réunit l'unanimité des adhésions. Elle mérite et justifie de la sorte une entière confiance. Tout ce que, en dehors d'elle, il y a dans nos esprits d'opinions contradictoires et d'illusions décevantes tient à ce que nous prenons indûment nos désirs pour des preuves et nos rêves pour la réalité.

Cette marche, seule logique, doit être suivie dans la discussion du problème de la mort. Si la science s'avoue impuissante à le résoudre directement, elle ne s'en désintéresse pas pour cela et offre à qui l'invoque, pour vérifier les solutions proposées, l'inappréciable secours de ses lumières acquises. Le sentiment et l'imagination, hors d'état de dévoiler la vérité avec certitude, ne peuvent que la pressentir et la préjuger.

C'est à la raison, éclairée par la science, qu'incombe la tâche de peser leurs conjectures dans ses balances précises et de dire s'il convient d'y croire ou de les rejeter. Une indication du désir ou une conception idéale étant donnée, il faut, avant de la recevoir en sa créance comme expression d'une vérité générale, examiner la validité des présomptions, le degré de vraisemblance ou de possibilité des inférences qui s'y rattachent, suivre l'enchaînement des conséquences, et finalement décider si l'assertion est conciliable ou non avec les vérités connues. L'accord existe-t-il sur tous les points entre l'hypothèse soumise à cette épreuve et les résultats les plus certains de la science? il n'y a pas d'objection à lui opposer, tant que n'interviendra pas une preuve nouvelle et contraire. Si l'accord n'existe que sur quelques points, il faut conclure à une simple vraisemblance plus ou moins mêlée de doutes. Mais, si le désaccord se produit sur tous les points, on n'a plus devant soi qu'une erreur flagrante, une présomption gratuite que dément l'ensemble des vérités les mieux établies. Comme la sensibilité, l'imagination et la raison sont des facultés connexes, constitutives du même moi, elles semblent faites pour s'entendre et s'exercer de concert dans l'harmonie d'une activité normale ; néanmoins, comme elles sont aussi en partie indépendantes l'une de l'autre, elles cèdent parfois à des tendances qui divergent; et lorsque, en matière de croyance, une contradiction éclate entre les aveuglements du désir qui, trop souvent, veut l'impossible, ou les chimères de l'imagination qui rêve le merveilleux, et les certitudes irréfragables de la science, c'est celle-ci qui doit décider et prévaloir, parce que, selon les expressions de Descartes, « elle accoutume l'esprit à se repaître de vérités et à ne pas se payer de fausses raisons ». Léonard de Vinci dit mieux encore, avec autant de justesse que de profondeur : « D'une manière générale, la science a pour office de distinguer ce qui est impossible de ce qui est possible. L'imagination, livrée à elle-même, s'abandonne à des rêves irréalisables. La science la contient en nous enseignant ce qui ne peut pas être. »

Avant que la science fût constituée, le sentiment et l'imagination, libres de toute contrainte, disposèrent d'un pouvoir absolu pour suggérer et maintenir les croyances qui pouvaient le mieux agréer. Toutefois, à mesure que s'accumula le trésor des connaissances positives, un examen critique rendit le contrôle possible, et la lutte s'engagea entre les vérités certaines et le surnaturel religieux ou métaphysique. Commencé dès les temps anciens, ce conflit s'est continué jusqu'à nous avec des fortunes diverses. Durant la phase de l'hellénisme, la science réussit à se séparer de la philosophie et put tenter une explication rationnelle des choses ; mais, trop faible encore, elle fut, au moyen âge, vaincue et asservie par la foi. Mieux armée dans l'âge moderne, elle revendique maintenant, avec une autorité croissante, quoique toujours disputée, sa légitime suprématie, dont le triomphe semble assuré dans l'avenir. D'une part, en effet, les méthodes rigoureuses de la science lui procurent, par le soin de n'affirmer que des vérités manifestes ou clairement prouvées, des garanties dont la spéculation imaginaire est entièrement dépourvue ; de l'autre, les progrès de la connaissance dans l'étude de la nature et de l'homme fournissent une masse imposante de données propres à faciliter la solution d'une foule de problèmes. L'astronomie, en dissipant les illusions anthropocentrique et géocentrique pour leur substituer la notion du vrai système du monde, du rang et de la place qu'occupe la terre dans l'univers ; la géologie, en révélant le passé de notre globe, la suite de ses états, les phases de ses créations minérale et organique ; la théorie de l'évolution faisant comprendre la genèse de la vie, ses transformations successives et l'origine naturelle de l'homme ; l'anatomie et la physiologie éclairant la structure du système nerveux et le mécanisme de ses mystérieuses fonctions, par lesquelles le psychisme se rattache au somatisme et se confond avec lui dans une activité commune ; les lois mieux connues de la génération et de l'hérédité reliant par séries tous les êtres dans la durée ; l'histoire ramenant à une existence collective, dont la civilisation exprime l'unité, les groupes épars du genre humain ; enfin la critique passant au crible les documents du passé et fixant la mesure de leur crédibilité... ; tant de vérités nouvelles et grandes, projetant un jour imprévu, ont modifié le fond des idées, changé les conditions du débat, et ne permettent plus, en ce qui concerne l'affirmation d'une vie future, de s'en tenir aux croyances traditionnelles, si elles n'ont pour elles qu'un long crédit. Il faut en opérer la revision méthodique, en profitant, pour les contrôler, des indications d'une science plus exacte.

Tel est l'objet de ce travail. Les hommes de foi, justifiant le sarcasme de Hobbes, qui comparait les dogmes de la théologie à une médecine sous forme de pilules qu'on avale en se gardant bien de les mâcher, acceptent de confiance les doctrines reçues et comptent sur une autre vie sans regarder de près aux motifs de croire, sans chercher à déterminer le lieu, la durée et les modes de cette existence imaginaire, laissant ainsi les idées flotter dans un vague propice à la rêverie, mais insuffisant pour la raison. Moins faciles à contenter, les hommes de science veulent voir clairement les choses. Pour eux, le comprendre est la mesure du croire, et ils refusent de rien admettre qui soit inconciliable avec l'ensemble des réalités connues. Si donc, analyse faite de ce que la croyance pose d'hypothèses et implique de conséquences, on ne la trouve ni probable, ni même possible ; si, en opposition avec les lois les mieux établies, elle contredit tout leur ordre et n'est réalisable que par une suite sans fin de miracles, le plus sage sera de s'en tenir à ce qu'on sait, au lieu de se fier à ce qu'on ignore. Toute solution doit être écartée qui, partant d'allégations non prouvées pour aboutir à des conjectures douteuses, se borne à lier des concepts imaginaires et des hypothèses caduques. Celle-là seule mérite créance qui s'accorde avec le système entier des connaissances positives. Comme toutes les vérités se tiennent, l'unique moyen de présumer, sans trop s'exposer à l'erreur, celles qu'on ne peut saisir d'une prise immédiate, consiste à montrer qu'elles sont en concordance, non en contradiction avec les notions les plus sûres. Il faut alors, ainsi que le conseille Platon, « prendre parmi les opinions la meilleure, celle qui résiste le mieux, et s'y installer comme sur un radeau pour traverser la vie (1) ».

(1) *Phédon*, p. 85.

LE PROBLÈME DE LA MORT

CHAPITRE PREMIER

ORIGINE DES IDÉES D'AME ET DE VIE FUTURE

1. — A ne consulter que le sens des mots et la logique des idées, on devrait, semble-t-il, définir la mort la fin de la vie, dont la naissance marque le commencement. On ne l'entend pourtant pas ainsi d'ordinaire, et, par une conjecture hardie, qui paraît démentir l'évidence même, beaucoup pensent qu'ils continueront de vivre quand ils auront cessé de vivre. Avant d'examiner la vraisemblance de cette hypothèse, il convient de chercher comment elle a pu se produire.

Quoique la croyance à une autre vie soit si répandue qu'on la tient parfois pour universelle, elle est loin d'avoir été généralement admise et de s'imposer à tous les esprits. Ce n'est pas une vérité de sens commun, manifeste par elle-même, mais une idée émise par induction, accréditée par tradition, fort insuffisamment démontrée et, conséquemment, toujours discutable. Elle a été ignorée de peuples entiers, rejetée par d'autres, et une foule d'hommes éclairés, parmi lesquels nombre de philosophes éminents, des sages même, investis de la double autorité du génie et de la vertu, ont refusé d'y ajouter foi. D'après les indices de la préhistoire, la formation de l'idée de survivance ne remonterait guère au delà de la phase *néolithique* ou de la pierre polie, la plus récente et la moins longue de celles qu'à traversées notre espèce. Durant le laps immense de la phase *paléolithique* ou de la pierre éclatée, qui remplit le cours entier de la période quaternaire, c'est-à-dire un espace qu'on ne peut guère évaluer à moins de deux cent mille ans (1), les hommes, réduits au sentiment de l'existence présente, paraissent n'avoir eu aucun soupçon d'une existence ultérieure. Cela ressort de l'absence de sépultures pendant cet âge reculé. On abandonnait les morts, comme font les animaux, sans prendre aucun soin de leur dépouille. Avec la phase néolithique, au contraire, apparaissent des dispositions propres à sauvegarder les cadavres, et l'usage de les ensevelir, mieux encore, celui de disposer auprès d'eux un mobilier funéraire, attestent clairement la croyance à une autre vie.

Quel changement se fit alors dans l'intelligence des hommes, et d'où provint l'idée que la mort, au lieu d'être le terme de la vie, en est la continuation ou le renouvellement ? Cette conception dériva du désir insatiable de vivre et des illusions du rêve.

2. — Le plus fort, le plus persistant de nos instincts, est celui de conservation, le *vouloir-vivre* dont Épicure, Spinoza (2) et Schopenhauer ont fait le principe de l'existence active qui, sans lui, ne pourrait durer. Il nous stimule sans cesse, soit à pourvoir aux exigences de la vie, soit à éviter les périls qui la menacent, et nous attache encore à elle quand ses douleurs la rendent pénible à supporter.

Ce désir de persévérer dans l'être, les animaux l'éprouvent ainsi que nous ; mais, privés de raison, incapables

---

(1) De Mortillet. *le Préhistorique*, p. 627.
(2) « Tout être tend à persévérer dans son être, et cet effort même constitue l'essence de l'être » (*Éthique*, III, propos. 5).

de généraliser et d'abstraire, ils ignorent la nécessité du trépas et le subissent sans le prévoir. L'homme seul, en s'élevant à la notion de loi, sait, par l'exemple de tous ceux qu'il a vus périr, que sa vie aura aussi un terme, et l'appréhension de la mort devient pour lui une forme inverse de l'attachement à la vie. Il ne peut se résigner à n'être plus, car une extrémité si dure révolte le plus incoercible de ses instincts. Certain de mourir, il s'efforce d'échapper par l'espérance de survivre au désespoir d'une fin, et se plaît à croire que sa vie se continuera dans d'autres conditions. Il souhaite alors une seconde existence qui prolonge à son gré celle dont le terme est si court. Tous, l'enfant ravi à son aurore, l'homme abattu en pleine vigueur de l'âge, le vieillard chargé mais non rassasié de jours, disent avec plainte et regret, comme la jeune fille du poète : « Je ne veux pas mourir encore ! (1) »

Libre de régler à sa fantaisie l'existence nouvelle qu'elle s'attribue, l'imagination y transporte son idéal, auquel la vie présente ne ressemble guère, sans se demander si ce rêve, que la réalité dément en ce monde, est plus compatible avec ses lois dans un autre. L'intelligence est ensuite intervenue pour spéculer sur la croyance, lui chercher des preuves, déduire des conséquences et former un système logique de conceptions. Plus tard encore, la morale mit à profit ces théories pour faire distribuer après la mort, au nom d'une justice présumée moins défectueuse, des peines et des récompenses en rapport avec les fautes et les mérites des hommes. Enfin les politiques professèrent l'immortalité de l'âme en vue du bien public, comme garantie d'ordre social, afin que les faibles et les pervers fissent par calcul ou par crainte ce que les gens de bien font par devoir (2).

(1) André Chénier, *la Captive*.
(2) Aristote parle des « mythes ajoutés pour persuader le vulgaire, dans l'intérêt des lois et pour l'utilité commune » (*Métaphysique*,

Tels ont été les facteurs de l'idée de survivance. Elle se fit jour dans l'esprit humain lorsque ses progrès l'amenèrent à comprendre l'obligation de mourir. L'apparition de cette croyance serait même excellement propre à marquer, dans l'évolution si obscure de la pensée aux âges préhistoriques, le moment où l'homme devint capable de concevoir des idées générales, de les abstraire sous forme de loi et d'en raisonner. En face de la mort prochaine et d'un avenir inconnu, il se posa, dans l'anxiété de son cœur, les questions qui troublent Hamlet : « Être ou n'être pas... Mourir, dormir ; dormir, rêver peut-être ? (1) » On préféra généralement rêver à dormir, et l'on crut même trouver dans le phénomène du rêve un indice, presque un commencement de preuve.

Ni le désir passionné de vivre, ni des aspirations idéales, ni des inférences logiques, ni des considérations morales, ni des vues d'intérêt public, n'auraient en effet suffi à justifier l'affirmation de survivance, alors que la condition du cadavre témoignait manifestement du contraire. Une donnée ou du moins une présomption de fait était nécessaire pour motiver la croyance et l'établir sur un fondement d'apparente réalité. Il fallait pouvoir attribuer à l'homme, par induction, un être distinct du corps, différent de nature et que la mort ne pût atteindre. On crut avoir effectivement constaté son existence par l'interprétation de l'état de rêve comparé à celui de veille, lorsque la raison naissante voulut en expliquer la contradiction. Entrevue jadis par Lucrèce (2), cette origine des idées d'âme et de vie future

---

XII, 8). De même Polybe : « Je ne doute pas que les premiers qui ont introduit la religion n'aient eu en vue la multitude ; car, s'il était possible qu'un État ne fût composé que de gens sages, peut-être cette institution n'eût-elle pas été nécessaire » (*République romaine*, VI, fragm. 10). Voir aussi Strabon, *Géographie*, I, 2, § 8.

(1) *Hamlet*, III, 1.
(2) *De rerum natura*, V, 1165-1175.

a été mise en pleine lumière par les analyses de Tylor (1) et de Herbert Spencer (2).

3. — Le sommeil, ce phénomène singulier qui, alternant chaque jour avec la veille, coupe la continuité de la vie active, dut attirer l'attention dès que l'homme devint capable de réfléchir sur lui-même. L'unité du moi est alors momentanément scindée, et, tandis que les fonctions animales ou de relation restent suspendues, les fonctions organiques ou de nutrition d'une part, les fonctions psychiques ou de conscience de l'autre, continuent de s'accomplir, mais avec une indépendance relative. Les essais tentés pour rendre compte d'un fait si mystérieux, quoique si vulgaire, ont eu les plus vastes conséquences. Il n'est pas excessif de dire que toutes les conceptions de la théologie et de la métaphysique en dérivent.

Représentons-nous un homme des temps primitifs, voué par sa complète ignorance à des illusions de tout genre et obligé d'imaginer ce qu'il voudrait mais ne peut connaître : il s'endort et rêve. Au réveil, il se retrouve dans le même lieu où le sommeil l'avait pris, et ceux qui, restés éveillés auprès de lui, ne l'ont pas perdu de vue, lui certifient qu'il n'a pas changé de place. Pourtant, il a le souvenir très net d'être allé ailleurs en songe, d'avoir vu telles choses, fait telles rencontres, agi de telle façon. Or il est incapable de concevoir ces visions nocturnes comme l'effet intérieur, automatique, du cerveau fonctionnant sans direction, et, par suite, d'établir une distinction tranchée entre la vie réelle de l'état de veille et la vie illusoire de l'état de rêve. Il les croit vraies l'une et l'autre au même titre, puisqu'il a également conscience des deux. Les concilier est cependant impossible, à moins d'admettre qu'il

---

(1) *Early History of mankind*, p. 6, et *Primitive Culture*, t. I, ch. XI.
(2) *Principes de sociologie*, t. I.

s'est trouvé dans deux endroits à la fois, ce que la plus constante et la mieux prouvée des vérités d'expérience lui interdit de supposer. Il ne peut sortir de cette contradiction qu'en se présumant double lui-même et composé de deux êtres qui, associés durant la veille, seraient susceptibles de se disjoindre pendant le sommeil.

Cette induction de la dualité du moi, seule explication alors possible du rêve, était confirmée par l'observation d'autres états, moins fréquents, mais analogues, tels que la syncope, la léthargie, la catalepsie, l'apoplexie, etc., tous phénomènes où il y avait perte passagère de connaissance, inertie du corps, puis retour à l'activité normale lorsque, la crise passée, le sujet « revenait à lui », « recouvrait ses esprits ». De même que pendant le sommeil, le moi intérieur semblait abandonner un temps le moi visible, et s'unir ensuite à lui de nouveau par une sorte de réveil.

Sous l'empire de ces idées, l'homme fut censé se composer de deux êtres, d'ordinaire associés, mais à l'occasion séparables : l'un matériel et pesant, le corps, qui, endormi, reste immobile ; l'autre subtil et léger, l'esprit, qui anime son compagnon durant la veille, mais le quitte par intervalles, se transporte au loin en un instant, traverse des aventures et, après plus ou moins de temps, revient s'insinuer dans le corps pour reprendre avec lui la vie commune (1). Comme l'activité n'était complète que lorsqu'ils

---

(1) Nous disons encore dans le même sens : « avoir de la présence d'esprit, des absences d'esprit, être hors de soi, rentrer en soi-même ». — Les Péruviens regardaient le sommeil comme une fonction particulière du corps. L'esprit, ne pouvant dormir, quittait le corps lorsque celui-ci reposait. Ses promenades constituaient les rêves (Garcilaso, *De l'Origine des Incas*, I, 185). Mais l'esprit pouvait parfois s'oublier ou s'égarer. Les nègres de Guinée expliquent l'imbécillité par une absence prolongée de l'âme. C'est le cas d'un malheureux dont l'esprit, sorti à l'étourdie, n'a plus su rejoindre son corps. Pline raconte la mésaventure d'un certain Hermotime, dont l'esprit allait ainsi courir le monde et qui, s'étant trop attardé, ne retrouva plus son corps au retour : on l'avait, dans l'intervalle, livré au bûcher (*Hist. nat.*, VII, 52).

se trouvaient réunis, et que l'absence de l'esprit laissait le corps plongé dans une torpeur inerte, le premier, toujours éveillé, fut tenu pour seul actif, capable de mouvoir et de diriger le second, de nature indolente et passive. Le moi voyageur devint ainsi le chef de cette communauté intermittente, et la spéculation lui attribua une prééminence de plus en plus marquée.

4. — Ce dédoublement de l'être humain une fois admis pour expliquer l'état de sommeil, l'analogie le fit étendre à celui de mort. Il était en effet naturel d'assimiler deux conditions qui ne semblaient différer que par une immobilité plus grande et plus prolongée. On dut regarder le sommeil comme une mort temporaire, la mort comme un sommeil dont le réveil se faisait plus longtemps attendre. Partout on les a pris pour des formes voisines de vie suspendue et latente. La mythologie grecque faisait du Sommeil et de la Mort les enfants jumeaux de la Nuit (1).

L'apparente similitude de ces deux états conduisit à supposer que l'esprit qui, chaque jour, s'échappait du corps endormi, le délaissait aussi, pour plus de temps ou même pour toujours, à la mort. Il n'était point détruit, mais seulement séparé. Le rêve semblait même fournir une preuve de son existence, car chacun avait pu revoir en songe des personnes qu'il avait connues vivantes. Elles conservaient leur aspect accoutumé, parlaient et agissaient comme autrefois. Quelque chose d'elles subsistait donc encore, mais dans un monde autre que celui de la vie réelle, puisqu'on ne les y retrouvait pas. Invisibles à la lumière du

(1) *Iliade*, XIII; Hésiode, *Théogonie*; Virgile, *Énéide*, VI, 278. — A Rome, lorsqu'un pape est trépassé, le camerlingue en fonction vient lui frapper trois coups au front avec un marteau d'argent et l'appelle chaque fois par son nom en lui demandant : « Un tel, dors-tu ? » Le défunt n'est déclaré mort que sur son refus de répondre. Ce cérémonial a encore été suivi au décès de Pie IX.

jour, les morts ne se montraient que pendant la nuit, comparable à celle du tombeau. Les apparitions d'esprits, en relation avec un monde mystérieux et ses puissances cachées (1), prirent en conséquence une valeur prophétique. On crut ces fantômes instruits des secrets de l'avenir, et on leur en demanda la révélation. Chez tous les peuples du monde, l'interprétation des songes a constitué le mode le plus usité de divination (*oniromancie*). Diodore de Sicile atteste son importance en Chaldée (2). Dans la *Genèse*, l'histoire de Joseph en témoigne à la fois chez les Égyptiens et chez les Hébreux (3). L'*Évangile* s'ouvre par le récit d'une révélation reçue en songe (4). César croit aux présages de ce genre et périt pour en avoir négligé un (5). Cicéron en cite qui forcent, dit-il, l'admiration (6). A l'époque de Charlemagne, les songes avaient une signification religieuse, les saints étant présumés faire ainsi connaître leurs ordres ou leurs conseils (7). Les poètes dramatiques de tous les temps ont tiré de puissants effets des apparitions d'ombres en songe (8), et des philosophes même, qui tenaient le doute pour le commencement de la sagesse, ont cru à ces pronostics surnaturels. Aristote avait écrit un traité sur la divination par les songes (9) ; Artémidore, un autre sur l'art de les interpréter (10). Ga-

---

(1) Pour Homère, les songes, enfants de la Nuit, viennent des ténèbres infernales, du seuil de la région des ombres (*Odyssée*, XXIV, 12).
(2) *Biblioth. histor.*, II, 29. — Parmi les fragments de littérature chaldéo-assyrienne, on a déchiffré des tables de présages tirés des songes.
(3) *Genèse*, XXXVII, 5-10 ; XL, 5-13 ; XLI, 1-38.
(4) S. *Matthieu*, 1, 20-24.
(5) Plutarque, *Vie de César*.
(6) *De divinatione*, I, 27.
(7) V. Éginhard, *Translation des SS. Marcellin et Pierre*.
(8) Songe d'Atossa dans Eschyle, de Clytemnestre dans Sophocle, de Richard III dans Shakspeare, de Pauline dans Corneille, d'Athalie dans Racine...
(9) Mentionné par Sextus Empiricus, *Adversus Physicos*.
(10) *Oneirocritica*.

lien admet, comme indication thérapeutique, des songes envoyés par Esculape (1). Descartes, rénovateur de la philosophie, croit au caractère fatidique des rêves et raconte, dans ses *Olympiques*, ceux qui, le 11 octobre 1619, lui parurent être une révélation de l'esprit de vérité sur la voie qu'il devait suivre. Un siècle plus tard, La Mothe Le Vayer, quoique faisant profession de scepticisme, ne laissait pas de partager le préjugé traditionnel (2). Disons enfin que de nos jours, dans Paris même, des livres comme *la Clef des songes* trouvent encore quelque débit, et les devineresses des foires se chargent toujours d'interpréter les rêves, en dépit de l'article 479 du code pénal, qui punit d'une amende, à titre d'escroquerie, l'exercice de cette profession fallacieuse.

5. — Quand, sur la foi du rêve, l'homme eut admis en lui un esprit, principe d'activité, le penchant à juger des choses par analogie lui fit attribuer un esprit pareil à tout ce qui, dans la nature, paraît agir, vit, se meut ou bruit : aux animaux d'abord, qui ont avec nous tant de traits de ressemblance, puis aux plantes, enfin aux objets les plus divers. Cette disposition est frappante chez les enfants et les sauvages. L'homme primitif, inhabile à distinguer nettement l'inanimé de l'animé, suppose vivants des êtres quelconques, leur prête la même conscience et la même volonté qu'il connaît en lui. Comme il explique ce qu'il fait par l'action d'une âme, ce qui se passe dans le monde phénoménal lui paraît également devoir s'expliquer par l'influence d'esprits représentant des causes d'action personnifiées. L'eau qui coule, la mer qui ondule et palpite, le vent qui souffle, le nuage qui se déplace et verse la pluie, la flamme qui darde ses langues ardentes, les astres qui

---

(1) *Du Diagnostic des maladies par le moyen des songes.*
(2) *Traité sur le sommeil et les songes ; Œuvres*, t. VIII, 1669.

circulent dans le ciel, ont un esprit qui les anime (1). Interprétés de même, les bruits de la nature exprimèrent des états d'âme, devinrent un langage comparable à celui de l'homme. Aux cris émus que poussent les animaux, on assimila le murmure de la forêt, le sifflement de la bise, la plainte de la vague sur la grève, le gazouillement du ruisseau, le fracas de la cascade, les éclats de la foudre, voix irritée d'un esprit puissant...

Dès lors, tout prend vie et s'anime dans la nature. Le langage en fournit la preuve par le genre des mots qui, à l'origine, étaient tous masculins ou féminins, ainsi qu'on le voit en hébreu et dans les vieilles langues aryennes. La distinction du neutre a été tardive et reste encore assez restreinte dans la plupart de leurs dérivés, sauf l'anglais, où elle commence à prévaloir. Dans le principe, chaque objet dénommé jouait le rôle d'un homme ou d'une femme. Le verbe mettait en action ces personnalités fictives. L'idée prit conséquemment la forme d'un récit, et les tentatives pour expliquer les phénomènes constituèrent des thèmes à légendes dont la poésie fit des mythes. Ce qui n'est plus pour nous qu'un langage figuré quand nous disons qu'un corps *se meut*, que le soleil *se lève* ou *se couche*, qu'une rivière *court*, que la mer *monte* ou *descend*, que le tonnerre *gronde*, que la pluie *féconde* la terre, etc., était jadis l'expression prise au sens propre d'une théorie qui portait à voir en tout des esprits et à rendre compte des faits par leur action volontaire.

(1) Ces illusions paraissent surtout naïves et font sourire, appliquées par des sauvages à des artifices de nos industries dont le mécanisme leur est inconnu. A l'apparition du navire de Cook, les Néo-Zélandais le prirent pour « une baleine à voiles ». Les Boschimans, au rapport d'Anderson, regardent les chars, avec leurs roues qui marchent, comme des êtres animés, dont les brouettes sont les petits. On a vu des Australiens prier les fusils des blancs de ne pas les tuer. Au Gabon, la pendule de du Chaillu semblait être un esprit qui veillait sur le voyageur. Pour les Arraouaks, la boussole du voyageur Brett était un être vivant. D'autres croient que le papier écrit ou imprimé contient un esprit qui parle au lecteur...

De là est résulté un système de croyances auquel Tylor a donné le nom d'*animisme*, et qui a dominé pendant une phase très longue de la vie du genre humain, comme le montre l'exemple des populations non civilisées. On en trouve des traces sans nombre chez les peuples même parvenus à un état supérieur de culture. En Chine, on vénère les esprits du Ciel et de la Terre, ceux des mers et des montagnes, des fleuves et des ruisseaux, du feu, des nuages, des épidémies, de la région, de la ville, de la maison, de la porte, du foyer, etc. Il n'y a rien qui ne soit censé avoir son esprit (1). Les Chaldéo-Assyriens adoraient aussi une multitude d'esprits, ceux de l'ombre et de la lumière, du vent et de la pluie, du bien et du mal, etc. La mythologie gréco-romaine divinisait les esprits de la terre, de l'air, des eaux, du feu, des montagnes... Homère fait convoquer à l'assemblée des dieux les génies des bois, des sources et des prairies (2). Thalès croit la nature entière animée et le monde plein de *daimons* (3). Pythagore tient que « le son produit par l'airain quand on le frappe est la voix d'un certain démon enfermé dans cet airain (4) ». Platon, Aristote même (5) ne conçoivent le mouvement que comme l'effet voulu d'une âme. Naguère encore, Victor Hugo, écho attardé de la tradition animiste, écrivait :

Tout parle. Écoute bien. C'est que vents, onde, flammes,
Arbres, roseaux, rochers, tout vit ! — Tout est plein d'âmes (6).

On en vint à se figurer sous forme d'esprits, outre les réalités naturelles, des forces abstraites, des fonctions de

---

(1) A. Réville, *Histoire des religions*, t. III, pp. 156 et 157.
(2) *Iliade*, XX.
(3) Καὶ τὸν κόσμον ἔμψυχον καὶ δαιμόνων πλήρη (Diogène de Laërte, *Thalès*, I, 27).
(4) Porphyre, *Vie de Pythagore*.
(5) Il se demande si le mouvement pourrait exister sans âme (*Physique*, IV, 20).
(6) *Contemplations*, Ce que dit la bouche d'ombre.

la vie et des concepts de la raison, comme l'amour, la mort, le courage, la paix, la guerre, la richesse, la justice, la beauté, la sagesse, etc. On attribua même à l'ensemble des choses une âme qui a joué un grand rôle dans la métaphysique ancienne. Dégagée du panthéisme oriental, l'âme du monde fut spécifiée par Anaxagore comme principe de mouvement et d'ordre dans l'univers (1). Platon voit dans le Cosmos un être immense, composé, ainsi que l'homme, d'une âme et d'un corps. Chaque astre a son âme particulière, située à son centre, qui le meut et le gouverne dans son cours (2). Origène tient pour vivants le soleil, la lune et les étoiles, et voit dans l'harmonie des révolutions célestes la preuve que les astres sont animés, car il serait, dit-il, absurde d'attendre d'êtres sans raison une régularité si parfaite. Kepler, fondateur de l'astronomie moderne, croit encore les astres doués de sentiment, d'intelligence et de volonté. Il fait de la terre une sorte de gros animal accessible à la frayeur quand une comète s'approche, et il donne au soleil une âme très noble, capable d'émouvoir à distance, par son rayonnement, les âmes des planètes, assez clairvoyantes pour ne pas s'écarter de leur orbite elliptique et y parcourir des aires toujours proportionnelles aux temps (3). L'idée que les puissants esprits qui régissent les astres exercent une influence propice ou néfaste sur la destinée des êtres humains a inspiré les superstitions astrologiques, dont le long empire n'a pris fin en Europe que depuis deux siècles et dure encore en Asie. Quoique l'âme du monde soit devenue assez étrangère aux spéculations de la pensée contemporaine, nous en avons plutôt changé le nom qu'abandonné l'idée, et il est aisé de la reconnaître dans ce que nous appelons *la Nature*.

Enfin, la conception d'une divinité distincte du monde,

(1) Diogène de Laërte, II, 16.
(2) *Timée*.
(3) *Dissertation sur la planète Mars.*

et qui le gouverne comme l'esprit fait le corps, est la suprême généralisation de l'animisme. Cette âme divine parut tantôt multiple, quand elle présidait à des ordres spéciaux de phénomènes, et tantôt simple quand elle dominait leur ensemble. Le panthéon des croyances religieuses s'est ainsi peuplé de dieux chargés de symboliser les puissances cachées sous les apparences des choses. Le monothéisme les résume en un dieu unique qui constitue l'âme universelle. Varron parle de « la grande âme du monde qui se mêle à la masse de l'univers et le régit par le mouvement et la raison... Elle se répand dans les divers éléments, les pénètre, et la partie divine que chacun d'eux contient est appelée Dieu ». Virgile émet en beaux vers les mêmes idées (1). — « Qu'est-ce que Dieu ? » demande Sénèque, et il répond : « L'esprit de l'Univers (2) ».

Ainsi la théorie de l'animisme, imaginée pour expliquer les illusions du rêve, a été par degrés étendue à la totalité des choses. Non seulement les croyances des peuples sauvages ou barbares, mais encore les superstitions, les religions, les philosophies des peuples civilisés, nos manières de penser, nos langues, nos systèmes d'idées, sont tout imprégnés d'animisme. Depuis quelques siècles à peine, la science, écartant les voiles du mythe et serrant la réalité de plus près, tend à remplacer, dans l'interprétation des faits, l'antique conception d'esprits personnels par la notion abstraite de force et de loi. Quand elle aura bien établi cette donnée dans l'ordre des phénomènes de la nature, il lui faudra opérer dans l'homme même une substitution pareille, et cela changera tout.

6. — A partir du moment où l'homme fut censé se composer de deux êtres, l'esprit et le corps, différents de nature

---

(1) *Énéide*, VI, 726-727.
(2) *Quid est deus ? Mens universi.* (*Quæst. nat.*; I, præf.).

et susceptibles de se disjoindre, le problème de la mort se posa, avec une longue suite d'éventualités et de conséquences. Que devenaient ces deux êtres, associés pendant la vie, lorsque la mort les séparait ?

En ce qui concerne le corps, il n'y avait guère d'incertitude possible, car, pour peu que l'observation se prolongeât, elle montrait clairement quel était le sort du système organique après qu'il avait cessé de vivre. Mais, quant à l'esprit qui, invisible et mystérieux, s'échappait sans qu'on pût suivre ses traces, le champ restait ouvert aux hypothèses, et l'on eut à conjecturer ses destins ultérieurs. S'il ne périssait pas comme le corps et en même temps que lui, dans quelles conditions nouvelles se continuait son existence ? Avait-il une essence propre et quelle en était la nature, matérielle ou spirituelle, simple ou composée ? D'où venait l'âme quand elle s'unissait au corps ? Où allait-elle quand elle le quittait ? Avait-elle commencé d'être avec lui ou déjà vécu avant lui ? Devait-elle avoir un terme ou durer toujours ? Quels avaient été dans le passé, quels seraient dans l'avenir ses lieux de résidence, ses suites d'états, ses modes d'activité ?... La spéculation, s'exerçant sur ces données, sans examiner au préalable si le fond en était réel ou imaginaire, les a peu à peu agrandies, compliquées, subtilisées, et en a fait sortir avec le temps tout un monde de conceptions idéales. Mais, quelles que soient les transformations subies, depuis les rêveries vagues et confuses des peuples sauvages jusqu'aux dogmes arrêtés et précis des peuples civilisés, ces théories sur l'âme, qui dominent encore, à titre de vérités transcendantes, nos théologies et nos métaphysiques, ne font que perpétuer un legs de l'élaboration mentale la plus primitive et la plus grossière. Ces croyances, dit Renan, « loin d'être un produit de réflexion raffinée, ne sont au fond qu'un reste des conceptions enfantines d'hommes incapables d'opérer dans leurs idées une analyse sérieuse. »

Avant d'étudier leur développement et de les discuter au point de vue de la science, passons rapidement en revue les principales solutions, affirmatives ou négatives, données au problème de la mort par les religions et les philosophies qui ont tenu le plus de place dans l'histoire de l'esprit humain. Leur diversité même sera déjà un utile enseignement.

CHAPITRE II

EXPOSÉ DES CROYANCES RELATIVES A LA VIE FUTURE

1. — Pendant une phase initiale d'une très longue durée, l'humanité, à peine sortie de l'état animal ou de nature, et réduite par le dénûment de son esprit comme par la pauvreté de son langage à l'impuissance de concevoir et d'exprimer des idées générales ou abstraites, a dû vivre sans aucune notion d'une existence future. De nos jours même, on signale des populations dont l'extrême sauvagerie semble rappeler celle des temps de la préhistoire et se caractérise par une absence complète d'idées relatives à une autre vie. Citons notamment les Tasmaniens (1), les Australiens, les Boschimans, les Hottentots (2), les Cafres, les Gabonnais (3), Latoukas (4), Bongos (5)..., de l'Afrique équatoriale, les Weddahs de Ceylan, les Andamanites, les Fuégiens, les Indiens de Californie (6), les Esquimaux de la baie d'Hudson (7), etc.

---

(1) Suivant le missionnaire Clark, ils disaient mourir « comme les kangourous ».
(2) « Ils croient mourir tout entiers, comme les bêtes », dit Campbell (*Histoire universelle des voyages*, t. XXIX, p. 340).
(3) « Tout est fini et pour toujours », chantent-ils à la mort des leurs (Du Chaillu, *Voyage dans l'Afrique équatoriale*, 43; A. Burton, *Trans. ethnol. Soc.*, I, 323).
(4) Baker, *Albert-Nyanza*, 170-173.
(5) Schweinfurt, *The Heart of Africa*, I, 306.
(6) Bancroft, *Native States*, I, 358.
(7) Ross, *Voyage au pôle nord*.

La plupart des peuples non civilisés croient qu'un esprit survit à la mort ; mais les conceptions admises chez les nègres d'Afrique, les Peaux-Rouges d'Amérique et les indigènes de la Polynésie, celles même qui étaient reçues dans les empires à demi civilisés du Mexique et du Pérou, ne dépassent guère le niveau d'un animisme incohérent. Les uns supposent que l'esprit, après avoir erré quelque temps dans le voisinage, finit par se dissiper et se perdre ; d'autres, qu'il passe en divers corps et y mène une existence nouvelle ; d'autres enfin, qu'il persiste sous son apparence propre, mais va dans un monde spécial où il continue de vivre un temps. Beaucoup admettent même la coexistence, dans l'homme, de plusieurs esprits qui se séparent à sa mort et ont des destins différents. Nous ne pouvons entrer ici dans le détail de ces croyances, qui varient de tribu à tribu. On ne trouve de théories explicites et coordonnées que dans les groupes ethniques parvenus à un certain degré de civilisation. C'est là surtout qu'il importe de les étudier.

2. — Entre tous les peuples de l'ancien monde, les Égyptiens se signalèrent par l'ardeur de leur foi en une existence future. Hérodote tient qu'ils ont enseigné les premiers l'immortalité et la transmigration des âmes (1). Dès le temps de l'ancien empire, la mort fut pour les habitants de l'Égypte l'objet d'une préoccupation constante, le but des plus grands travaux. La principale fin de la vie était la préparation d'une tombe, qualifiée de « demeure éternelle », tandis qu'ils appelaient « hôtelleries de passage » les habitations des vivants (2). Néanmoins, la théorie de la vie future n'était pas nettement fixée, et les idées les plus disparates avaient cours. La foule croyait que les esprits

(1) *Histoires*, II, 123.
(2) Diodore de Sicile, *Biblioth. histor.*, I, 51.

des morts, parcourant des cycles de métamorphoses, allaient animer successivement diverses sortes de corps ; les classes supérieures se faisaient de l'autre vie une conception plus haute. Tandis que la momie et son *double* (son ombre, son simulacre) menaient dans la tombe une existence sépulcrale, l'âme, après un jugement où ses mérites et ses fautes étaient strictement pesés, recevait dans un autre monde sa récompense ou son châtiment. Les méchants subissaient une expiation temporaire, puis étaient anéantis ; les bons, reçus dans les *Demeures célestes*, s'identifiaient avec Osiris et s'abîmaient dans l'être parfait. Mais quoiqu'un texte, trouvé dans les hypogées royaux de Thèbes et traduit par M. Maspéro, soit intitulé *le Livre de savoir ce qu'il y a dans l'autre monde*, les croyances des Égyptiens n'étaient pas bien arrêtées à cet égard, et chacun s'arrangeait une vie future à son gré (1). Il y avait place dans ces rêves pour tant d'éventualités, de voyages et d'occurrences, que, par précaution, un exemplaire du *Livre [des Morts* était déposé dans le cercueil du défunt, pour lui servir de guide et lui rappeler les formules, prières ou invocations qu'il devait réciter dans les passages dangereux.

Au rebours des Égyptiens, les Chaldéo-Assyriens n'attachaient qu'une médiocre importance aux considérations de vie future. Peu de fragments, parmi les textes qu'on a déchiffrés, en attestent la croyance. Ils supposaient les esprits des morts réduits à la torpeur d'une vague somnolence, dans un monde souterrain, le *Kernoudé*, analogue au *Schéol* des Hébreux et dépeint comme « le pays immuable, la région d'où l'on ne revient pas, la demeure où l'on entre sans en sortir, la prison où l'on n'a que la poussière pour sa faim et la boue pour aliment, où l'on ne voit plus la

---

(1) Maspéro, *Histoire des âmes dans l'Égypte ancienne* (*Revue scientifique*, 5 mars 1879).

lumière, où l'on erre dans les ténèbres... » (1) Il n'y a là ni récompense pour les justes, ni châtiment pour les impies. La rémunération du bien et l'expiation du mal ne dépassent pas les limites de la vie présente.

Les deux grandes religions de l'Asie, le brahmanisme et le bouddhisme, dont les sectateurs composent la moitié du genre humain, donnent à l'être pour but, après des séries de transformations, l'absorption dans l'être infini ou l'anéantissement. Les *Védas* n'expriment guère que des craintes et des espérances relatives à la vie actuelle, quoiqu'il y soit fait quelquefois mention d'une migration des âmes dans d'autres corps ou de leur séjour dans un monde soit supérieur, soit inférieur (2). Les poètes des hymnes védiques demandent le plus souvent, non une béatitude future, mais le bonheur présent, la prolongation de la vie (3), la force, la santé, une famille nombreuse, des richesses en bétail, d'abondantes moissons, le triomphe sur les ennemis et leur destruction s'ils adorent d'autres dieux. Suivant la croyance commune, les éléments de l'être humain se dissociaient à la mort: le corps retournait à la terre, le souffle au vent, le feu du regard au soleil, et une âme éthérée, recommandée à Agni, au monde des purs (4). La théorie d'une existence future est beaucoup plus développée dans les *Lois* de Manou, qui réglementent la métempsycose comme système de sanctions. Chaque être, au terme de la vie, est récompensé ou puni suivant qu'il a bien ou mal vécu, puis passe dans un autre corps en vue d'y subir une nouvelle épreuve, qui le fera monter ou descendre sur une échelle de perfection allant de la plus infime créature à la divinité. Toutefois, nulle part le brahmanisme ne pose le

(1) Maspéro, *Hist. anc. des peuples de l'Orient*, p. 143 ; Rawlinson, *les Religions de l'ancien monde*, pp. 82-83.
(2) *Rig-Véda*, trad. Langlois, t. I, p. 487 ; t. IV, p. 157.
(3) « O Voruna ! s'écrie l'un d'eux, que je n'entre pas encore dans la maison d'argile ! »
(4) E. Burnouf, *Essai sur le Véda*, p. 432.

principe d'une immortalité réelle, et la conscience de l'identité du moi se perd avec la mémoire à chaque transmigration. Les âmes particulières, émanées de Brahma « comme les étincelles émanent d'un brasier », sont pures au moment de leur séparation, mais s'avilissent au contact de la matière impure et ont besoin de recouvrer, à force d'épreuves, durant des séries d'existences, car une seule n'y suffirait pas, leur pureté originelle, afin de pouvoir se confondre de nouveau avec l'être absolu, « comme une goutte d'eau dans l'Océan ». Les écoles philosophiques de l'Inde s'accordent à tenir la vie pour une déchéance de l'esprit, qui tend à rompre ses chaînes et reviendra s'unir à la pure essence des choses. Apparition éphémère flottant à la surface de l'illusion infinie, sa cessation constitue *la délivrance*, dans un état comparable à un sommeil profond, sans rêve et sans réveil. « Le suprême bonheur est l'absorption dans l'être unique, éternel, l'âme universelle, toujours inerte et incapable de sentiments, qui est la vie pure, puisqu'elle ne vit pas, la pensée pure, puisqu'elle ne pense à rien de particulier, et la joie pure, puisque rien ne la réjouit, ne l'émeut et ne la trouble (1). »

Le bouddhisme, qui fut une réformation du brahmanisme, donne pour idéal à ses sectateurs, après une succession de métamorphoses, la perspective du *nirvâna* (extinction), état qui représente, sinon le néant absolu, du moins une manière d'être qui lui ressemble si fort qu'on a peine à l'en distinguer (2). Selon la doctrine du Bouddha, la douleur procède fatalement de l'existence, et l'on n'en peut être délivré que par la réduction à zéro de toutes les fonctions de la vie. Son terme final, c'est la sortie de l'em-

---

(1) J. Vinson, *les Religions actuelles*, p. 76.
(2) Le bouddhisme orthodoxe annonce l'anéantissement sans résidu (*nirupadhi'sesha nirvâna*); le bouddhisme mitigé se contente d'enseigner la perte de l'identité du moi par le retour à l'inconscience absolue.

pire des causes et des effets, la vacuité complète comme l'uniforme étendue du ciel vide, le lieu « privé des quatre côtés », où il n'y a plus ni objet ni sujet, où l'immobilité remplace le mouvement, où l'on n'a ni désir, ni joie, ni pensée, ni vouloir. L'entrée dans le nirvâna équivaut à l'effacement, non de la substance de l'être, qui est éternelle, mais de la personnalité, apparence illusoire, par la perte du sentiment de l'existence, la suppression de toute activité propre et l'indifférence absolue du moi dans l'impassibilité d'un quiétisme sans fin. Suivant l'expression consacrée des bouddhistes, l'âme, enfin libérée de la vie, « s'éteint comme une lampe » (1). Affranchie désormais de l'effort et de la peine, soustraite à toute dépendance de temps et de lieu, à la loi du changement et de l'épreuve, elle redevient indéterminée, immuable, et se trouve ainsi rendue à sa vraie nature, dont l'agitation de la vie l'avait un moment fait sortir.

Aucune des deux religions nationales de la Chine (où le bouddhisme, introduit au 1er siècle de notre ère, domine depuis le xiiie sous le nom de religion de *Fo*), le *Yû* (confucéisme) et le *Tao* (taoïsme), ne spécule sur la vie future. Le culte des ancêtres, fonds primitif des croyances religieuses du Céleste Empire, n'implique pas, malgré les traditionnelles offrandes d'aliments faites aux morts, une conception formelle de leur existence, et se réduit à un sentiment de vénération collective pour les auteurs de la perpétuité des familles. C'est un animisme vague, expression de la permanence de la vie à travers la suite des générations. « En dehors de l'idée d'une survivance indéfinie et du lien d'affection protectrice qui rattache les aïeux à leurs descendants, l'ancienne religion chinoise n'enseignait rien

---

(1) A la mort du Bouddha, un de ses disciples dit : « Comme l'extinction d'une lampe, ainsi a eu lieu l'affranchissement de son intelligence. » Cette stance est célèbre chez les bouddhistes (Max Müller, *Essai sur l'histoire des religions*, p. 387).

de précis sur l'état des âmes après la mort, et ne connaissait pas de rétribution fondée sur la valeur morale de cette vie (1). » Le confucéisme, institué par Confucius, est moins une religion qu'une doctrine philosophique préconisant le respect du passé et caractérisée par un minutieux ritualisme. Le maître garde une extrême réserve au sujet de la vie future, et, quand il en parle, c'est d'un ton de doute voisin de la négation. Interrogé par son disciple Li-Kou sur ce que devient l'homme après le trépas, Confucius répond : « Quand on ne connaît pas la vie, comment pourrait-on connaître la mort ? (2) » Il ne se préoccupe nullement de la persistance d'un principe animé. Pour lui, l'homme, comme le ciel, comme la terre, comme tout ce qui est, procède, un et entier, du grand Tao, dont il est une manifestation locale, partielle, accidentelle et transitoire. La mort est simplement la cessation du phénomène (3).

Le taoïsme ou religion des *tao-sse* (docteurs de la raison), était aussi dans le principe une philosophie négative. *Lao-Tseu*, son fondateur, sorte de Bouddha chinois, aspire à l'effacement de la personnalité dans le Tao, principe actif du monde. Toutes les choses finies dérivent de l'être infini et se résorbent en lui. L'homme doit tendre, par l'apathie et l'extase, à l'éternel repos où l'être et le néant se confondent (4). Mais ce système de métaphysique abstraite a, comme celui du Bouddha, été grossièrement altéré par l'adhésion des foules, qui, hors d'état de le comprendre, y ont introduit un mélange d'antiques superstitions, de bouddhisme dégénéré et de conceptions empruntées à la métempsycose.

Ainsi partagés entre trois ou quatre religions, au fond

(1) A. Réville, *Hist. des religions*, t. III, p. 186.
(2) *Lun-Yu (Discours et entretiens de Confucius)*, XI, 11.
(3) J. Vinson, *les Religions actuelles*, pp. 211 et 212.
(4) Lao-Tseu, *le Livre de la voie et de la vertu*, trad. Stan. Julien.

indifférents à toutes (1), les Chinois s'occupent très peu de la vie future et beaucoup de la vie présente. Il en est de même des Japonais, en partie bouddhistes, en partie adonnés à des cultes indigènes (*sintoïsme*, religion des *Sin* ou esprits), où les ancêtres, transformés en génies bienfaisants sous le nom de *Kamis*, sont invoqués chaque jour. Par l'effet de croyances qui ne leur inspirent aucune terreur de l'au delà, ces peuples vivent sans appréhension de la mort et la voient venir ou vont au-devant d'elle avec une impassibilité qui nous étonne. Ils ne la redoutent pas parce qu'elle ne représente pour eux que la certitude de ne plus souffrir.

3. — Le mazdéisme, institué par Zoroastre (Zarathustra) dans la Médie et la Perse ancienne, se fondait sur l'affirmation très nette d'une vie future, sanction de la vie présente, suivant que l'on se comportait dans la lutte entre Ormuzd et Ahriman, symbole du combat de la lumière et des ténèbres qui constitue le fond des religions aryennes. Les bons, fidèles à la loi d'Ormuzd (*Ahura-mazda*, l'esprit sage), dieu du bien et de la lumière, allaient dans le ciel partager sa gloire avec les Amschaspands et les Izeds, ses bienfaisants collaborateurs. Les mauvais, rejetés dans un ténébreux enfer, y subissaient des tortures infligées par les Dews et les Darwands, génies du mal au service d'Ahriman (*Angro-Maïnyous*, le destructeur). Mais, après un temps d'expiation, les âmes purifiées devaient s'unir à Ormuzd. Le mazdéisme a le premier formulé clairement le dogme de la survivance personnelle, complété par celui de la résurrection des corps, et ces deux croyances, que

(1) « Les religions sont diverses, la raison est une ; nous sommes tous frères. » — Cette formule, qui témoigne de plus de tolérance que de foi, « est, dit un missionnaire, sur les lèvres de tous les Chinois, qui se la renvoient avec une exquise politesse » (Le P. Huc, *l'Empire chinois*, t. II, ch. VI).

le judaïsme adopta lors de sa transformation sous l'influence des prophètes, furent transmises par lui au christianisme et à l'islamisme.

Jusque vers les derniers siècles avant notre ère, les Juifs ont eu de l'autre vie une conception si obscure qu'on doute s'ils y croyaient. Nulle part, en effet, la *Bible* n'exprime l'idée d'âme spirituelle, et celle d'immortalité lui est étrangère (1). La *Pentateuque* ne contient aucune allusion à une existence future ; il est totalement dépourvu de mythologie funèbre, ne mentionne ni jugement après la mort, ni enfer, ni paradis dans un autre monde ; enfin il n'institue ni prières pour les morts, ni fêtes commémoratives pour les grands hommes du passé. Les promesses et les menaces que Jéhovah fait à son peuple se réfèrent uniquement aux intérêts de la vie présente (2), et l'homme que n'atteignent pas ces sanctions n'est récompensé ou puni que dans sa postérité, jusqu'à la troisième ou quatrième génération (3). L'existence absolue, le privilège d'être exempt du déclin et de la mort, n'appartiennent qu'au *Dieu vivant*, *l'Éternel*, le Seigneur qui *est* et ne partage avec aucune créature sa durée sans terme (4). Au point de vue de l'hébraïsme, se croire immortel serait pour l'homme une impiété arrogante, une double injure à la majesté divine et au sens

---

(1) Elle n'est indiquée que deux fois, et dans des livres apocryphes qui datent de l'époque romaine (*Sagesse*, I, 15; *Sirach*, XVII, 29). Dans la *Bible*, il est parlé plus de seize cents fois de l'âme ou de l'esprit sans que jamais il soit question de sa nature immortelle. Sur 23,205 versets, l'*Ancien Testament* n'en contient que quatre qui pourraient impliquer, sans l'exprimer nettement, l'idée d'immortalité, et l'on dispute sur leur interprétation. Dans un ouvrage qui a reçu l'approbation de Pie IX, Th.-H. Martin dit : « Nous avouerons volontiers que la doctrine philosophique de la simplicité et de l'immortalité de l'âme ne se trouve nulle part dans la Bible » (*la Vie future*, 3ᵉ édit., p. 76).

(2) *Exode*, XX, 12 ; *Deutéronome*, V, 23.

(3) *Deutéronome*, V, 9.

(4) Le Psaume connu sous le nom de *Prière de Moïse* oppose l'éternité du Dieu vivant à la brièveté de la vie de l'homme, qui passe « comme l'herbe des champs » (*Psaume* LXXXIX, 4-10).

commun. Les Juifs admettaient bien, il est vrai, un séjour d'ombres et de mânes (*refaïm*), le Schéol ; mais l'état de sommeil et de torpeur où l'on y était plongé (1) constituait plutôt une survivance nominale qu'une immortalité réelle, car une telle condition d'existence se rapproche plus de la mort que de la vie.

Dans les livres qui font suite au *Pentateuque*, les indications relatives à une prolongation de vie sont vagues et contradictoires. La plupart ont un sens négatif (2), tandis que les passages allégués pour l'affirmative sont rares et peu explicites. Le fait même que les commentateurs doivent recourir à des interprétations plus ou moins forcées, pour prétendre que l'idée de vie future se trouve exprimée dans la Bible, montre qu'elle ne s'y trouve pas, car, si la croyance avait été bien établie, les textes à l'appui ne seraient pas à ce point insuffisants (3). Lors de la captivité de Babylone, le judaïsme fit des emprunts au mazdéisme et s'imprégna de ses doctrines. A la théorie de l'âme-fantôme, reléguée et endormie dans le Schéol, les novateurs opposèrent celle d'une résurrection corporelle suivie d'un jugement, de peines et de récompenses. Plus

(1) Ces ombres peuvent pourtant se réveiller par circonstance. La pythonisse d'Endor évoque devant Saül celle de Samuel, qui se plaint qu'on ait troublé son repos (*Rois*, I, xxviii, 11-15). V. aussi *Rois*, III, xvii, 21, 22.

(2) *Job*, viii, 9 ; *Psaumes*, vi, 5 ; xxix, 9 ; lxxxvii, 10-12 ; cxiii, 17 ; cxlv, 4, etc. L'auteur du livre de la *Sagesse* borne la survivance des justes à être « glorieux dans le souvenir des hommes, vivant dans la mémoire du Seigneur » (*Sagesse*, ii, 6).

(3) Cahen, *Bible*, trad., t. IV, p. 9, note. — Cette question, très débattue dans les pays protestants, a donné lieu, chez les Anglo-Américains, à un mode de démonstration qui, pour manquer un peu de gravité, n'est pas moins très concluant. « La *Bible*, écrivait un de ces controversistes, est à la portée de chacun : si elle enseigne quelque part l'immortalité native, qu'on le fasse voir. Nous sommes trois qui avons offert une somme de trente mille francs à quiconque indiquera un seul passage biblique à l'appui de cette thèse. Les journaux ont annoncé ces primes ; personne n'a réclamé le paiement. » (Voy. Petavel-Olliff, *le Problème de l'immortalité*, t. I, p. 20.)

tard encore, sous l'influence de l'hellénisme alexandrin, les Juifs adoptèrent une part des doctrines platoniciennes. Toutefois, la première mention expresse d'une vie future dans la *Bible* ne remonte pas plus haut que le livre des *Macchabées* (1), à peine antérieur d'un siècle à notre ère.

A partir du moment où elle fut introduite chez les Juifs, la notion de survivance devint un sujet de controverse entre leurs sectes. Les pharisiens et les esséniens l'adoptèrent, et c'est d'eux que le christianisme l'a reçue ; mais les saducéens, secte aristocratique et conservatrice, la rejetaient, alléguant le silence de Moïse et déclarant s'en tenir au sens littéral de la Loi, sans vouloir admettre de commentaires. En conséquence, ils niaient la résurrection (2), l'immortalité de l'âme (3), et ne croyaient qu'à des sanctions temporelles. Cette opinion, conforme à la stricte orthodoxie, choquait si peu qu'elle n'empêchait pas des saducéens de devenir grands prêtres, comme on le voit par les *Actes des Apôtres* (4); et même, malgré leur incroyance sur des dogmes aussi essentiels, les saducéens sont moins maltraités par Jésus que les pharisiens, qui les admettaient. Depuis, la synagogue « rejette catégoriquement l'opinion qui fait de l'immortalité une conséquence de la nature de l'âme » (5). La plupart des rabbins enseignent l'anéantissement final des impénitents, et Maïmonide, « le second Moïse » des juifs, professe que « le méchant sera complètement détruit ». De nos jours, les juifs éclairés ne croient guère à la vie future. Ils en abandonnent le rêve au vulgaire et la discussion aux interprétateurs du *Talmud*. Presque tous troqueraient volontiers pour de la richesse

---

(1) *Macchabées*, II, 7, 9.
(2) « Les saducéens, qui nient la résurrection. » (*S. Matthieu*, XXII, 23).
(3) Josèphe, *Guerre des Juifs*, II, 12.
(4) *Actes des Apôtres*, V, 17.
(5) Hamburger, *Dictionnaire talmudique*.

en ce monde leur part de béatitude dans l'autre et croiraient ne pas faire un mauvais marché.

Le silence de l'*Ancien Testament* au sujet de la vie future a singulièrement embarrassé les apologistes du christianisme par la difficulté de concilier deux révélations tenues pour vraies l'une et l'autre, quoique en désaccord flagrant sur un point de cette importance. Pour expliquer l'étrange omission de l'ancienne loi, les théologiens se sont ingéniés à chercher des raisons bizarres. Luther et Calvin prêtent à Dieu le dessein machiavélique d'avoir tenu exprès les Juifs dans l'ignorance de la vie future, afin qu'ils se damnassent plus sûrement. L'abbé Fleury se contente d'insinuer que les hommes de ce temps n'étaient pas encore capables de porter des vérités si relevées (1), sans dire pourquoi les Hébreux, peuple préféré de Jéhovah, étaient affligés de cette incapacité, alors que des infidèles comme les Égyptiens, les Iraniens et les Grecs, ne l'étaient pas.

4. — Chez les Hellènes des temps héroïques, la notion de survivance se réduisait à un animisme assez grossier. La mort, qui ôtait aux hommes la réalité de la vie, n'en laissait à leurs ombres qu'un vain simulacre. « Déesse, est-il dit au début de l'*Iliade*, chante la colère d'Achille... qui précipita chez Hadès *les âmes* de nombreux héros, et les livra *eux-mêmes* en proie aux chiens et au oiseaux (2). » Eux-mêmes, c'est leur corps, principe de leur vigueur et de leurs passions, sans lequel le reste était peu de chose. « Grands dieux ! s'écrie Achille, dans la demeure d'Hadès il subsiste bien de l'homme une âme et un fantôme, mais la vie véritable les a complètement abandonnés (3). » L'*Odyssée* dépeint les ombres comme des larves languis-

---

(1) *Mœurs des Israélites*, 20.
(2) *Iliade*, I, 4, αὐτός opposé à ψυχή.
(3) *Ibid.*, XXIII, 103 et 104

santes et stupides, en proie à une faim bestiale et ne conservant de la vie que l'instinct de se repaître de sang afin de recouvrer quelques instants la mémoire (1). Hésiode inflige aux morts des divers âges une déchéance analogue à celle qu'ils avaient subie vivants. Il met au rang des dieux les hommes excellents de l'âge d'or, assigne un séjour souterrain de bonheur à ceux de l'âge d'argent, relègue dans l'empire de Pluton les morts de l'âge d'airain, envoie au loin dans des Iles Fortunées les héros du cycle troyen, mais ôte tout espoir de revivre aux hommes de l'âge de fer qui, descendus chez Hadès, n'ont plus chance de durer que dans leur postérité (2). En somme, dit le meilleur historien de la philosophie grecque, « l'espérance d'une continuation de la vie après la mort ne se rencontre dans aucun poète grec avant Pindare » (3).

La conception d'une vie future se développa dans le monde hellénique à partir du VIe siècle, par suite de l'importance que prirent alors, d'une part, dans la foule, les mystères orphiques et éleusiniens, de l'autre, parmi les esprits cultivés, les spéculations des philosophes. Les plus anciennes écoles, celles d'Elée et d'Ionie, professaient que l'âme est mortelle comme le corps. Avec Phérécide, son maître, qui passait pour avoir soutenu le premier l'immortalité de l'âme (4), Pythagore crut à la persistance d'un principe animé et lui fit parcourir des séries de métamorphoses. Mais, à l'époque de Périclès, on s'abstenait, dans les éloges funèbres, de faire allusion à la survivance de l'être (5), et la seule immortalité promise aux héros était, comme pour Tyrtée (6), celle de la gloire. Les poètes, qui,

---

(1) *Odyssée*, XI.
(2) *OEuvres et Jours*, 109-173, 284 et 285.
(3) Zeller, *la Philosophie des Grecs*, t. I, p. 116.
(4) *Pherecydes Syrus primus dixit animas hominum esse sempiternas* (Cicéron, *Tuscul.*, I, 16).
(5) Thucydide, II, 36-46.
(6) Tyrtée, fragm., 9, 31.

mieux que les philosophes, expriment l'état mental de la foule, montrent combien était générale l'opinion contraire à une autre vie. Eschyle assimile la mort à la non-existence (1). « Les morts, dit-il, ne peuvent éprouver ni joie ni peine ; c'est donc s'abuser étrangement que de prétendre leur faire du bien ou du mal (2). » Un chœur d'Euripide demande, pour Alceste qui se dévoue, une place près de Proserpine, « si toutefois il y a encore en ce lieu une place réservée aux bons » (3). Ailleurs, il ne fait promettre par Diane à Hippolyte, comme récompense de sa vertu, que des honneurs pour sa tombe (4). Enfin, il déclare expressément que « les morts sont insensibles » (5), « à l'abri de tous les maux » (6), et que, « privés de sentiment, ils sont comme s'ils n'avaient jamais été » (7), « un pur néant, de la poussière et de l'ombre » (8).

Ce fut donc une sorte de nouveauté lorsque Socrate et Platon vinrent présenter l'immortalité de l'âme, le premier comme une simple espérance, le second comme une certitude. Les idées de Socrate trahissent encore beaucoup d'indécision au sujet d'une vie future. Dans ses entretiens *(Mémorables)* recueillis par Xénophon, il ne se prononce pas à cet égard et fonde uniquement sa morale sur l'intérêt bien entendu de l'existence présente, sans jamais faire intervenir de sanctions ultérieures. Il évite de traiter la question de survivance, disposé à croire sans examen la tradition des poètes et des sages. S'il se montre plus explicite dans les *Dialogues* de Platon, c'est que celui-ci le prend volontiers pour interprète de ses idées. Encore laisse-t-il voir à

---

(1) *Phrygiens*, fragm., 47 ; *Philoctète*, fragm., 105
(2) *Philoctète*, fragm., 2.
(3) *Alceste*, 743-746.
(4) *Hippolyte*, 1423-1430.
(5) *Antigone*, fragm., 2.
(6) *Héraclides*, 593.
(7) *Troyennes*, 638.
(8) Fragm., 536.

l'occasion les hésitations du maître. « *Est-il certain que l'âme soit immortelle ?* fait-il dire à Socrate dans le *Phédon; il me paraît qu'on peut l'assurer convenablement et que la chose vaut qu'on se hasarde d'y croire. C'est un beau risque à courir, une espérance dont il faut s'enchanter soi-même,* » formules dubitatives qui semblent annoncer de loin l'argument du pari de Pascal. La péroraison du discours de Socrate à ses juges, dans *l'Apologie* de Platon, témoigne d'une non moins grande incertitude, car il admet comme une éventualité possible que l'âme meure avec le corps, sans qu'il faille s'en affliger autrement, puisque ce serait la fin de tous les maux : « De deux choses l'une, dit-il, ou la mort est l'entier anéantissement, ou c'est le passage dans un autre lieu. Si tout est détruit, la mort sera une nuit sans rêve et sans conscience de nous-même : nuit éternelle et heureuse. Si elle est un changement de séjour, quel bonheur d'y rencontrer ceux qu'on a connus et de s'entretenir avec les sages (1). » Enfin, les derniers mots de Socrate à ses disciples, quand il a bu la ciguë, sont pour demander qu'on sacrifie un coq à Esculape, considérant ainsi la mort comme le remède au mal de la vie (2).

Platon doit être tenu pour le principal initiateur de la doctrine qui affirme la spiritualité et l'immortalité de l'âme. Le premier, il en exposa nettement la théorie et s'efforça de donner des preuves. Il admet la préexistence de l'âme, sans souvenirs précis, mais avec de vagues réminiscences du passé, lui assigne dans l'avenir des cycles de métamorphoses, et veut que sa destinée consiste à s'affranchir, par une suite d'épreuves, des liens matériels où une chute mystérieuse l'a fait tomber, pour reconquérir, avec sa spiritualité pure, une vie supérieure (3). A la mort, l'âme du pervers, après avoir expié un temps ses fautes, ira occuper

---

(1) *Apologie*, fin. Cfr. Xénophon, *Cyropédie*, VII, 7.
(2) *Phédon*, fin.
(3) *Phèdre*.

par déchéance quelque organisme inférieur, tel qu'un corps de femme ou une forme animale en rapport avec son vice dominant. L'âme du juste, relevée par ses vertus, montera au séjour céleste pour s'y mêler, comme jadis, au chœur des dieux, sauf, quand elle sera lasse de cette félicité trop unie, à redescendre sur terre pour y mener un nouveau cycle d'existences. Mais cet ensemble un peu disparate de croyances n'est nulle part coordonné en système logique et cohérent. Platon, qui en a dispersé les éléments dans la foule de ses écrits, exprime parfois des doutes sur ce qu'ailleurs il affirme expressément (1), multiplie les conjectures, propose des inférences contradictoires, et sa pensée flotte dans l'indécision sans parvenir à se mettre d'accord avec elle-même.

Malgré le vague des conceptions, le manque d'unité dans l'ensemble et bien des discordances de détail, cette théorie de la vie future, à laquelle Platon prêta son tour d'imagination poétique et les enchantements de son style, se répandit dans le monde grec, puis, traversant les siècles, a trouvé jusqu'à nous de fervents admirateurs. Néanmoins, une réaction contre des doctrines purement métaphysiques ne tarda pas à se produire dans les écoles rivales. Du vivant même de Platon, Aristote, ramenant la philosophie du ciel sur la terre, refusait de croire à la possibilité d'une autre vie. Pour lui, l'âme sentante et passive, principe de l'identité personnelle, est non le corps, mais « quelque chose du corps » qu'on ne peut en disjoindre que par abstraction et qui cesse d'être avec lui. Elle représente l'idée ou la *forme* du corps, la force qui l'anime, son énergie réalisée et en acte, l'équivalent de notre *principe vital* (2). L'âme serait donc immanente à l'organisme, non séparable comme le croyait

---

(1) Ainsi, dans le *Timée* (p. 90), il ne promet plus l'immortalité que « dans la mesure où la nature humaine le comporte », sans dire quelle est cette mesure, ce qui remet tout en question.
(2) *De l'Ame.*

Platon, et, n'ayant de rapports qu'avec les choses particulières, elle disparaît à la mort, entraînée par le flux de leur contingence. Aristote reconnaît bien dans l'homme un principe supérieur, « l'intellect actif », seul capable de saisir l'universel, indice de sa nature immortelle ; mais ce principe, « qui semble être un autre genre d'âme venu du dehors », ne fait qu'apparaître pendant la vie, et, s'il persiste au delà, c'est pour aller, oublieux de la personnalité perdue, se confondre avec la puissance générale d'activité qui anime la nature (1). Les disciples d'Aristote mirent encore plus de netteté dans leurs négations. L'un d'eux, Dicéarque, avait écrit deux ouvrages, le premier pour nier l'immortalité de l'âme, le second pour prouver que l'âme elle-même n'existait pas (2).

Les autres écoles philosophiques de la Grèce ne furent pas moins hostiles à l'idée de survivance. A côté des sceptiques pyrrhoniens, qui, doutant même des réalités présentes, n'avaient garde d'affirmer des éventualités futures, les cyniques contestaient que rien persistât de l'homme après la mort. A la question : « L'âme est-elle immortelle ? » Démonax répondait : « Oui, comme tout le reste », et il définissait l'homme libre : « Celui qui ne craint et n'espère rien ». Le Cyrénaïque Hégésias, surnommé *Pisithanate* (conseiller de mort), professant le plus noir pessimisme, soutenait que, comme les peines de la vie en excèdent beaucoup les plaisirs, le bonheur est une chimère ; on ne peut prétendre qu'à la suppression de la souffrance, dont la mort seule affranchit complètement. Il inspirait par ses leçons un tel dégoût de vivre à ses auditeurs, qu'après une contagion de suicides, Ptolémée Philadelphe fit fermer son école par mesure d'intérêt public. Les deux grandes sectes qui se partagèrent l'empire du monde gréco-romain,

---

(1) *De l'Ame*, I, 4.
(2) Cicéron, *Tusculanes*, I, 10 et 31.

celles d'Épicure et de Zénon, furent franchement négatives. Les épicuriens tenaient que l'âme, intimement unie au corps et née avec lui, meurt comme lui par la dispersion de ses éléments. Les stoïciens, qui voyaient en elle une parcelle du feu céleste, croyaient qu'elle perd à la mort ou ne garde que peu de temps sa personnalité distincte, retourne à son principe, l'âme universelle, et entre dans des combinaisons nouvelles où toute trace de son état antérieur s'évanouit. L'hymne si beau de Cléanthe ne fait aucune allusion à une existence future. Épictète en écarte aussi l'idée (1). Marc Aurèle exprime souvent ses doutes à ce sujet et, tout en laissant chacun libre de penser autrement, incline vers la négation (2). Les néoplatoniciens d'Alexandrie assignèrent aux âmes des destins divers. Suivant Plotin, la plupart seraient appelées à revivre sous forme d'hommes ou d'animaux; les moins imparfaites sont transformées en étoiles; les plus pures se confondent avec la divinité par l'extase (3). Les Alexandrins insistèrent principalement sur la double théorie, qui semble empruntée à l'Inde, de l'*émanation* et du *retour*, c'est-à-dire de la détermination des êtres finis par une séparation de l'être infini, et de leur absorption en lui à la mort par la suppression des limites de l'individualité.

5. — Durant les derniers siècles qui ont précédé notre ère, période où le génie de l'antiquité classique jeta son plus vif éclat, le travail des esprits, s'exerçant sur l'idée de survivance, fut bien près d'aboutir à une conclusion entièrement négative. L'espoir ou la crainte d'une autre vie ne se conservait que parmi les initiés des mystères, et tant de superstitions se mêlaient à cette mystagogie, que les hommes instruits rejetaient tout. Le vulgaire même n'y voyait qu'un

---

(1) Arrien, *Dissertation sur la vie et la doctrine d'Épictète*, III, 13.
(2) *Pensées*, II, 17; IV, 5; V, 13; VI, 24.
(3) *Ennéades*, III, 4, § 2, 5, 6.

rêve incertain, sans influence sur la conduite de la vie, et dont les timorés ne se préoccupaient qu'aux approches de la mort. Platon parle d'un certain Céphale qui, jeune et bien portant, se riait volontiers des peintures qu'on faisait de l'autre monde, mais qui, devenu vieux et caduc, commença d'appréhender qu'elles ne fussent véritables (1). Que de Céphales on pourrait compter de tous temps ! Ils sont légion.

Il serait facile de montrer, par d'innombrables extraits des écrivains de cet âge, dans quel discrédit était tombée la croyance à la vie future parmi les esprits les plus distingués qui, presque tous, faisaient profession d'un scepticisme absolu à cet égard. Lucrèce, exposant la doctrine d'Épicure, consacre un chant de son poème à montrer que l'âme est mortelle comme le corps (2), et son argumentation, si complète qu'on y a peu ajouté depuis, n'a jamais été victorieusement réfutée. Virgile célèbre l'heureux génie qui a pu découvrir les raisons des choses et foulé aux pieds, avec l'appréhension de l'inexorable sort, les vaines terreurs du Tartare (3). Si, ensuite, il se complaît à décrire ce même Tartare et les champs Élysées, séjour des ombres, c'est uniquement à titre de lieu commun, prêtant à de poétiques tableaux (4). La profession de foi du poète doit plutôt être cherchée dans le discours qu'il fait tenir à Anchise, et où l'âme, principe de la vie de l'homme, est présentée comme une émanation de l'esprit universel, une étincelle du feu divin, qui, à la mort, se confond avec l'essence éthérée éparse dans la sphère céleste (5). Lucain se fait l'interprète d'idées analogues (6). « Chaque jour le soleil renaît, dit mélancoliquement Catulle, mais notre vie n'est qu'une lueur

---

(1) *République*, I, p. 330.
(2) *De rerum natura*, III.
(3) *Géorgiques*, II, 490-492.
(4) *Énéide*, VI.
(5) *Ibid.*, VI, 724-751.
(6) *Pharsale*, III, 39 et 40.

fugitive suivie d'une éternelle nuit (1). » Horace appelle la mort « l'exil éternel (2) ».

Les politiques et les moralistes, astreints, semble-t-il, à plus de réserve que les poètes, ne se prononcent pas avec moins de netteté. César proclame en plein Sénat que « tout finit à la mort, qu'après elle il n'y a ni joie ni peine » (3), et cette opinion, qui ne scandalise personne, n'est pas un obstacle à ce qu'il remplisse les fonctions de grand pontife. Cicéron, qui résume à lui seul toute la philosophie latine, exprime plus d'incertitude que de conviction au sujet de la vie future. Lui-même en convient : « Je ne sais comment cela se fait : j'ai lu et relu le *Phédon* de Platon, et toujours en le lisant je suis d'accord avec l'auteur ; mais, dès que je ferme le volume, mes doutes me reprennent, et je me demande si je suis immortel (4). » Quoiqu'il aime, dit-il, à rêver qu'au terme de cette vie les âmes seront pour toujours heureuses, cette conjecture lui paraît si peu vraisemblable qu'il ajoute, réflexion faite : « Renonçons une bonne fois à tout espoir d'immortalité (5). » Dans une lettre où il parle à cœur ouvert, il écrit : « La mort met fin à tout... Quand je ne serai plus, tout sentiment aura péri en moi (6). » Il traite ailleurs de « fables ineptes » les descriptions des enfers, et assure que tout le monde pense de même sur ce point (7). Pline qualifie d' « illusions puériles » les théories des philosophes sur la persistance de l'âme (8). « Après la mort, dit-il, le corps et l'âme n'ont pas plus de sentiment qu'avant la naissance (9). » Sénèque hésite entre le vague espoir d'une vie meilleure et la pro-

---

(1) *Carmina*, V.
(2) *Carm.*, II, III, 27.
(3) Salluste, *Catilina*, 51.
(4) *Tusculanes*, I, 5.
(5) *Ibid.*, I, 9, 11, 12, 17, 19, 20.
(6) *Ad familiares*, VI, 3.
(7) *Tusculanes*, I, 5, 6; *De officiis*, III, 28; *Pro Cluentio*, 61.
(8) *Hist. nat.*, VII, 56.
(9) *Ibid.*

babilité plus grande d'un complet anéantissement (1). Parfois il présente la croyance à l'immortalité de l'âme comme un songe agréable dont il lui a été pénible d'être réveillé ; mais, plus fréquemment, il se déclare pour la négative (2). « La mort, écrit-il à une mère pour la consoler de la perte de son enfant, nous rend au calme et profond sommeil dont nous jouissions avant de venir au monde (3). » — « La mort, dit-il ailleurs, nous consume et ne laisse rien subsister de nous (4). » Dans une des tragédies qui lui sont attribuées, un chœur déclamait en plein théâtre :

Rien n'est après la mort ; la mort même n'est rien (5).

Tacite se demande, en termes dubitatifs, « si les âmes grandes et pieuses (la question ne lui semble pas devoir être posée pour les autres) vivent encore après la mort » (6). Plutarque pense que « mourir, c'est retourner dans le pays naturel » (7), et il montre à un affligé la rentrée dans le néant comme le terme assuré de sa douleur (8). Avec Cicéron et Sénèque, Juvénal affirme qu' « il n'y a pas de petit garçon ni de vieille femme assez sots pour croire ce qu'on raconte d'une autre vie » (9). Lucien raille les chrétiens, ces « malheureux qui s'imaginent être immortels et comptent vivre éternellement » (10).

Ainsi les Romains, non plus que les Grecs, ne se préoc-

---

(1) *Consolatio ad Polybium.*
(2) *Epist.*, IV, 2 ; XXX, 5 ; LIV, 3, 4 ; LXXXII, 15.
(3) *Consolatio ad Marciam.*
(4) *Epist.*, XXIV.

(5)   Post mortem nihil est, ipsaque mors nihil.
                                     (*Troades*, II, 372-409.)

(6) *Agricola*, 40.
(7) *Consolation à Apollonius.*
(8) *De la Superstition*, 4.
(9) Cicéron, *Tusculanes*, I, 5, 6 ; Sénèque, *Epist.*, XXIV ; Juvénal, *Satires*, II, 149-153.
(10) *Mort de Pérégrinus.*

cupaient guère d'un avenir ultra-vital. Leurs désirs et leurs ambitions se bornaient aux biens du monde réel. Ils ne demandaient pas autre chose aux dieux de la vie, unique objet de leur culte. Hadès et Pluton, Perséphone et Proserpine, qui régnaient sur les ombres, n'étaient que des ombres de divinités, sans autels et sans honneurs. Pour les anciens de l'âge classique, l'idée de la mort se réduisait à la perspective d'errer sous forme d'ombre pâle autour d'une tombe, de descendre à un séjour souterrain ou plus généralement de s'endormir pour toujours. C'est ce qu'expriment, avec une brutale franchise, nombre d'épitaphes où la mort même se charge de signifier aux vivants qu'elle est la fin de tout. Citons-en quelques-unes : « Autrefois, je n'étais pas ; aujourd'hui, je ne suis plus ; mais je n'en sais rien et peu m'importe ! » — « Dans l'Hadès, dit une autre, on ne trouve ni Charon, ni Éaque, ni Cerbère. Nous tous, que la mort y envoie, nous ne sommes qu'ossements et cendres. » — « Mort pour l'éternité, je ne dirai ni mon nom, ni mon père, ni mes actions. Je suis un peu de cendre, rien de plus, et jamais je ne serai autre chose. Mon sort vous attend (1). »

6. — Au moment où l'hypothèse d'une vie future semblait sur le point d'être abandonnée par tous les esprits cultivés, imbus de la civilisation gréco-romaine, cette croyance fut embrassée, avec plus d'ardeur que jamais, d'abord par des sectes juives, puis par le christianisme, né d'elles, et, quelques siècles plus tard, par l'islamisme, dérivé des deux. Cela tient à ce que ces religions recrutèrent leurs premiers adeptes dans les classes populaires, les plus accessibles aux crédulités aveugles et à l'empire de la tradition (2). Une fois érigée en dogme, l'idée de survivance

(1) Ausone, *Ep.* 38. V. aussi Friedlander, IV, xii, 449.
(2) « Dieu a choisi ce qu'il y a dans le monde de mal né, de compté pour rien, de néant... » (saint Paul, *Corinthiens*, I, 1, 28).

s'imposa avec une autorité tenue longtemps pour indiscutable. « La religion chrétienne donna à la croyance à l'immortalité de l'âme un élan prodigieux. Ce qui n'était dans les religions antiques qu'une superstition confuse et chez les philosophes qu'un vague espoir ou une opinion douteuse, est devenu dans le christianisme un dogme arrêté, complet, organisé, et une conviction ardente qui fit des martyrs. La grande affaire et même l'unique des chrétiens fut le salut (1). »

On se tromperait pourtant à croire que la spiritualité et l'immortalité de l'âme furent admises dès le début parmi les chrétiens. Ces idées ne sont pas moins étrangères au *Nouveau Testament* qu'à l'*Ancien*. « La notion de l'indestructibilité de l'âme, d'une continuité de vie qui lui serait inhérente essentiellement, tout ce que nous appelons en philosophie l'immortalité, est en dehors du cercle d'idées dans lequel se meut la théologie apostolique (2). » — « D'après saint Paul, qui, de tous les écrivains du *Nouveau Testament*, est le plus explicite, et qui reste bien ici dans la ligne de l'hébraïsme, l'homme n'est pas naturellement immortel; il ne peut l'être que par une effusion nouvelle de l'esprit divin; il ne l'est pas par nature, il le devient par la foi. C'est une grâce (3). » La croyance dogmatique à l'immortalité provient, non des *Évangiles*, mais des théories qui, quelques siècles plus tard, essayèrent de combiner l'idée d'une résurrection avec le platonisme alexandrin. Une religion aussi composite, où se mêlaient des éléments empruntés au judaïsme, au mazdéisme, à l'antique religion égyptienne, au bouddhisme même (4) et à la philoso-

---

(1) Paul Janet et Séailles, *Histoire de la philosophie*, p. 900.
(2) Reuss, *Histoire de la théologie chrétienne au siècle apostolique*, t. II, p. 237.
(3) Aug. Sabatier, *Mémoire sur la notion hébraïque de l'esprit*, p. 33. — « Dieu seul possède l'immortalité » (saint Paul, *Timothée*, I, VI, 16).
(4) Durant les premiers siècles de notre ère, il y eut des communautés bouddhistes en Asie Mineure, et l'on a signalé des analogies

phie grecque, devait comporter à l'origine une grande latitude d'opinions. Les apologistes du nouveau culte, transfuges du monde païen, retenaient par éducation d'esprit une part des doctrines qu'ils délaissaient. Bien des thèses, qualifiées plus tard d'hérésies, et dont plusieurs ont persisté comme telles, furent soutenues par des Pères ou des Docteurs de l'Église et tolérées par elle avant les décisions des conciles. L'état flottant du dogme autorisait des dissidences sur la nature de l'âme, sur sa provenance, sur son immortalité, sur ses destinées futures. Quelques-uns, avec Tertullien, la croyaient matérielle comme le corps (1); d'autres pensaient que, naturellement périssable, elle pouvait survivre par un acte exprès de la volonté divine. Saint Justin, Arnobe, Lactance, etc., n'admettent qu'une immortalité conditionnelle. La métempsycose trouvait même encore des adhérents (2). Saint Augustin, dans ses hypothèses sur l'âme, cherche à concilier Platon et l'Évangile. Origène incline au mysticisme alexandrin et fait résorber la personnalité dans l'être absolu... L'accord des vues et l'unité de doctrine ne s'établirent dans la croyance qu'après de longs débats, à une date beaucoup plus tardive que l'inflexibilité actuelle du dogme ne porterait à le supposer, et non sans admettre toujours, dans le détail des opinions, des divergences étendues.

En outre, un large courant de péripatétisme traverse les écoles philosophiques du moyen âge, où les idées négatives d'Aristote, ce « maître de tout savoir » (3), sont transmises et propagées par les commentateurs de ses œuvres. Dès le IIIe siècle, Alexandre d'Aphrodise, le plus célèbre et le plus exact, reprend sa théorie de l'âme, simple forme du

---

singulières entre les deux cultes, dans les légendes mêmes du Bouddha et de Jésus. (V. Hubbé-Schleiden, *Jésus est-il bouddhiste ?*)
(1) Tertullien, *De animâ*, v.
(2) Saint Jérôme, *Lettre à Démétriade*.
(3) « Il maestro di color che sanno » (Dante, *Inferno*, IV, 44).

corps, contingente et mortelle comme lui (1). Jean Scot (vers 800) enseigne que la vie de l'homme n'est qu'une parcelle individualisée de la vie universelle, et que la mort fait rentrer les êtres dans le tout « comme un son qui s'évanouit dans l'air » (2). Cette absorption de l'âme dans l'unité divine est appelée par lui *theosis* ou déification. Au XIIIe siècle, Averroès, adoptant la doctrine aristotélique, professe que l'homme participe de l'intelligence universelle, mais que son âme personnelle est vouée à la destruction. Il n'y a de durable que la raison générale dans l'humanité (3). Dès lors, l'infiltration de ces idées répand dans le monde chrétien un ferment d'incrédulité. Duns Scot, le « docteur subtil » reconnaît que l'immortalité de l'âme ne peut pas se démontrer par les seules lumières de la raison ; c'est une vérité révélée qui ne vaut que pour la foi. Joachim de Flore et Jean de Parme tiennent que l'âme raisonnable, impersonnelle de sa nature, manifeste passagèrement sa présence dans les corps dont elle est indépendante (4). Albert le Grand, discutant la question de savoir si l'âme est immortelle, énumère trente arguments contre et trente-six pour. Cette majorité de six arguments en faveur de l'affirmative lui paraît constituer une démonstration suffisante (5) ; mais ceux qui, après les avoir comptés, auraient aussi voulu les peser, pouvaient conserver quelques doutes. Dans le plus beau siècle de la foi, du vivant de saint Louis, on voit l'autorité ecclésiastique réprouver à Paris des thèses d'un scepticisme audacieux (6), et, sur le

---

(1) *De la Nature de l'âme.*
(2) *De divisione naturæ.*
(3) Renan, *Averroès et l'Averroïsme*, pp. 103-107.
(4) *L'Évangile éternel.*
(5) *Somme*, IIe partie, XIII, 77. *De naturâ et origine animæ*, I, 2.
(6) Un synode de 1269 condamne cette proposition : *Quod anima, quæ est forma corporalis, corrumpitur corrupto corpore.* — Un autre, en 1277 : *Quod resurrectio futura non debet credi a philosopho, quia impossibilis est investigari per rationem* (Renan, *Averroès*, pp. 265-274). Okkam adhérait à cette dernière thèse.

trône d'Allemagne, Frédéric II donner l'exemple d'une complète incrédulité. Pétrarque écrit même que, à la cour pontificale d'Avignon, « le monde futur, le jugement dernier, les peines de l'enfer, les joies du paradis, sont traités de fables absurdes et puériles » (1).

Les péripatéticiens de la renaissance, Pomponazzi (2), Cesalpini (3), Cardan (4), Cremonini (5), rééditant la doctrine d'Aristote, soutinrent que l'âme, simple personnification de l'identité consciente, s'évanouit à la mort. Ces hardis penseurs se mettaient en règle avec l'Église par la distinction subtile des deux ordres de foi et de raison, déclarant admettre pieusement, comme chrétiens, ce que, comme philosophes, ils jugeaient indigne de créance. A Pomponazzi, se couvrant de cette excuse spécieuse, Boccalini répondait qu'on devait l'absoudre en tant que chrétien et le brûler en tant que philosophe. La plaisanterie n'était pas sans danger : Giordano Bruno et Vanini en firent, au siècle suivant, la terrible épreuve ; mais, avant la scission de la Réforme, l'Église, confiante en sa force et se croyant inébranlable, se montrait parfois indulgente aux témérités de la spéculation. Quoique le concile de Latran (1513) eût condamné ceux qui niaient l'immortalité de l'âme, le cardinal Bembo ne cachait pas ses sympathies pour Pomponat et le protégeait. Léon X, pontife dilettante, au lieu de mettre un terme à ce débat périlleux, prenait plaisir à le voir durer, par amour de l'art (6). Luther lui-même, dans la première ardeur de sa lutte contre la papauté, sembla un moment disposé à se ranger aux doctrines de Pomponat. La *Défense des propositions condamnées par la nouvelle bulle*

---

(1) *Lettres familières ; Églogues.*
(2) *De immortalitate animæ*, Bologne, 1516.
(3) *Quæstionum peripateticarum libri V*, Florence, 1569.
(4) *Theonoston seu de immortalitate animæ*, Lyon, 1663.
(5) *Illustres contemplationes de animâ.*
(6) Il faisait réfuter Pomponazzi par l'averroïste Niphus, mais arrêtait les poursuites de l'inquisition (Renan, *Averroès*, p. 363).

de *Léon X* met le dogme de l'immortalité de l'âme au nombre « des fables monstrueuses qui font partie du fumier romain » (1). Enfin Érasme, passant l'ironique revue de nos aberrations, tient le rêve d'une béatitude future pour la dernière et la plus insigne des folies de l'esprit humain (2).

7. — Reprenant à leur tour la discussion du problème, toujours agité, jamais résolu, les philosophes modernes ont moins affermi qu'ébranlé le dogme de la vie future, car, selon une juste remarque de Guizot, la philosophie ne peut guère y toucher, même à bonne intention, sans le compromettre et s'exposer à le ruiner. Tout examen est funeste à la croyance, parce qu'elle ne se sauve qu'en restant à l'état d'aspiration vague et de pressentiment obscur (3). Il lui faut la pénombre, propice aux rêves ; elle risque de s'évanouir au grand jour. La foi exige qu'on croie, et se méfie, non sans raison, de ceux qui veulent comprendre. En cherchant à éclairer la question, la plupart des penseurs ont, depuis trois siècles, ou nié la survivance ou posé à son affirmation des réserves qui en atténuent beaucoup la valeur.

Montaigne, qui se plaît dans l'indécision, évite de se prononcer avec netteté sur ce point et s'en tient à son « que sais-je ? » habituel ; mais il laisse entrevoir le fond négatif de sa pensée dans le chapitre capital des *Essais*, *l'Apologie de Raymond Sebond*, où il montre l'incertitude de toutes choses et les contradictions inextricables des hypothèses sur l'âme. Plus franc, son disciple Charron ose écrire, quoique prêtre : « La religion n'est tenue que par

---

(1) *Assertio omnium articulorum per Bullam Leonis X novissimam damnatorum*, 1521, op. Vitebergœ, t. II, fol. 113, verso : « Se esse regem cœli et deum terrenum, *animam esse immortalem*, et omnia illa infinita portenta in romano sterquilinio decretorum.... »
(2) *Éloge de la folie*, fin.
(3) Guizot, *Sur l'Immortalité de l'âme*.

moyens humains et est toute bastie de pièces maladives, et encore que l'immortalité de l'âme soit la chose du monde le plus universellement reçue (j'entends d'une externe et publique profession, non d'une interne, sérieuse et vraye croyance), elle est le plus faiblement prouvée, ce qui porte les esprits à douter de beaucoup de choses (1). » Descartes écrit, au sujet d'une autre vie : « Par la seule raison naturelle, nous pouvons faire beaucoup de conjectures à notre avantage et avoir de belles espérances, mais non aucune certitude (2). » C'est pourquoi, lui, qui a tant insisté sur la spiritualité de l'âme, garde un complet silence sur son immortalité. Tout ce qu'il en dit se borne à ce passage ironique d'une de ses lettres : « Quant à l'état futur de nos âmes, je m'en rapporte à M. Digby (3). » La caution est bonne, on peut s'y fier. Pascal, qui, comme on l'a dit, « se précipite dans la foi tout frémissant de scepticisme » (4), trahit ses doutes par la violence même de son effort pour croire, fait du problème de la survivance l'objet d'un pari, et en demande la solution hasardeuse à un calcul de probabilité (5). Giordano Bruno, précurseur de Spinoza, tient que Dieu, substance unique, anime de sa vie les réalités passagères (6). Pour l'auteur de l'*Éthique*, l'âme humaine, simple mode de la pensée divine, est la manifestation éphémère d'un principe éternel. Nulle part Spinoza n'emploie le mot trompeur d'immortalité. Celui d'éternité, dont il use de préférence, se réfère à la substance de l'être absolu, non à la personnalité, phénomène transitoire (7). Comme Aristote, il admet bien dans l'homme un élément impéris-

(1) *De la Sagesse*, Ire édition, 1601, I, 7.
(2) *Lettre à Mersenne*, II, 50.
(3) Auteur d'un *Traité de la nature et des opérations de l'âme*, 1644.
(4) Nisard, *Hist. de la littérature française*, t. II, ch. IV.
(5) *Pensées*, édit. Havet, t. I, pp. 149-153.
(6) *Del infinito, universo e mondi* ; *De la causa, principio e uno*.
(7) « Nous n'attribuons à l'âme une durée que pendant la durée du corps » (*Éthique*, V, 23).

sable, l'entendement pur, mais qui ne conserve après la mort aucun souvenir de l'identité du moi (1).

Hobbes et Hume nient expressément l'immortalité. Voltaire renvoie dédaigneusement les questions abstruses sur la nature de l'âme à une métaphysique impuissante, hors d'état de se faire comprendre et de se comprendre elle-même. Ses idées reflètent la mobilité de son esprit. Tantôt il regarde l'âme comme une fonction du corps qui cesse avec lui, et tantôt il reconnaît l'utilité de la croyance à une autre vie pour réprimer les mauvais instincts, mais sans paraître jamais sérieusement convaincu (2). Diderot se refuse à tenir l'âme pour un principe distinct et séparable du corps (3). Au XVIIIe siècle, l'incrédulité des hautes classes, en fait de survivance, était presque aussi générale qu'à Rome vers la fin de la République ou sous l'Empire. Frédéric II pense sur ce point comme César, Mirabeau comme Cicéron, Montesquieu comme Tacite et Buffon comme Pline.

Kant, appliquant son criticisme à l'idée d'immortalité, conclut à sa rationalité, mais non à sa réalité. C'est un concept de l'entendement qui n'a rien de nécessaire en dehors de lui (4). Le panthéisme poétique de Schelling lui fait considérer l'existence personnelle comme une déchéance dont le retour à l'existence absolue sera la réhabilitation. Tandis que l'âme réelle, principe de la vie du corps, périt avec lui, l'âme idéale, relevée de sa chute, va se confondre avec Dieu (5). Hegel n'accorde d'immortalité qu'à l'*Idée*. L'âme individuelle, phénomène contingent, simple facette de l'idée universelle, n'a pas d'existence en soi ni conséquemment

---

(1) *Éthique*, V, 40, Coroll.
(2) « Je ne sais pas, dit-il, ce que c'est que la vie éternelle, mais celle-ci est une mauvaise plaisanterie. » Il écrit à Mme du Deffand : « La mort est, généralement parlant, préférable à la vie. Le néant a du bon ; d'habiles gens prétendent que nous en tâterons » (*Lettre du 24 mai 1764*).
(3) *Le Rêve de d'Alembert ; Entretien entre d'Alembert et Diderot*.
(4) *Critique de la raison pure*.
(5) *Philosophie et Religion*, pp. 71, 74.

de persistance après la mort. Les êtres particuliers, tous finis et défectueux, portent en eux le principe de leur annihilation et doivent se résorber dans l'être absolu (1). Pour Schopenhauer, les âmes personnelles sont des manifestations temporaires de la *Volonté*, principe actif des choses, et leur évanouissement réalise l'équivalent du nirvâna. « Envisageons, dit-il, notre vie comme un épisode qui trouble inutilement le bienheureux repos du néant (2). » Cousin a tour à tour incliné vers une immortalité impersonnelle dans son *Argument du Phédon*, et soutenu la thèse de l'immortalité personnelle dans son livre *Du Vrai, du Beau et du Bien* (3). Auguste Comte réduit la survivance à la prolongation des résultats de la vie dans la civilisation, à « l'évocation cérébrale » et au culte honorifique des grands hommes (4). Herbert Spencer écarte toute distinction de substance entre l'esprit et le corps, les confond dans l'unité de l'être vivant, et les soumet à une loi commune d'évolution qui implique un terme (5). Selon Renan, « l'âme humaine, substantielle et immortelle, est une hypothèse qui repose sur une idée trop exaltée de l'individualité » ; mais, par contre, « l'impersonnalité de l'intelligence, l'émersion et la réabsorption de l'individu sont une hypothèse qui repose sur une vue trop exaltée de l'ensemble ». Sortir de cette contradiction et marquer le juste point paraît assez malaisé. Pour conclure, l'éminent écrivain loue « la profonde vérité qui servait de base à la théorie aristotélique, à savoir : l'identité du fond permanent des choses, l'éternité de l'océan d'être à la surface duquel se déroulent les lignes toujours ondoyantes et variables de l'individualité » (6).

(1) *Phenomenologie des Geistes; Philosophie der Geschichte.*
(2) *Parerga und Paralipomena*, t. II, p. 156.
(3) *Du Vrai, du Beau et du Bien*, leç. XVI.
(4) *Système de politique positive; Catéchisme positiviste.*
(5) *Principes de psychologie.*
(6) *Averroès et l'Averroïsme*, 1867, pp. 108 et 115.

8. — On peut juger par cet exposé sommaire combien sont diverses les idées émises dans le cours des siècles au sujet de la vie future. L'élite intellectuelle du genre humain se retranche dans le doute ou formule d'expresses négations. Souvent, il est vrai, on lui oppose l'opinion des foules, pour donner à une croyance aussi répandue le prestige d'une vérité de sens commun. Quoiqu'une question pareille, dont la discussion exigerait quelque compétence, ne soit pas de celles que le suffrage universel, où les incompétents dominent, est apte à trancher, comme d'ordinaire on invoque l'assentiment général en faveur de l'affirmative, il importe de montrer que, au rebours, la grande majorité se trouve du côté de la négative.

Si, en effet on retranche de cette unanimité prétendue tous ceux qui n'ont eu aucune idée d'une vie future, c'est-à-dire l'ensemble probable des populations humaines durant le laps immense de l'âge préhistorique, et même, pendant la phase historique, celles qui leur ressemblent encore, et jusqu'à des peuples parvenus à un certain état de culture, tels que les anciens Juifs, les Chaldéo-Assyriens, les Chinois, etc.; si ensuite, parmi ceux qui ont cru à la survivance, on élimine les adeptes des théories qui suppriment à la mort le sentiment de l'identité personnelle, soit qu'il se perde dans des cycles de métamorphoses où les existences se suivent sans se continuer, soit qu'il s'évanouisse par l'absorption dans l'être absolu ou par l'entrée dans l'impassibilité du nirvâna, toutes doctrines qui varient plutôt sur le genre de mort qu'elles n'affirment la persistance réelle du moi, — et ce groupe, où figurent les sectateurs de la métempsycose, du brahmanisme et du bouddhisme, comprend à lui seul plus de la moitié du genre humain actuel ; — si enfin on tient compte de la multitude des penseurs qui ont cru devoir, après examen et réflexion, écarter la croyance à une autre vie, comme les saducéens en Judée, les épicuriens et les stoïciens en Grèce et à

Rome, les péripatéticiens de l'antiquité, les averroïstes au moyen âge et, dans les temps modernes, une foule de libres esprits, — il ne restera plus, pour adhérer à la thèse d'une immortalité consciente, qu'une minorité de croyants recrutés surtout parmi les sectateurs du parsisme, du néojudaïsme, du christianisme et de l'islamisme, ainsi que les philosophes de l'école spiritualiste.

Mais, ici encore, que de réductions à opérer! Parmi tous ceux qu'on range, sans contrôle possible, sous le titre de croyants, combien acceptent les dogmes reçus avec plus de docilité que de conviction, et conservent des doutes sans les exprimer ou en convenir? Il y a toujours eu, — en quelle proportion, qui peut le dire? — des esprits réfractaires à la croyance, là même où elle semble le plus généralement dominer. Et, parmi les croyants sincères, combien ont une foi sans lacunes, conforme sur tous les points? La plupart désirent plus qu'ils ne croient, rêvent plus qu'ils ne savent, cèdent à leur insu aux protestations de la raison, et oublient ou rejettent à l'occasion une bonne part de ce qu'ils admettent en théorie. Leur conduite est un compromis continuel entre les tendances de l'idéal et les contraintes de la réalité. C'est que, comme dit Descartes, « nous n'avons pas coutume d'être si touchés des choses que la seule foi nous enseigne et où notre raison ne peut atteindre, que de celles qui nous sont avec cela persuadées par des raisons naturelles fort évidentes (1) ». L'opinion de ceux qui admettent la vie future est moins une certitude que le vague espoir d'une éventualité fondée sur l'ignorance d'un ténébreux avenir. « Les hommes, bien souvent, remarque Leibniz, ne sont guère persuadés : et, quoiqu'ils le disent, une incrédulité occulte règne dans le fond de leur âme... Peu de gens conçoivent que la vie future soit possible, bien loin d'en concevoir la probabilité, pour ne

---

(1) *Lettre à la princesse Élisabeth*, I, 9.

pas dire la certitude (1). » — « Les hommes, dit également Hume, n'osent pas s'avouer à eux-mêmes les doutes qu'ils nourrissent dans leur esprit ; ils croient mériter par une foi implicite : en prenant le ton affirmatif, ils se déguisent leur incrédulité réelle... Mais la nature ne perd point ses droits ; la pâle lueur qui nous éclaire dans ces régions sombres n'égalera jamais la force des impressions que font sur nous l'expérience et le sens commun. Les actions démentent les discours ; elles font voir que, dans ces sortes de sujets, notre foi n'est qu'une opération de l'entendement, placée entre la défiance et la conviction, mais plus voisine de la première (2). »

Où est la vérité parmi tant de conjectures et d'allégations contraires ? A quoi se résoudre : nier, douter ou croire ? Qui ne souhaite sortir d'une aussi pénible incertitude et savoir sûrement s'il doit régler la vie présente en vue d'un avenir sans fin ou renoncer à de chimériques espérances ? Pour se décider en connaissance de cause, on voudrait, à défaut de preuves directes, que le sujet ne comporte pas, avoir du moins de solides présomptions. Or, on ne peut les demander qu'à la science. C'est ce que nous allons essayer de faire en soumettant à son contrôle les croyances relatives à la vie future.

(1) *Nouveaux Essais sur l'entendement humain*, II, 21, § 38.
(2) *Histoire naturelle des religions*, XII.

CHAPITRE III

EXAMEN DES PREUVES DE LA SURVIVANCE

I. — Spiritualité de l'âme.

1. — Les théories de vie future se fondent communément sur la distinction dans l'homme de deux êtres, l'esprit et le corps, qui, présumés de nature contraire et désunis par la mort, seraient réservés à des destins différents.

Le corps, perçu par tous les organes des sens, composé d'éléments également perceptibles et soumis aux forces qui régissent la matière, est en conséquence dit matériel. Tant qu'il vit, des fonctions spéciales déterminent les phases de son évolution, la persistance de sa structure et ses modes d'activité. Mais, à la mort, sa condition change. Le principe d'énergie coordonnée qui était en lui, cessant tout à coup d'agir, est remplacé par une passivité complète, et, aux fonctions conservatrices de l'organisme, succèdent des phénomènes de régression qui tendent à le détruire. Sa forme s'altère, sa substance se dénature. Par suite d'une disgrégation chimique, les composés complexes qu'avait élaborés la vie reviennent à un état de combinaison plus simple, et leurs éléments sont restitués au milieu inorganique sous forme de gaz, de liquides et de poussière. Après un temps susceptible de varier suivant les circonstances, le travail de désorganisation s'achève, et rien ne subsiste plus de ce qui fut un organisme vivant, ou ce qui reste de lui atteste avec une funèbre éloquence la perte irréparable de la vie.

Au rebours du corps, le moi intérieur échappe à la prise des sens externes et n'est perçu que par un sens intime, la conscience. Insaisissable du dehors, cet être mystérieux qu'on appelle âme ou esprit, doué en apparence d'un pouvoir autonome d'action, semble échapper aux lois qui gouvernent le monde physique et tirer son énergie de lui-même, sans relever de contingences particulières ni dépendre essentiellement du corps, qu'il meut et dirige, dont il peut même se séparer à l'occasion. Lorsque la mort atteint l'organisme, et pendant qu'il se décompose, aucun indice ne permettant de constater ce que l'âme est devenue, on suppose que désormais, libre de liens matériels, elle mène à part une existence indépendante.

Des traits à ce point dissemblables ont fait attribuer aux deux parties de l'être humain une essence et un sort contraires. Au corps matériel et périssable, dont les besoins sont bornés, on oppose l'âme spirituelle et immortelle, dont les aspirations sont infinies. Une distinction aussi tranchée est-elle l'expression exacte de la réalité? Y a-t-il vraiment en nous deux êtres, dont le contraste va jusqu'à l'antinomie, ou un seul être vu sous deux aspects différents? L'âme est-elle une entité spéciale ou une résultante de la vie, un ordre personnifié de ses fonctions? Cette question a une importance extrême et veut être nettement tranchée, car tout le reste en dépend. Si, en effet, il y a deux natures dans l'homme, l'ignorance où l'on est de l'une d'elles après le trépas ouvre la porte aux conjectures; tandis que, si sa nature est simple, la certitude des effets qu'entraîne la mort pour l'organisme coupe court à toute hypothèse sur un destin ultérieur.

2. — Interrogeons d'abord l'histoire. Elle nous dira le

sens initial des mots d'*âme* ou d'*esprit*, et les changements qu'il a dû subir pour exprimer une spiritualité pure.

Lorsque, en vue d'expliquer le phénomène du rêve, on eut dédoublé l'être humain, l'idée de corps, grâce aux multiples données de la perception, parut claire et bien définie ; mais celle d'esprit, qui ne se révélait qu'à la conscience, dans une pénombre indécise, sans moyens de comparaison et de mesure, resta vague, indéterminée, difficile à concevoir, et devint un objet de spéculation imaginaire. Que pouvait être, dans la pensée des hommes du premier âge, ce moi caché qui tantôt occupait le corps et vivait de concert avec lui, tantôt le quittait par intervalles pour aller, inaperçu, mener ailleurs, durant les songes, une existence à lui propre ? On dut se le représenter, par analogie, sous une forme sensible, car l'idée abstraite de pur esprit n'aurait pas été concevable alors. On se le figura comme un second exemplaire du corps, reproduisant trait pour trait sa ressemblance ; mais, puisqu'il pouvait se transporter au loin en un instant, il fallut l'affranchir des gênes de la pesanteur, lui attribuer une nature déliée, subtile et légère. Il fut présumé se composer d'une matière atténuée, impalpable et visible seulement par circonstance. Son aspect, pareil à celui des morts qu'on croyait revoir en rêve, évoqua l'idée d'un fantôme, simulacre inconsistant du corps et, pour ainsi dire, sa projection colorée. On crut même en saisir l'apparence dans l'ombre, silhouette fidèle qui accompagne le corps pendant le jour et disparaît la nuit, quand l'esprit quitte le corps endormi. Chez une foule de peuples, les termes d'*ombre* et d'*esprit* ont été synonymes (1). D'après une croyance très répandue, les cadavres ne projetaient plus d'ombre, l'esprit les ayant abandonnés. Dans le *Pur-*

---

(1) Le grec σκιά, le latin *umbra*, notre mot *ombre*, etc., désignent à la fois l'ombre des vivants et l'esprit des morts. La même confusion de sens se retrouve dans une multitude de langues (V. Tylor, *Civilisation primitive*, t. I, pp. 498-499).

gatoire de Dante, Virgile explique au poète, étonné de le voir sans ombre, qu'il est l'ombre jadis unie à son corps, mais maintenant séparée de celui-ci, qui repose à Naples (1). On regarda aussi comme une apparition du moi intérieur les images plus nettes qui, à la surface d'une eau calme, réfléchissaient à distance le corps et ses mouvements. La production de ces images, inexplicables par les lois alors ignorées de la réflexion, semblait rendre visible le même esprit ou une autre sorte d'esprit (2).

Par une extension logique d'idées, tout portrait fut également censé en être la représentation et identifié avec lui, comme en témoigne la tendance si générale à confondre l'image et la personne, principe de toutes les idolâtries. La plupart des non civilisés éprouvent une répugnance extrême à poser devant le dessinateur ou le photographe, persuadés que les portraits n'ont un air de vie qu'aux dépens de l'original, qu'on leur ôte par magie une part de leur âme avec leur ressemblance, et que le détenteur de l'image a prise sur eux.

Ainsi figurée sur le modèle des apparitions dans les songes, des ombres portées et des images réfléchies, l'âme-fantôme (3) retenait quelque chose de la matérialité du corps. Elle en avait la forme, se laissait voir, pouvait agir, émettre des voix, et disposait même d'un pouvoir de malfaisance qui la rendait plus redoutable après la mort que pendant la vie. Elle éprouvait encore le besoin d'aliments, courait le risque d'être blessée ou tuée. Sa substance, présumée semi-corporelle, fut assimilée au moins matériel des

---

(1)   E l'corpo, dentro al quale io faceva ombra
            Napoli l'ha...
                          (*Purgatorio*, III, 9-10.)

(2) Les Fidjiens, qui appellent l'ombre l'*esprit noir*, tiennent l'image réfléchie pour un autre esprit réservé à un sort différent (Williams, *Fiji and Fijians*, t. I, p. 241).

(3) Les Grecs l'appelaient *image* (εἴδωλον).

éléments, l'air, dans lequel l'homme est plongé et qu'il respire incessamment. Une induction facile à concevoir fit identifier l'âme et le souffle respiratoire, dont l'importance, comme fonction vitale, fut bien vite constatée, et dont l'arrêt, le plus apparent des signes de mort, la différenciait du sommeil. L'esprit s'en allait lorsque le souffle cessait. Il était donc ce souffle même, confusion d'idées qu'atteste, dans un très grand nombre de langues, l'identité des mots *souffle* et *esprit* (1). Divers indices montrent qu'à l'origine cette assimilation n'avait rien de métaphorique. Plusieurs insulaires de la Polynésie cherchaient à clore la bouche et le nez des moribonds afin d'empêcher l'âme de s'échapper, ce qui avait plus sûrement pour effet de hâter la mort en étouffant le malade (2). Les Séminoles de la Floride plaçaient sur le visage de la femme qui mourait en couches l'enfant qu'elle venait de mettre au monde, dans l'idée qu'il retiendrait au passage l'âme de sa mère (3). Chez les Romains, un usage analogue, mentionné par Virgile et par Cicéron, astreignait un des proches de l'agonisant à se pencher sur lui pour aspirer son âme à la sortie (4). Nous disons encore, par tradition, « recueillir le dernier souffle ».

Cette conception d'une âme aérienne a été très répandue et longtemps persistante. Le nom de *Brahma*, dieu principal des Hindous, signifie à la fois souffle et âme (*brahm*). « Comme dans l'air réside un grand vent, soufflant sans cesse de tous côtés, ainsi résident en moi tous les êtres », dit

---

(1) *Esprit*, *spiritus*, de *spirare*, respirer ; *âme*, d'*anima*, souffle. Cfr. le sanscrit *âtman* et *prâna*, le grec ἄνεμος, vent, πνεῦμα, souffle, ψυχή, âme, de ψύχειν, souffler. Le radical de ἄνεμος et de *anima*, *animus*, se lie au sanscrit *ana*, respirer. La même confusion de sens existe dans l'hébreu *nephesh* et *ruach*, l'arabe *nefs* et *ruh*, le slave *duch*, l'allemand *geist*, dans une foule de langues américaines, etc.
(2) A. Bertillon, *les Races sauvages*, p. 241.
(3) Tylor, *Civilisation primitive*, t. I, p. 503.
(4) *Et excipies hanc animam ore pio* (V. Virgile, *Énéide*, IV, 684-685, et Cicéron, *Verrinæ*, v, 452).

Krichna dans le *Bhagavad-Gîta* (1). De même, chez les Égyptiens, le nom de l'esprit divin, *Kneph*, semble se rattacher au mot *nef*, souffle (2). Dans la *Genèse*, l'esprit de Jéhovah, puissance à demi physique, sort de lui à la manière d'un souffle humain. Au début de la création, il est porté sur les eaux sous forme de vent (3). Lorsque, ensuite, il a façonné avec du limon le corps de l'homme, il lui transmet par insufflation sur le visage une âme qualifiée de « souffle de vie » (4). Ainsi encore, dans un passage d'Ézéchiel, Jéhovah, voulant ressusciter des morts, leur envoie « un souffle de vie » (5). Le *Saint-Esprit*, hypostase divine dans la trinité chrétienne, est un souffle (Πνεῦμα). Jésus le communique aux apôtres sous la forme d' « un grand vent » (6), et nous redisons d'après lui : « L'esprit *souffle* où il veut (7). »

Selon les *Védas*, l'esprit des morts va se confondre avec les vents et grossir le cortège d'Indra, qui chasse les nuées. Pour Homère, l'âme est un souffle vivifiant, dont, à la mort, la sortie s'effectue par la bouche ou par une blessure ouverte (8). Passant ensuite à l'état d'ombre, elle devient un fantôme « semblable à une vapeur ou à un songe » (9). Du temps de Platon, la croyance commune faisait se répandre dans l'air l'âme, de nature aérienne. Socrate dit, dans le *Phédon*, que, « suivant l'opinion de la plupart des hommes, l'âme, lorsqu'elle s'échappe du corps, se disperse comme une vapeur ou une fumée sans laisser de traces. » S'adressant à des sages, il ajoute : « Il me semble que vous craignez, comme les enfants, que, quand l'âme sort du corps, elle ne soit emportée par les vents, surtout si l'on

---

(1) *Bhagavad-Gîta*, trad. Burnouf, 115.
(2) Bunsen, *Egypt's place*, I, 334.
(3) *Genèse*, i, 2.
(4) *Inspiravit in faciem ejus spiraculum vitæ* (*Genèse*, ii, 7).
(5) *Ezéchiel*, xxxvii, 9 et 10.
(6) *Actes des Apôtres*, ii, 3 et 4.
(7) *Saint Jean*, iii, 8.
(8) *Iliade*, XVI, 505, 856 ; XXII, 362.
(9) *Odyssée*, XI, 476.

meurt, non par un temps calme, mais par un grand vent. — Sur quoi Cébès souriant : Eh bien, Socrate, prends que nous le craignons ou plutôt que ce n'est pas nous qui le craignons, mais qu'il pourrait bien y avoir en nous un enfant qui le craignît (1). » Virgile fait encore s'exhaler dans les vents l'âme de Didon (2).

L'air, si nécessaire aux êtres animés, parut à beaucoup de philosophes anciens être le principe de la vie universelle, l'âme même du monde, et la théorie du πνεῦμα, souffle animateur, prit une place importante dans leurs spéculations. Pythagore concevait Dieu comme un air subtil qui communiquait à tout le mouvement et la vie (3). Suivant Héraclite et Démocrite, l'essence de l'âme, faite des éléments les plus mobiles de la matière, se rapproche de l'air, source de vie et d'intelligence. Diogène d'Apollonie voyait dans l'air, principe de spiritualité, une sorte de Dieu ami. « Il est grand, disait-il, il est fort, il est éternel, il est plein d'idées (4). » Les Stoïciens adoptèrent cette théorie de l'air vivifiant et inspirateur. Marc Aurèle rapporte tout à la fonction respiratoire : « La vie de chaque homme n'est pas autre chose que la respiration de l'air. Aspirer l'air une fois et puis le rendre, et c'est ce que nous faisons à chaque instant, voilà en quoi consiste la restitution, à la source où tu l'as puisée, de cette force respiratoire tout entière que tu as reçue à ta naissance (5). » Galien fait du πνεῦμα la force vitale, sans distinguer s'il est l'organe de l'âme ou l'âme elle-même. Il pense que l'air aspiré se raffine en traversant l'organisme et devient souffle vital dans le cœur, puis souffle psychique dans le cerveau. Tertullien et saint Basile

---

(1) *Phédon.*
(2)   ... *Atque in ventos vita recessit*
  (*Énéide*, IV, 705).
Il dit de l'âme d'Anchise : *Par levibus ventis* (*ibid.*, VI, 702).
(3) Cicéron, *De natura deorum*, I, 2.
(4) Πολλὰ εἰδός ἐστι (*De la Nature*).
(5) *Pensées*, VI, 15.

admettent encore que l'âme est un souffle aérien (1). Enfin nos expressions usuelles *expirer, rendre l'âme* ou *l'esprit* se réfèrent toujours à l'émission du dernier souffle et semblent supposer que l'âme s'échappe avec lui.

Ce que l'âme aérienne conservait de semi-matériel s'atténua plus encore lorsque, par suite du progrès des idées, on vint à considérer l'esprit comme un élément igné, une parcelle du feu qui anime la nature. Cette induction résulta de l'observation des effets de la chaleur animale, du refroidissement qu'entraîne la mort, et de l'influence des saisons sur l'épanouissement de la vie. Le feu source de chaleur et de lumière, adoré dans l'Inde et en Perse comme le symbole de la puissance divine, devint l'expression de l'activité des êtres, consacrée par la métaphore du flambeau de la vie (2). Dans les *Védas*, Agni personnifie à la fois le feu physique, la chaleur vitale et le principe pensant (3). D'après les légendes des Hellènes, Prométhée avait animé le premier homme, et Héphœstos la première femme, en leur transmettant le feu du ciel. Héraclite tient la chaleur pour un principe universel d'activité qui s'allume et s'éteint dans les êtres selon un rythme déterminé (4). « L'âme, dit-il, est une vapeur chaude et sèche, et la plus sèche est la meilleure (5). » Démocrite et Leucippe la croyaient aussi composée d'atomes de feu (6), opinion qu'adoptèrent les deux écoles d'Épicure et de Zénon. Cette théorie tendait à spiritualiser l'âme en substituant à l'idée concrète de substance matérielle l'idée abstraite de force. Peut-être la coutume d'incinérer les cadavres au lieu de les inhumer contribua-t-elle à cette transformation, en induisant à suppo-

---

(1) *Flatus* (*De Animâ*, 56) ; — *Spiritus aerius* (*De Spiritu Sancto*, 16).
(2) Nous disons encore *s'éteindre* pour *mourir*.
(3) E. Burnouf, *Science des religions*, 154.
(4) *Fragments*, 46.
(5) *Ibid.*, 27, 49, 54.
(6) Aristote, *de l'Ame*, I, 2.

ser que l'esprit s'élevait avec la flamme du bûcher (1), pour aller rejoindre son principe dans la région de l'*Empyrée*, où brûlait le feu céleste.

2. — Enfin, durant la période qui s'étend de Platon à saint Augustin, l'abstraction métaphysique réussit à formuler l'idée de spiritualité pure. Anaxagore fut l'initiateur de cette dernière évolution. Opposant d'une façon générale l'esprit et la matière, il réduisit la seconde au rôle d'élément passif, sans spontanéité, faisant au contraire du premier, clairvoyant et actif, le moteur universel, la force organisatrice et rectrice. Aristote le loue d'avoir posé cette distinction lumineuse, et le met, pour cela seul, au-dessus de tous les philosophes antérieurs (2). Pourtant, Anaxagore ne concevait encore l'intelligence (νοῦς) que comme une substance subtile, pénétrant les corps à la manière d'un fluide, sans lui attribuer une personnalité consciente et libre. C'était une essence mal déterminée, agissant comme une force de la nature. Platon affirma plus nettement, en contraste avec la matérialité du corps, inerte et sans connaissance, la spiritualité de l'âme, active et intelligente. « Le corps, dit-il, est à l'âme ce que le vêtement est à l'homme, le poste au soldat, l'outil à l'artisan, le pilote au navire » (3); comparaisons périlleuses qui conduisaient à l'hypothèse d'une métempsycose ; car, de même que l'homme change de vêtements, le soldat de poste, l'artisan d'outil et le pilote de navire, l'âme pouvait changer de corps.

Toutefois, Platon n'établit pas encore la notion d'une spiritualité absolue, n'ayant plus rien de commun avec la matière. Outre qu'il distingue plusieurs sortes d'âmes, dont les inférieures, investies de fonctions animales et

(1) *Luridaque evictos effugit umbra rogos.*
(Properce, IV, 7, 2.)
(2) *Métaphysique*, I, 3, 984.
(3) *Phédon.*

plus qu'à demi matérielles, sont mortelles comme le corps, l'âme supérieure elle-même garde dans sa théorie une corporéité vague, puisqu'il lui attribue l'étendue et le mouvement. Les autres écoles philosophiques de la Grèce s'accordèrent à écarter l'idée de spiritualité. Pour Aristote, l'âme personnelle (ψυχή) est non le corps, mais « quelque chose du corps (1) », qui en constitue le principe vital, la forme, l'unité, la cause et la fin. Propre à l'organisme, elle n'existe qu'en lui, ne peut pas en être séparée et disparaît avec lui. A cette âme corporelle et périssable il adjoint, il est vrai, une âme immatérielle et immortelle (νοῦς), parcelle détachée de l'intelligence universelle, mais qui lui fait retour à la mort sans rien retenir de l'individualité où elle a brillé un moment. Suivant les épicuriens et les stoïciens, il n'y a de substance réelle que celle des corps. Rien n'existe en dehors d'eux. L'âme est simplement un corps de nature plus subtile, qui participe toujours de l'essence de la matière. Les néoplatoniciens, refusant de séparer par une distinction absolue l'esprit et la matière, n'admettaient entre eux qu'une différence quantitative plutôt que qualitative, et faisaient procéder la substance spirituelle de la substance matérielle par une série d'atténuations. Galien, indécis entre les thèses contraires de la corporéité et de la spiritualité de l'âme, se résigne à l'incertitude, alléguant qu'une décision sur ce point « n'est pas absolument nécessaire pour l'acquisition de la santé ou de la vertu » (2). Néamoins, il incline à croire l'âme une matière caduque, quoique plus raffinée que celle du corps.

Le christianisme naissant n'adopta pas sans hésitation le principe de la spiritualité de l'âme, que niaient la plupart des philosophes anciens, et qui d'ailleurs n'était exprimé nulle part dans la *Bible*. Origène en fait la remarque

---

(1) Σώματος δέ τι (*De l'Ame*, II, 2).
(2) *De subst. facult. nat.* (*Opera*, t. IV, p. 760, sqq.).

et s'en autorise pour dire, dans son livre *des Principes*, que le mot *immatériel* étant inconnu en hébreu, les esprits doivent être une sorte de vapeur (*aura*). Il tient que l'âme est matérielle et figurée (1). Tatien (2), Arnobe (3), se prononcent fortement pour la corporéité de l'âme. Tertullien va jusqu'à dire : « Elle n'est rien si elle n'est pas un corps (4). » — « Il n'y a rien, dit également saint Hilaire, dans les substances et dans la création, soit sur terre, soit dans le ciel, et parmi les choses visibles comme parmi les invisibles, qui ne soit corporel. Même les âmes, aussi bien après la mort que pendant la vie, conservent quelque substance corporelle, parce qu'il est nécessaire que tout ce qui est créé soit dans quelque chose (5). » Une foule de docteurs, saint Justin, saint Césaire, saint Jean Damascène au VIIIe siècle (6), partageaient l'opinion de la corporéité de l'âme. D'autres pensaient avec saint Irénée (7), Lactance (8), etc., que la substance de l'âme, quoique différente de celle du corps, n'est pas incorporelle d'une manière absolue, mais seulement d'une façon relative, et que, immatérielle par rapport à l'organisme, elle est matérielle par rapport à la pure spiritualité de Dieu. Saint Ambroise veut aussi réserver à la trinité « toute seule » la qualification d'*immatérielle* (ἀσώματον), « rien dans tous les êtres créés n'étant complètement immatériel » (9). Ceux même qui, comme saint Athanase, saint Basile, saint Grégoire de Nazianze, etc., semblent tenir pour la spiritualité de l'âme, ne laissent pas d'exprimer parfois et de prendre à leur compte l'opinion qu'ailleurs ils combattent.

(1) *Contra Celsum*, 2.
(2) *Contre les Hellènes*.
(3) *Adversus gentes*, 2.
(4) *De Animâ*, 5.
(5) *Canon V in Matth*.
(6) *De orthodoxâ fide*, II, 3, 12.
(7) *Contra hæres.*, II, 19 ; V, 7.
(8) *Homélies*, IV, VIII.
(9) *De Abr.*, II, 8.

Saint Augustin contribua surtout à faire adopter parmi les chrétiens la croyance à l'immatérialité de l'âme. Plus expressément que Platon, il oppose à la matière, vile et corruptible, l'esprit incorporel et immortel, sans admettre entre eux de degrés ni de propriété commune (1). Néanmoins le dogme, entendu avec cette rigueur, mit longtemps à prévaloir, et la distinction dans l'homme de deux natures contraires, associées pendant la vie, mais séparées à la mort, ne fut déclarée article de foi que par le quatrième concile de Latran, au xiiie siècle (2).

Enfin Descartes, chef du spiritualisme moderne, lui a donné sa formule définitive en posant avec une extrême précision l'antagonisme de l'esprit et de la matière, de l'âme et du corps, présentés comme des substances étrangères l'une à l'autre et caractérisées, la première par la pensée, la seconde par l'étendue. « Examinant avec attention ce que j'étois, je connus... que j'étois une substance dont toute l'essence ou la nature n'est que de penser, et qui, pour être, n'a besoin d'aucun lieu ni ne dépend d'aucune chose matérielle, en sorte que ce moi, c'est-à-dire l'âme, par laquelle je suis ce que je suis, est entièrement distincte du corps... et qu'encore qu'il ne fût point, elle ne lairroit pas d'être tout ce qu'elle est (3). »

3. — On voit quelles transformations l'idée d'âme a dû subir pour passer de l'ordre physique à l'ordre métaphysique et d'un spiritisme grossier au spiritualisme le plus absolu. Ce que le moi intérieur avait de semi-corporel à l'origine s'est atténué par degrés, et, d'abord spectre, ombre ou image du corps, puis souffle respiratoire, air subtil, essence éthérée, parcelle de feu, rayon de lumière, s'acheminait à devenir esprit pur. Partant de la notion

(1) *De immortalitate animæ*, IV; *De quantitate animæ*.
(2) *Decret.* I, *De fide catholicâ*.
(3) *Discours de la méthode*, iv. V. aussi *Méditations*, II.

concrète de corps, la spéculation en a éliminé premièrement la pesanteur et la résistance, dans le concept d'âme-fantôme, puis la forme même et la visibilité, dans celui de substance aérienne ou ignée, pour ne retenir à la fin que l'idée vague d'existence, en y rattachant pour attribut la pensée, et se réduire ainsi à l'ombre d'une ombre. Ce long travail constitue, non une démonstration graduelle, car la dernière inférence n'est pas mieux prouvée que la première, mais une abstraction progressive qui, au lieu de constater un être réel, affirme un être idéal.

Il est à noter d'abord que, même si l'on accordait, par hypothèse, ce que les spiritualistes prétendent établir, une opposition essentielle de nature entre l'esprit et la matière, la preuve de l'immortalité de l'âme ne ressortirait nullement de sa spiritualité, car elle pourrait avoir sa manière spéciale de mourir, comme elle a sa manière de vivre distincte de celle du corps. Si, en effet, la nature de l'âme « n'est que de penser », penser, pour elle, c'est être, et elle cesserait d'être en ne pensant plus. Or cela lui arrive assez souvent, et quelle assurance a-t-on que cet état ne deviendra jamais définitif? — Mais l'idée même d'un être purement spirituel, loin de correspondre à une réalité objective, n'est qu'une abstraction personnifiée, un simple concept de l'entendement sans valeur ontologique.

Quand on opère par la pensée, non en fait, la disjonction de deux principes dans l'homme, on ne devrait pas oublier qu'elle est obtenue par un artifice d'analyse et que, le point de départ étant l'unité de l'être vivant, il est irrationnel de conclure à sa dualité. De ce que le corps et l'âme composent ensemble un être donné, il ne s'ensuit pas que, pris chacun à part, le corps et l'âme soient des êtres au même titre, susceptibles de se suffire et d'exister isolément. Ce sont deux parties, deux aspects d'un être unique et, pour rentrer dans l'exacte réalité, il faut, au lieu de les maintenir dans cet état fictif de division, contraire à leur condition naturelle, rétablir par voie de synthèse le tout décomposé par l'analyse. Agir autrement, c'est commettre une erreur logique et convertir des attributs en entités.

L'unité de l'être humain est seule d'une irrécusable évidence ; sa dualité est au contraire hypothétique et discutable. S'il y avait en nous deux êtres aussi différents, nous devrions percevoir deux moi distincts et ne jamais les confondre, tandis que nous n'avons, et très clairement, conscience que d'un seul, exprimé dans toutes les langues par le terme unique de *je*. L'homme n'est pas un esprit d'une part, un corps de l'autre ; il est à la fois esprit et corps, et, si la spéculation les sépare, le sens intime les unit et les confond continuellement.

La distinction de deux états de vie, de deux modes d'activité, était sans doute utile à faire, pour mieux étudier à part deux ordres spéciaux de fonctions ; mais rien n'autorise à ériger ces diversités en substances et à les déclarer de tous points contraires, car on l'ignore absolument. Tant qu'on ne saura pas ce qu'est en soi une *substance*, — et on ne le saura jamais, le sens du mot l'indique très nettement (1), — il sera vain de dire que le corps et l'âme sont deux substances et que ces substances n'ont rien de commun, puisque la vraie nature du corps et celle qu'on prête à l'esprit échappent entièrement à la conception. Il n'y a place ici que pour un aveu d'ignorance (2). Si donc, avec Stuart Mill, on définit le corps « la cause inconnue à laquelle se rapportent nos sensations », et l'esprit « le réci-

---

(1) *Substantia*, de *sub stare*, ce qui est sous les apparences et reste caché, c'est-à-dire, par définition, quelque chose d'insaisissable et de mystérieux.

(2) Fénelon et Bossuet le reconnaissent : La matière, dit le premier, est « un je ne sais quoi qui fond dans mes mains dès que je le presse » ; et le second convient que, « quand nous parlons des esprits, nous n'entendons pas trop ce que nous disons » (*Sermon sur la mort*, second point).

pient ou percevant inconnu des sensations », il est manifeste qu' « on ne peut rien affirmer de la nature inconnue de l'un ou de l'autre » (1). Herbert Spencer juge de même que « la controverse entre les matérialistes et les spiritualistes est une pure guerre de mots, où les partis en lutte sont également absurdes, parce qu'ils croient comprendre ce que nul homme ne peut comprendre » (2). Pour Kant, l'essence des choses n'est ni esprit ni matière, mais un *substratum* inconnu, principe mystérieux, x impossible à dégager, *noumène* que la pensée ne peut atteindre. Il démontre que vouloir prouver l'existence et la spiritualité de l'âme, c'est commettre un paralogisme évident et formuler des idées abstraites qui ne correspondent à aucune intuition sensible (3).

Ces questions de substance, que tranche si délibérément la métaphysique, sont déclarées insolubles par la science, qui ne connaît que des attributs. Obligée d'admettre, sous les apparences changeantes des choses, une réalité fixe, elle se contente d'inférer son existence, sans chercher à déterminer sa nature, et moins encore à en spécifier plusieurs sortes. Comme elle avoue ignorer ce qu'est en soi la matière et ce que peut être en soi un esprit, elle n'accepte pas la qualification de matérialiste, par laquelle on croit la flétrir, s'abstient de spéculer à vide sur des concepts imaginaires, et se renferme dans l'étude, seule profitable, des phénomènes et de leurs lois (4). Les diversités qu'elle constate dans les choses sont des attributs et des rapports dont elle s'applique à mettre l'ordre en lumière ; mais le fond de réalité est un, car il se borne pour nous à une affirmation d'existence, et il n'y a pas deux manières

---

(1) *Système de logique*, I, 3, § 8.
(2) *Premiers Principes*, fin.
(3) *Critique de la raison pure*, trad. Barni, t. II, p. 7.
(4) « Quand j'entre dans mon laboratoire, disait Claude Bernard, je laisse à la porte Monsieur l'Esprit et Madame la Matière. »

d'exister. Tout ce qui est ou pourrait être se ramène donc en lui à l'unité. La science tend au monisme ; l'univers lui apparaît comme un système de forces liées par des corrélations fixes et dont les résultantes sont infinies.

Puisqu'on ignore si les propriétés de l'esprit et celles de la matière ne se rattachent pas à une même substance, il est inutile d'en supposer deux. L'adage d'Okkam recommande prudemment de « ne pas multiplier les êtres sans nécessité », et Newton, dans ses *Principes*, le répète en ce qui concerne les causes. « Je regarde, dit Renan, l'hypothèse de deux substances accolées pour former l'homme comme une des plus grossières imaginations qu'on se soit faites en philosophie. Les mots de corps et d'âme restent parfaitement distincts en tant que représentant des ordres de phénomènes irréductibles ; mais faire cette diversité phénoménale synonyme d'une distinction ontologique, c'est tomber dans un pesant réalisme et imiter les anciennes hypothèses des sciences physiques, qui supposaient autant de causes que de faits divers et expliquaient par des fluides réels ou substantiels les faits où une science plus avancée n'a vu que des ordres divers de phénomènes. Certes, il est bien plus absurde encore de dire avec exclusion : l'homme est un corps ; le vrai est qu'il y a une substance unique qui n'est ni corps ni esprit, mais qui se manifeste par deux ordres de phénomènes qui sont le corps et l'esprit, que ces mots n'ont de sens que par leur opposition, et que cette opposition n'est que dans les faits (1). »

4. — L'hypothèse de deux substances contraires ne serait recevable que si elle aidait à mieux comprendre les choses ; mais, au rebours, elle soulève une multitude de difficultés, n'en résout aucune et rend tout incompréhensible. Érigée en distinction absolue, l'opposition de l'âme et du corps

---

(1) *L'Avenir de la science*, p. 478.

devient une antinomie véritable et fait de leur union un impénétrable mystère. Si, comme les spiritualistes l'affirment, ces deux parties du moi diffèrent en tout par essence, comment expliquer et même concevoir leurs relations, leur accord, le parallélisme de leurs développements ? Quand on sépare de la sorte les deux mondes de l'étendue et de la pensée, ils cessent d'être en contact et en rapport, car, sans propriété commune, pas d'influence réciproque. Il est impossible de comprendre qu'une substance sans étendue, et conséquemment hors de l'étendue, puisse agir dans l'étendue et mouvoir des corps étendus, se localiser dans l'espace et subir des dépendances de milieu. Il n'est pas moins malaisé de concevoir qu'un organisme puisse influer sur un pur esprit et modifier son activité. « Comprendre comment un corps matériel pourrait, par son mouvement, affecter une chose pensante, devient un problème aussi difficile que celui qui consisterait à frapper un cas nominatif avec un bâton (1). » A raison de la disparité, présumée complète, de l'âme et du corps, chacun d'eux devrait rester confiné dans sa nature propre, étranger à l'autre et sans action sur lui. Les philosophes ont fait de vains efforts pour combler l'abîme creusé par eux entre la matière et l'esprit. Ni les deux âmes mortelles de Platon, ni les âmes *animale* et *végétative* d'Aristote et de la scolastique, ni les *esprits animaux* de Descartes, ni le *médiateur plastique* de Cudworth, ni l'*organisme subtil* de Leibniz, ni son *harmonie préétablie*, ni l'*influx physique* d'Euler, ni l'*archée* de Van Helmont, ni les *idées-forces* de M. Fouillée... n'ont rendu plus intelligible la possibilité de relations entre deux substances que rien ne rattache, car un intermédiaire quelconque ne pourrait les unir sans participer de l'une et de l'autre, et poser ainsi pour lui-même le problème qu'il prétend résoudre. Descartes est forcé d'en convenir : « L'es-

---

(1) Huxley, *Hume*, p. 228.

prit humain n'est pas capable de concevoir distinctement et en même temps leur distinction (de l'âme et du corps) et leur union, à cause qu'il faut pour cela les concevoir comme une seule chose, et ensemble les concevoir comme deux, ce qui se contrarie (1). » Mais cette contradiction n'existe que pour la métaphysique, comme le signe visible de son erreur. La nature concilie en fait ce qui semble inconciliable à la théorie, et les deux êtres, à tort opposés, sont si bien unis qu'on ne les trouve jamais séparés.

Lorsque Descartes, réduisant tout au mécanisme et à la conscience, établit une distinction absolue entre les deux mondes de l'étendue et de la pensée, il met en contraste ce que l'univers offre de plus simple et ce qu'il a de plus complexe, sans tenir compte de degrés entre les deux, et il ne voit plus alors que leurs différences. Mais des sciences, depuis constituées, la physique, la chimie, la biologie, ont révélé la complication graduelle des choses et relié des termes que tout semblait désunir. Les forces susceptibles de produire, en sus du mouvement, la chaleur, la lumière, l'électricité, l'affinité, l'organisation et la vie, ne paraissent plus aussi incapables de produire aussi la pensée. Si même on voulait spécifier une force psychique, distincte des précédentes, comme elle s'exerce dans le même milieu et de concert avec elles, elle devrait toujours se rattacher à leur ordre par des lois de corrélation et d'équivalence, de manière à rentrer dans la constante, qui comprend tout, de l'énergie universelle.

5. — L'unité de l'esprit et du corps apparaît avec évidence quand on considère la mutuelle dépendance de leurs fonctions. « La matière sans l'esprit, l'esprit sans la matière ne sauraient, dit Gœthe, ni exister, ni agir. » On n'a jamais constaté d'esprit actif sans organisme vivant, ni d'organisme

---

(1) *Lettre à la princesse Élisabeth*, I, 3o.

vivant sans principe d'animation. Ce sont là deux termes inséparables parce que la vie résulte de leur union. Toute définition de l'esprit est donc défectueuse qui n'ajoute pas ce fait essentiel que ses manifestations sont toujours liées à quelque chose de matériel, et, de même, toute définition de la matière qui n'ajoute pas cet autre fait, non moins essentiel, que, dans certaines conditions, elle est susceptible de manifester un esprit. La vie se compose de fonctions physiologiques et de fonctions psychiques tellement entrecroisées et solidaires que l'abstraction seule a le pouvoir de les disjoindre, tandis que, dans la réalité, on ne les voit point se produire isolément. Les épicuriens et les stoïciens tiraient de l'intime alliance de l'âme et du corps, de leurs relations nécessaires et de leur action réciproque, la preuve de leur unité. Les spiritualistes n'ont pas réussi à réfuter cet argument, et ceux de nos jours semblent même y renoncer, car ils évitent d'aborder ce problème épineux plus qu'ils ne s'appliquent à en chercher la solution.

Un corps est indispensable à l'esprit qui, sans support matériel, sans organes des sens pour recevoir l'impression des choses, et sans organes de mouvement pour les modifier à son gré, n'aurait aucun moyen d'exercer son activité. Lorsque les philosophes spéculent sur de purs esprits, ils ne peuvent ou ne croient s'entendre qu'en employant des expressions qui impliquent la matérialité, et, quand ils disent qu'une âme peut sentir, voir, entendre, échanger des idées, vouloir, agir, etc., tout cela suppose un corps. Pour la science, l'accord entre les deux ordres de fonctions s'effectue par l'appareil d'innervation qui, inclus dans l'organisme, nourri par lui, reçoit de lui les forces qu'il transforme en phénomènes psychiques. A mesure qu'on avance dans l'étude, si nouvelle encore, du système nerveux, on voit s'opérer en lui l'unification de faits présumés contraires. Un principe domine désormais les recherches de la psychologie positive : chaque état psychique est invariablement lié à un état du système nerveux. Toutes les manifestations de l'esprit correspondent à des modifications moléculaires de cet appareil qui, jeté comme un filet sur l'organisme, en pénètre les moindres parties, draine ses énergies latentes et les accumule dans un centre où, coordonnées, elles se résolvent en faits de conscience, par un effet comparable à celui qui, en physique, détermine la transformation de la chaleur obscure en lumière. Chaque opération psychique, que ce soit une sensation perçue, une émotion sentie, une idée conçue, u acte voulu, entraîne une usure de la substance nerveuse, une décomposition chimique et, par conséquent, une dépense de force à laquelle l'organisme doit subvenir. Ce travail de l'innervation est, comme l'activité psychique, si intense et si continu, qu'il suffit que le sang cesse un moment d'affluer au cerveau ou lui arrive moins chargé d'oxygène, pour qu'aussitôt la puissance de l'esprit se trouble et s'arrête. Ainsi étroitement liée à des transformations de matière et à des dégagements de force, la pensée peut-elle être autre chose qu'une forme de l'énergie ?

A raison de ces rapports nécessaires, l'esprit relève du corps et en suit la fortune. Son développement, subordonné à l'ensemble des conditions somatiques, subit l'influence de leurs moindres variations. Il diffère suivant le volume, le poids et la conformation du cerveau ; suivant la constitution de l'organisme, sa taille, son tempérament et la prédominance de tel ou tel système organique ; suivant l'âge, qui lui fait parcourir les mêmes phases d'évolution que le corps, tour à tour, comme lui, infantile, puéril, juvénile, viril et sénile ; suivant le sexe, avant, pendant et après l'exercice de la fonction génératrice ou par l'effet des mutilations qui la suppriment ; suivant l'état de santé ou de maladie ; suivant l'influence des climats, des saisons et des intempéries ; suivant que l'alimentation est animale ou végétale, grossière ou raffinée, insuffisante ou en excès...; suivant enfin les habitudes acquises ou l'état passager du corps (fatigue, veille, sommeil), etc.

Mais, d'autre part, l'activité psychique n'est pas moins indispensable au fonctionnement de la vie dans les organismes complexes, en relation avec des milieux variables, et, selon les exigences de leur type, tous les animaux en sont doués, car c'est là pour eux une condition d'existence. L'innervation seule pouvait relier des organes distincts, assurer par un jeu d'actions réflexes la mise en train, l'ordre et le concert des fonctions, de manière à ramener leur diversité à l'unité. Elle suggère en outre par l'instinct, dirige par l'intelligence et systématise par la raison les séries d'actes utiles à la conservation ou au développement de la vie. Le corps se trouve ainsi dépendre de l'esprit, qui le guide, l'éclaire, le mène et le rend, comme lui, débile ou fort.

Il y a donc action et réaction continuelles d'un système sur l'autre. Les deux sortes de faits s'entrecroisent comme la trame d'un tissu et font de l'ensemble un seul tout. Leur accord est dans l'ordre ; il constitue la vie normale. Lorsqu'un trouble se produit, le conflit résulte, non de l'antagonisme de natures contraires, mais d'une rupture d'équilibre qui signale un désordre et un péril. En somme, l'esprit n'est que l'expression consciente et comme la musique du corps, formule reproduite par nombre de philosophes anciens (1), qui tenaient l'âme pour un accord analogue aux sons que rendent les cordes d'une lyre. Il n'y a pas à chercher ce que devient la mélodie quand l'instrument est brisé.

---

(1) Platon (*Phédon*), Théophraste, Aristoxène, Dicéarque, Straton... Suivant une expression poétique des Tongans, « l'âme est au corps ce que le parfum est à la fleur » (Mariner, *Tonga-Islands*, t. II, p. 135). Marot dit encore dans le même sens :

L'âme est de feu, le corps est le tison

(*Complainte de la mort*).

6. — Ainsi le corps et l'âme, ou plutôt, pour éviter ces personnifications trompeuses, les fonctions physiologiques et les fonctions psychiques, sont deux aspects d'un même tout qui constitue l'être vivant. « Le premier résultat de la loi de continuité, selon Herbert Spencer, c'est qu'entre les faits physiologiques et les fonctions psychologiques il n'y a point de ligne précise de démarcation, et que toute distinction absolue est illusoire. Sensations, sentiments, instincts, intelligence, tout cela constitue un monde à part, mais qui sort de la vie animale, qui y plonge ses racines et en est comme l'efflorescence. Entre la fonction la plus humble et la pensée la plus haute, il n'y a pas opposition de nature, mais différence de degré, chacune n'étant qu'une des innombrables manifestations de la vie (1). »

Au lieu de séparer par abstraction la matière et l'esprit, de les opposer l'un à l'autre et de rendre leurs rapports inexplicables, il faut les identifier et les confondre, comme la nature, dans une infrangible unité. « Les arguments en faveur de deux substances semblent, dit A. Bain, avoir maintenant perdu toute leur force ; ils ne sont plus d'accord avec les résultats acquis par la science et avec la clarté de la pensée. La substance unique, avec deux ordres de propriétés, deux faces, l'une physique, l'autre spirituelle, une unité à deux faces, semble plutôt satisfaire toutes les exigences de la question (2). » Citons encore Wundt : « Par son côté physique comme par son côté psychique, le corps vivant est une unité ; cette unité n'est pas fondée sur la simplicité, mais au contraire sur la composition très complexe. La conscience, avec ses états multiples et cependant étroitement unis, est pour notre conception interne une unité analogue à celle qu'est l'organisme corporel pour notre conception externe. La corrélation absolue

---

(1) Ribot, *la Psychologie anglaise contemporaine*, p. 176.
(2) A. Bain, *l'Esprit et le Corps*, p. 202.

entre le physique et le psychique suggère l'hypothèse suivante : ce que nous appelons l'âme est l'être interne de la même unité que nous envisageons extérieurement comme étant le corps qui lui appartient (1). » Leur dissemblance apparente tient à la disparité des modes de perception. Fechner compare l'opposition entre l'esprit et le corps à la différence que présente une sphère creuse qui, vue du dehors, paraît convexe, et, vue du dedans, concave. C'est la même sphère, ses deux aspects sont inséparables, et pourtant il n'est pas possible de les concevoir à la fois (2).

Il faut donc revenir à la notion de l'unité de l'être humain, si mal à propos scindée par les rêveries des sauvages et les abstractions des métaphysiciens. La distinction de deux natures dans l'homme est une inférence illusoire que démentent le sens intime et une vue plus exacte de la réalité. A l'idée d'âme-substance, incluse dans un corps matériel, doit succéder celle d'âme-fonction, indissolublement liée à l'activité vitale de l'organisme et sa représentation par la conscience. Il n'y a pas en nous deux êtres différents, associés on ne sait comment, ni où, ni quand, ni pourquoi. L'homme est un, et ses deux aspects, que nos analyses distinguent avec raison, mais qu'elles supposent indûment contraires, se confondent dans le moi total unique. Corrélatifs et condition l'un de l'autre, le corps et l'esprit forment, suivant les termes de Bossuet, « un tout naturel dont toutes les parties ont une parfaite et naturelle communication » (3). Leur accord et leur résultante constituent l'*individualité*, c'est-à-dire une unité réellement indivisible (*in-dividuus*), car elle ne survivrait pas à la disjonction de ses parties. Le moi physique et le moi conscient naissent ensemble, évoluent de concert, et rien n'autorise à présumer que, n'étant pas un seul

(1) Wundt, *Psychologie*, t. II, conclusion.
(2) Fechner, *Éléments de psychophysique*, introduction.
(3) *La Connaissance de Dieu et de soi-même*, III, 20.

instant séparés dans la vie, ils puissent l'être dans la mort.

Enfin, si l'on n'admet dans l'homme qu'un même fond de substance, qui se révèle à la perception sous les deux aspects de matérialité et de conscience, comme, par suite du travail de la vie, cette substance se dénature, s'écoule et se renouvelle incessamment, notre personnalité n'a plus rien de substantiel et doit être tenue pour phénoménale. Au lieu d'être constituée par une quotité fixe de substance qui lui appartiendrait en propre et lui assurerait un privilège d'éternelle durée, elle manifeste seulement les propriétés d'un flux de substance. C'est un centre momentané d'action, l'effet, conditionnel et contingent, de forces associées qui concourent, un phénomène qui dure en se prolongeant dans une direction donnée, comme se meut un tourbillon où s'alimente la flamme, vieux symboles de la vie. Ainsi compris, l'être humain n'a plus de perpétuité nécessaire, car, loin de posséder un principe absolu d'existence, il ne représente que la résultante occasionnelle, forcément transitoire, des modes de groupement et d'activité de l'éternelle et inaliénable substance.

CHAPITRE IV

EXAMEN DES PREUVES DE LA SURVIVANCE

II. — Simplicité de l'âme.

1. — Un autre argument, traditionnel en philosophie et non moins précaire, allègue, comme preuve de l'immortalité de l'âme, le contraste entre la multiplicité toujours divisible des éléments du corps, et l'irréductible simplicité du moi conscient. Alors, dit-on, que l'organisme est un assemblage de parties temporairement liées, mais séparables, et dont la disjonction doit entraîner tôt ou tard la perte de l'agrégat, l'âme est simple, indécomposable et par conséquent indestructible. Ce raisonnement, déjà formulé par Platon (1), est, quoique sans cesse repris, plus spécieux que solide, et ne résiste pas à la discussion.

Et d'abord, quand même il serait démontré que l'âme présumée est simple, il ne s'ensuivrait pas qu'elle est immortelle, car on ignore si sa destruction ne pourrait pas se produire autrement que par une dissociation de parties. Supposé qu'elle ne soit pas une grandeur *extensive*, elle ne cesserait pas d'être une grandeur *intensive*, comportant des degrés de puissance qui la font croître et décroître tour à tour, l'élèvent au-dessus de zéro et l'y ramènent. Elle serait donc exposée à s'éteindre, soit par alanguisse-

(1) *Phédon*.

ment continu, comme dans la décrépitude sénile, soit par évanouissement brusque, comme il arrive dans le sommeil ou la syncope. Cette objection, que Kant a émise sans en avoir peut-être mesuré toute la portée, car il ne la présente qu'en passant (1), suffirait à ruiner l'antique preuve de l'immortalité de l'âme, déduite de sa simplicité. Mais cette simplicité même est mal établie, et l'argument qu'on en veut tirer reste caduc en toutes ses parties.

Le corps, il est vrai, peut subir des mutilations partielles, et sa substance, qui admet la divisibilité la plus étendue, se disperse quand il a cessé de vivre ; mais, tant qu'il vit, il garde une réelle unité, qui provient de la permanence de sa forme, de l'accord des organes et du consensus des fonctions nécessaires à l'existence de l'ensemble. Cette unité de l'organisme, qui persiste malgré le renouvellement de ses matériaux, tient moins à leur liaison momentanée qu'à la corrélation de parties dont un même principe vital règle l'activité. Au delà de limites assez restreintes, la division du corps serait incompatible avec la conservation de la vie, puisqu'elle en empêcherait le fonctionnement. L'intégrité de la forme, impliquant celle de ses organes essentiels, est donc pour les êtres vivants une condition d'existence, et c'est dans cet état que, généralement, la mort les atteint. Elle résulte pour eux, non point comme on paraît le croire, de la séparation des éléments du corps, phénomène consécutif de régression chimique qui pourrait être retardé ou empêché par divers moyens sans que la vie fût moins irrémédiablement perdue, mais de l'arrêt définitif des fonctions indispensables à l'entretien de la vie. Sa vraie cause est la cessation de l'activité des centres nerveux dans les organes qui constituent le « trépied vital », le cerveau, les poumons et le cœur. Il serait donc exact de dire que l'âme périt avant le

---

(1) *Critique de la raison pure*, trad. Barni, t. II, pp. 15 et 16.

corps, et nos langues ont un sens très juste de la réalité quand elles font d'*inanimé* le synonyme de *mort*.

D'autre part, la simplicité attribuée à l'âme n'est pas celle d'une substance indécomposable, et, lorsque Leibniz en fait, sous le nom de *monade*, l'équivalent des atomes de la chimie, il n'arrive, selon la remarque de Kant, qu'à représenter l'esprit sous le type de la matière. Le terme d'âme exprime la somme des phénomènes psychiques, comme celui de corps la somme des phénomènes organiques ; mais l'un et l'autre n'ont que l'unité connective d'une somme, dont l'importance varie avec la quantité d'éléments qu'on y fait entrer. Les pythagoriciens définissaient l'âme « un nombre qui se meut » (1). Spinoza ne voit en elle qu'une collection d'idées, et Condillac une collection de sensations. Pour Hume, elle est un faisceau (*bundle*) de perceptions liées les unes aux autres par certains rapports, et qui, soudées bout à bout, forment un tout cohérent (2). Il compare l'esprit à une cité dont les habitants, unis par des relations simultanées et successives, composent un groupe social qui a sa vie propre. On pourrait aussi le comparer à un fleuve, dont le cours persiste malgré l'écoulement de ses eaux, entité fictive qui se réduit à un mouvement et à un nom, ou bien encore à l'arc-en-ciel, qui reste en place alors que les gouttes de pluie où se réfracte la lumière tombent et se renouvellent. « Le mot âme, si excellent pour désigner la vie suprasensible de l'homme, devient fallacieux et faux si on l'entend d'un fond permanent qui serait le sujet toujours identique des phénomènes… L'âme est prise pour un être fixe que l'on analyse comme un corps de la nature ; tandis qu'elle n'est que la résultante toujours variable des faits multiples et complexes de la vie (3). » — « Le moi, dit de

---

(1) Plutarque, *Quest. Platonic.*, vii, 4.
(2) *Traité de la nature humaine*, Œuvres, 1826, t. I, pp. 268-321.
(3) Renan, *l'Avenir de la science*, p. 181.

même Taine, l'âme, ce sujet prétendu de la pensée, gardant son unité, son identité sous le flot mouvant des sensations, images, sentiments, c'est une illusion. Il n'y a rien de réel dans le moi, sauf la file des événements (1). » L'unité du moi s'explique ainsi par une continuité de forme et de fonctions. C'est l'effet d'une synthèse qui, totalisant dans un organe central les données de l'activité psychique, en fait apparaître la somme comme une réalité simple.

Il convient en outre de noter que cette continuité présumée de la conscience, fondement de l'identité du moi, subit de nombreuses interruptions. L'alternative quotidienne du sommeil et de la veille, l'absence de souvenirs pour les premiers temps de la vie, tout ce que la mémoire laisse perdre du passé, son oblitération au déclin de l'âge, séparent par de ténébreuses lacunes les phases de l'existence consciente et introduisent des coupes sombres dans le sentiment de notre identité. A ce point de vue, l'unité du corps comme système organique, la permanence de son fonctionnement, sont plus réelles que celles de l'âme, et Bichat a pu se servir de ce caractère pour distinguer la vie animale ou psychique, intermittente de sa nature, de la vie organique ou végétative, qui seule est continue. Enfin, la conscience de notre identité se ramenant à un fait de mémoire, et la mémoire étant un phénomène organique, le principe de l'unité et de la persistance du moi spirituel se trouve fondé sur l'unité et la persistance du moi physique.

2. — Loin que la croyance à la simplicité de l'âme ait été généralement reçue, la plupart des peuples ont admis une pluralité d'âmes. C'est ce dont témoignent les manières très diverses de représenter les agents ou les modes de l'activité psychique, et les hypothèses corrélatives sur la vie future.

(1) *De l'Intelligence*, préface, et III, 3.

Les Fidjiens prêtent à l'homme deux sortes d'esprits, dont l'un, « l'esprit noir », l'ombre, fidèle compagnon du corps, gît enseveli avec lui, tandis que l'autre, « l'esprit léger », analogue à l'image vue par réflexion, hante le voisinage (1). Les Groenlandais pensent aussi avoir deux âmes, l'ombre, qu'ils supposent quitter en songe le corps endormi, et un esprit aérien, le souffle, qui ne s'en sépare qu'à la mort. Les Algonquins croyaient à la survivance de deux âmes, dont l'une résidait près du cadavre et recevait les offrandes d'aliments, pendant que l'autre émigrait dans le pays des ancêtres. Plusieurs insulaires de la Polynésie distinguent une âme (*soghe*) qui est le principe vital, et une ombre (*luwo*), sorte d'esprit protecteur qui se transporte dans un autre monde, en laissant sur la terre un spectre (*noali*). Suivant la croyance des Malgaches, une de leurs âmes (*aïna*) se change en air pur ; une autre (*saïna*) s'évanouit à la mort ; une troisième (*mataïoa*) erre sous forme de revenant autour de la tombe (2). Les Dakotas en Amérique, les Siamois, les Khonds en Asie, et nombre de Polynésiens admettent la coexistence de quatre âmes qui, à la mort, vont en divers lieux : une reste auprès du corps, comme faisait son ombre ; une autre se dissipe dans l'air, ainsi que le souffle ; une troisième retourne au village et s'y montre aux survivants dans leurs rêves ; la dernière va rejoindre au loin les esprits (3). Citons enfin les Karens de la Birmanie qui, dans leur âme ou double (*kélah*), distinguent jusqu'à sept esprits dont chacun survit à part.

Les Égyptiens spécifiaient aussi plusieurs âmes : le double (*ka*), image du corps, qui lui tenait compagnie dans la tombe et partageait son existence sépulcrale ; une âme voyageuse (*bi, baï*), figurée sous la forme d'un oiseau,

---

(1) Williams, *Fiji and Fijians*, t. I, p. 241.
(2) Ellis, *Madagascar*, t. I, p. 393.
(3) Tylor, *Civilisation primitive*, t. I, pp. 503 et 504 ; Girard de Rialle, *Mythologie comparée*, pp. 109 et 110.

l'épervier sacré, symbole de mobilité, et qui tenait sous sa dépendance l'esprit ou souffle (*niwou*) ; enfin un élément lumineux (*khou*), reconnaissable la nuit à sa lueur pâle et qui participait de la nature du feu céleste. Ces éléments s'enveloppaient l'un l'autre pendant la vie, le lumineux étant contenu dans l'âme, et l'âme dans le corps. Mais la mort rompait leur union. Pendant que le corps et son double restaient dans la tombe, l'âme et le lumineux allaient de la terre au ciel (1).

La philosophie grecque consacra d'autres divisions, plutôt psychologiques, du principe animé. Platon particularise trois espèces d'âmes : une âme brutale (τὸ ἐπιθυμητικόν), qui occupe la région du ventre et préside aux appétits matériels, aux désirs grossiers, à l'amour du lucre et des richesses; une âme affective, le cœur ou courage (θυμός), qui réside dans la poitrine, d'où viennent les passions vaillantes et généreuses; enfin l'âme raisonnable (νοῦς), de même essence que l'âme du monde et qui a pour siège la tête, dont la forme sphérique, analogue à celle des astres, est un indice de perfection. Les deux premières, inférieures et subalternes, sont mortelles comme le corps. Seule l'âme raisonnable est immortelle par nature. Pourtant Platon admet en elle, avec l'étendue, un principe de composition et de divisibilité (2). Aristote, poussant plus loin encore l'analyse des fonctions psychiques, ne compte pas moins de cinq sortes d'âmes : 1° l'âme nutritive, qui pourvoit à la nutrition et à la génération ; 2° l'âme sensitive, qui perçoit les impressions des sens ; 3° l'âme motrice, qui commande et détermine les mouvements; 4° l'âme appétitive, principe de désir et de volonté; 5° l'âme intellectuelle et raisonnable. Dans celle-ci même, il distingue l'intellect passif ou intelligence réceptive, qui périt avec le corps, et l'intellect

---

(1) Maspéro, *Archéologie égyptienne*, p. 108, et *Hist. anc. des peuples de l'Orient*, p. 40.
(2) *République*, IV; *Timée*, 70, 73.

actif ou intelligence constructive, qui lui survit, mais pour se confondre avec l'intelligence universelle, sans rien retenir de l'individualité où elle a brillé un moment (1). Lucrèce, interprétant la doctrine d'Épicure, distingue simplement l'âme organique (*anima*), éparse dans tout le corps qu'elle vivifie, et l'âme pensante (*animus*), localisée dans la poitrine, mais l'une et l'autre périssables (2). Chez les Romains, la croyance populaire dotait l'homme de trois âmes : l'ombre, qui restait sur la terre près de la tombe, les mânes qui descendaient aux enfers, et un esprit, qui allait au ciel (3).

Saint Paul distingue, d'une part, l'âme à laquelle se rattachent la sensibilité physique, l'instinct et la passion, de l'autre, l'esprit, principe moral et religieux qui donne le sens du divin (4). A son exemple, plusieurs Pères admirent une bipartition en âme animale (*anima*), consubstantielle au corps, et en esprit (*mens*), d'essence incorporelle et divine. Les manichéens, combinant le dualisme des Perses avec les dogmes chrétiens, attribuaient à l'homme deux âmes, l'une bonne, qui le porte au bien, l'autre perverse, qui l'induit à mal faire (5). Mais, en 869, le quatrième concile de Constantinople condamna l'opinion de la pluralité des âmes et déclara que l'homme n'en a qu'une, intellectuelle et raisonnable (6). On continua néanmoins d'en admettre plusieurs autres, et la scolastique professa, d'après Aristote, la distinction de trois âmes, l'une végétative ou organique (*forma corporalis*), l'autre sensitive ou

---

(1) *De l'Ame*, II, 2, 413.
(2) *De rer. nat.*, V, 144-148.
(3)   *Bis duo sunt homini : manes, caro, spiritus, umbra.*
      Quatuor hæc loci bis duo suscipiunt :
      Terra tegit carnem, tumulum circumvolat umbra,
      Manes Orcus habet, spiritus astra petit.

(4) *Thessal.*, I, v, 23 ; *Corinth.*, I, II, 14.
(5) Saint Augustin, *De duabus anim. contra Manich.*, Bened., t. VIII, col. 75-92.
(6) *Decret.* XI.

animale (*anima sensitiva*), la dernière intellectuelle ou raisonnable (*anima intellectualis*). Enfin la philosophie a maintenu jusqu'à nous, comme facultés indépendantes, des parties distinctes de l'âme susceptibles de se développer ou de défaillir séparément : la sensibilité, la mémoire, l'imagination, l'intelligence, la volonté, le sens moral..., qui, étant à l'être spirituel ce que les organes sont au corps, le laissent de même composé et divisible.

3. — De nos jours, la psychologie positive, écartant ces distinctions d'âmes partielles, personnifications abstraites qui ne représentent que des idéalités pures, se borne à spécifier des classes de phénomènes. Méthodiquement analysée, l'activité psychique comprend en effet plusieurs classes de fonctions. Une part, prédominante peut-être, de l'innervation, est aveugle et confine au pur mécanisme, comme on le voit par les actes réflexes et par les instincts, dont l'importance, mieux étudiée, va sans cesse grandissant. C'est de ce fonds obscur qu'émerge la conscience lucide. Mais alors de deux choses l'une : ou le principe d'animation, s'il est vraiment simple, n'est pas entièrement spirituel, puisque son rôle se réduit en partie à régler par un automatisme inconscient le jeu des organes, ce qui le fait rentrer dans l'ordre des fonctions physiologiques ; ou il faut distinguer deux âmes, l'une matérielle et obtuse, l'autre immatérielle et clairvoyante, sans qu'il soit possible de les séparer nettement, et que devient en ce cas la simplicité du principe animé ?

Étant donné que l'unité du moi conscient résulte de la disposition du système nerveux dont l'action, éparse dans l'organisme, se totalise dans un centre, il y aurait à distinguer autant d'agents psychiques que l'anatomie reconnaît de centres subordonnés. « Il n'y a pas qu'un seul individu psychologique, q'uun seul moi dans l'homme ; il y en a une légion ; et les faits de conscience, avérés comme tels, qui restent néanmoins étrangers à notre conscience, se passent dans d'autres consciences associées à celle-ci dans l'organisme humain en une hiérarchie anatomiquement représentée par la série des centres nerveux céphalorachidiens et celle des centres nerveux du système ganglionnaire (1) ». Or, ces centres, tantôt isolés sous forme de ganglions dans les organes, tantôt reliés en réseau dans le grand sympathique, alignés en chaîne continue dans la moelle épinière, agglomérés en amas dans le cerveau, sont très nombreux; et même, si l'on considère que chaque cellule nerveuse constitue un centre réduit, leur multitude paraît presque indéfinie, car, dans les seules couches corticales du cerveau, les cellules nerveuses se comptent par centaines de millions... Enfin, comme le système nerveux est moins un créateur qu'un collecteur d'énergie, le principe de vie et d'animation doit forcément provenir de la totalité des cellules dont le corps est composé. Chacun de ces organismes infimes a sa vitalité propre, ses fonctions distinctes, sa sensibilité particulière, sa conscience obscure, sa petite âme (2). Unis par d'étroits rapports, ils forment un ensemble dont le moi exprime l'harmonie et l'unité. Toutes ces consciences élémentaires, ténébreuses et passives, qui résident dans chaque centre nerveux, dans chaque cellule nerveuse et même dans chaque cellule organique, sont trop faibles pour être perçues séparément et se dérobent à la prise du sens intime; mais, répercutées dans un même centre, elles s'y résolvent en une conscience totale, lucide et active. Leibniz les compare à ces bruits de vagues dont aucun ne serait entendu s'il était seul, mais qui, ajoutés l'un à l'autre, deviennent la voix retentissante de l'Océan (3). De même encore les vagues lueurs d'une nébuleuse, condensées et unifiées,

(1) Durand de Gros, *Essais de physiologie philosophique*, 1866.
(2) V. Haeckel, *Psychologie cellulaire*.
(3) *Nouveaux Essais sur l'entendement humain*.

se changent en étoile resplendissante. L'être humain, essentiellement collectif, n'est aussi que le résumé d'un ensemble, l'expression d'une synthèse, et ce qu'on appelle le *moi* devrait plus justement être dit le *nous*.

Comme elle n'a que la valeur d'une somme, la conscience comporte du plus et du moins, et, au lieu de représenter une quantité fixe, varie continuellement. Sa netteté n'est pas égale à tous les âges et dans toutes les conditions de la vie. Elle diffère aux stades successifs de l'évolution (dans le fœtus, le nouveau-né, l'enfant, l'adolescent, l'adulte, le vieillard); à un même stade suivant les états de veille, de sommeil, d'attention, de rêverie, d'excitation, de langueur, de défaillance... Elle peut même subir, par suite d'altérations du système nerveux, des mutilations plus étendues que celles du corps (perte de mémoire, de volonté, de raison, de sentiment...). Enfin, les accidents et les circonstances de la vie lui font éprouver, au cours de son développement, des mutations que reflète la diversité de nos affections, de nos idées et de nos actes.

L'unité même du moi total, son indivisibilité, reçues à titre d'axiomes en philosophie, sont loin d'être aussi indiscutables qu'on le prétend. Nous avons souvent conscience de plusieurs moi qui se contredisent et luttent entre eux. Il y a le moi passionnel, qui va où l'entraîne le désir et s'éprend d'instinct sans savoir pourquoi ; le moi réfléchi, qui résiste ou cède à regret, juge l'autre et l'accuse parfois de folie ; le moi rêveur et idéaliste, qui voudrait vivre dans le bleu ; le moi pratique et positif, qui s'accommode du terre-à-terre ; le moi plein de bonnes intentions, qui voit et projette le bien ; le moi débile et faillible, qui succombe aux tentations et fait le mal ; le moi égoïste, qui ramène tout à lui ; le moi altruiste, capable de désintéressement à l'occasion ; le moi personnel, retranché dans son individualité comme dans une forteresse ; le moi social, qui se prête aux autres et assume dans la famille, le monde, l'État, l'humanité, la nature, des tâches diverses, parfois difficiles à concilier. *Homo duplex*, disait l'ancienne philosophie ; la nouvelle dirait mieux encore : *Homo multiplex*.

La simplicité prétendue du principe d'animation et l'irréfragable unité du moi se trouvent même démenties par les faits singuliers, récemment étudiés, de double conscience ou d'altération de la personnalité. Dans certaines conditions pathologiques, le moi se scinde, et l'on voit apparaître plusieurs personnes distinctes dans la même individualité. Suivant que le sujet est dans son état normal (condition première), ou en accès de somnambulisme naturel ou provoqué (condition seconde), il semble y avoir en lui deux âmes, qui, bien qu'occupant le même corps, s'ignorent l'une l'autre et mènent par alternance des vies qui s'entrecoupent sans se confondre, chacune d'elles impliquant, lorsque arrive sa phase d'activité, un changement complet de souvenirs, d'aptitudes et de caractère (1). Ces cas bizarres, dont on peut rapprocher les modifications, si fréquentes chez tous les hommes, de goûts, d'esprit et d'humeur, portent à induire que notre personnalité totale est l'expression synthétique de personnalités partielles qui, d'ordinaire, s'accordent en nous tant bien que mal, mais qui à l'occasion se séparent, et laissent l'une d'elles prédominer momentanément.

4. — Veut-on une preuve directe de la divisibilité de l'âme ? Elle ressort avec évidence du fait que, chez les animaux où la centralisation du système nerveux est très imparfaite, un individu coupé en tronçons se trouve multiplié. Les expériences de Tremblay sur le polype, celles de Bonnet sur la naïade et le ver de terre, montrent qu'alors

---

(1) V. A. Binet, *les Altérations de la personnalité*. — L'explication de ces faits paraît dépendre de la dualité des lobes souvent asymétriques de l'encéphale ou plutôt d'une constitution psychique particulièrement instable.

chaque fragment se complète et reconstitue l'être entier. L'âme du sujet se partage donc en même temps que son corps. Une scission analogue s'effectue par fissiparité dans le mode de génération gemmipare, et, d'une manière mieux spécialisée, dans le mode de génération sexipare.

Considérons ce phénomène, sur lequel, malgré sa haute importance philosophique, les spiritualistes évitent de fixer leur attention, parce qu'il porterait le trouble dans leurs théories préconçues. La formation de l'être humain a pour point de départ l'union de deux cellules génératrices, dépositaires l'une et l'autre, non seulement d'un principe d'organisation et de vie, mais encore d'un principe d'animation, puisque chacune d'elles transmet à l'être nouveau, outre un fond de ressemblance avec son générateur, une part de ses aptitudes psychiques (1). Il y a donc ici deux âmes en puissance, détachées d'organismes antérieurs, contenues dans des germes rudimentaires, et qui, fusionnées après imprégnation, n'en forment plus qu'une. Par une hypothèse où se complaisait l'orgueil masculin, on a longtemps supposé que le père seul transmettait une âme à l'enfant, et que la mère, simple réceptrice, n'y était pour rien (2) ; mais l'hérédité des aptitudes psychiques, bien constatée dans les deux lignes, contredit et ruine cette théorie.

Chaque être humain procède ainsi, corps et âme, de deux générateurs ; et, comme chacun de ceux-ci procède également de deux autres, la somme des composants s'accroît

---

(1) « Toutes les formes de l'activité mentale sont transmissibles : instincts, facultés perceptives, imagination, aptitude aux beaux-arts, raison, aptitude aux sciences et aux études abstraites, sentiments, passions, énergie du caractère ; et les formes morbides aussi bien que les autres : folie, hallucination, idiotie » (Ribot, *de l'Hérédité*).

(2) « Selon la croyance commune des Égyptiens, le père est l'unique auteur de la naissance de l'enfant, auquel la mère n'a fourni que la nourriture et la demeure » (Diodore de Sicile, I, 80). — Dans Euripide, Oreste allègue comme excuse d'avoir tué sa mère, que le père seul est l'auteur de l'existence du fils (*Oreste*, 541).

suivant une progression rapide à mesure qu'on recule dans le passé. Dès la troisième génération, l'on ne compte pas moins de 14 ancêtres. Leur nombre s'élève à 126 pour la sixième, à 8,190 pour la douzième, et atteint pour la vingt-quatrième, durant un laps d'environ huit siècles, le chiffre invraisemblable de 33,554,430. Quelques réductions que les entrecroisements et les identifications partielles de séries doivent faire subir à ces nombres, il ne faut pas moins admettre, même pour un assez court espace de temps, une immense multitude de procréateurs dont chacun transmet à sa descendance quelque chose de sa constitution psychique (1). Que devient, quand on réfléchit à la multiplicité de tant de facteurs, la simplicité des âmes ? Chacune d'elles dérive des âmes de tous ses aïeux, en remontant jusqu'à l'origine du genre humain. Si même, comme la théorie de l'évolution autorise à le présumer, nos aptitudes psychiques proviennent, ainsi que notre type de structure, d'une longue suite d'espèces par degrés transformées, notre âme serait la résultante ultime du développement de tout le monde animé, l'effet d'une cause qui aurait agi sur l'ensemble intégral des manifestations de la vie.

Il y a donc une filiation pour les âmes, de même que pour les corps, et, preuve manifeste de consubstantialité, leur genèse commune s'effectue dans le même temps, par le même moyen, dans les mêmes conditions. Ce fait brutal, mais irréfutable, dément à la fois la spiritualité de l'âme, puisque le phénomène est d'ordre physiologique, et sa simplicité, puisqu'il combine une multitude d'éléments héréditaires (2). Pour quiconque ne se paie pas de mots,

(1) « Les ombres de nos ancêtres, invisibles et présentes à notre naissance, sont les véritables fées qui s'assemblent autour des berceaux, et qui nous jettent des dons heureux ou funestes, présages de nos destinées » (Eugène Richter).
(2) « Voyez-vous cet œuf? C'est avec cela qu'on renverse toutes les écoles de théologie et tous les temples de la terre » (Diderot, *Entretien entre d'Alembert et Diderot*).

l'être humain existe complet, en puissance, dans l'ovule fécondé. Et que peut être, pris à ce moment, son principe d'animation, sinon une force virtuelle liée à un mode de structure de la substance organique? L'être évolue ensuite régulièrement, le corps prend peu à peu sa forme spécifique, le système nerveux se constitue, les premières impulsions réflexes déterminent le fonctionnement des organes, et, par la naissance, l'homme, investi d'une personnalité distincte, entre enfin dans la vie active.

5. — En refusant d'admettre, comme entachée de matérialisme, l'idée d'une génération des âmes, concomitante à celle des corps, les théologiens et les spiritualistes ont dû, pour en expliquer la provenance, recourir aux hypothèses les plus aventurées. Si, en effet, l'esprit diffère par essence du corps, s'il l'habite passagèrement à titre d'hôte étranger, quelle peut être son origine et d'où vient-il se joindre à lui pour l'animer ? Suivant la doctrine de la métempsycose, les esprits des vivants étaient les esprits des morts en cours de transmigration et renaissant à la vie dans des corps nouveaux. Ceux qui n'admettaient pas pour l'âme de destins antérieurs la firent émaner soit du père, soit de l'âme universelle ou de la divinité, mais restèrent fort en peine de concevoir comment pouvait s'effectuer cette émanation. Quelques-uns supposèrent une génération des âmes sans analogie avec celle des corps. Saint Augustin pense que l'âme du fils procède de celle du père « comme un flambeau s'allume à un flambeau » (1). Plotin, qui fait de tous les êtres relatifs un écoulement de l'être absolu, compare cette émanation aux odeurs qu'émettent les corps odorants (2). Mais les comparaisons, si poétiques qu'elles soient, ne sont pas des raisons et ne sauraient tenir lieu de

---

(1) *Tanquam lucerna de lucernâ accendatur* (*Epist.* 190 *ad Optatum*).
(2) *Ennéades*, V, 1, 6.

faits. D'autres ont préféré employer les mots d'irradiation, de création, etc., sans s'apercevoir que ces termes vagues n'expliquent rien et ne servent qu'à mal dissimuler une incompréhensibilité complète.

Le moment même où l'esprit entrait dans le corps, pour lui tenir compagnie sa vie durant, était malaisé à déterminer. Les stoïciens disaient l'enfant animé, à sa naissance, par le fait de l'aspiration de l'air, principe de spiritualité ; mais, en tenant compte des mouvements du fœtus, on fut conduit à le présumer animé dès la phase intra-utérine, sans pouvoir indiquer la date précise. La question se posa parmi les légistes lorsque, vers l'époque d'Ulpien, on voulut, en vue de la dépopulation dont l'empire était menacé, réprimer l'avortement, jusque-là toléré par les lois ; et, comme il ne pouvait y avoir de meurtre punissable que celui d'un être animé, on eut à décider quand l'embryon devenait tel. D'après le *Code de Justinien*, le fœtus est censé pourvu d'une âme le quarantième jour de sa conception. La théologie catholique, adoptant sur ce point la doctrine de saint Augustin, décide que l'âme vient animer l'embryon quand « il est assez formé pour être digne de la recevoir », et ce moment arrive au quarantième jour pour les garçons, mais seulement au quatre-vingtième pour les filles, décision un peu arbitraire où se reflètent les vieilles préventions du *Lévitique* (1), et contre laquelle les femmes seraient fondées à protester.

Pendant les premiers siècles de notre ère, les docteurs chrétiens se partagèrent en *traducianistes*, qui faisaient émaner l'âme du père, et en *créationistes*, qui la faisaient créer par Dieu. Tertullien, qui croit à la corporéité de l'âme, tient qu'elle est engendrée par le père et physiologiquement (2).

---

(1) La femme, impure pendant sept jours si elle a mis au monde un garçon, l'est pendant quatorze si elle a enfanté une fille (*Lévitique*, XII, 2, 5).
(2) *De animâ*, III, 10.

Selon le témoignage de saint Jérôme, cette opinion était la plus répandue en Occident, au ve siècle. Mais le créationisme finit par l'emporter (1). Ses partisans émettaient des hypothèses diverses : les uns voulaient que les âmes fussent créées toutes ensemble par Dieu et envoyées successivement dans les corps qu'elles devaient occuper (2); d'autres qu'elles vinssent s'y colloquer spontanément ; d'autres enfin qu'elles fussent créées une à une, au fur et à mesure des conceptions (3). On conçoit l'embarras d'avoir à se prononcer entre de pareilles conjectures. Saint Augustin trouve des objections à toutes (4). Au xiiie siècle, le quatrième concile général de Latran décida que chaque âme est créée par un acte spécial de la puissance divine, au moment de son introduction dans le corps (5). Saint Thomas d'Aquin se range à cette opinion, devenue article de foi, et cherche à la concilier avec la doctrine aristotélique de la pluralité des âmes. Suivant lui, l'embryon possède naturellement, à partir de la conception, une âme végétative, à laquelle vient se joindre ensuite une âme sensitive, et finalement il reçoit de Dieu, le quarantième jour, une âme intellectuelle qui absorbe les deux autres (6). Ce système assez compliqué a été consacré par le concile de Vienne, en 1311. Leibniz pense encore que les âmes existaient toutes en Adam et que, sensitives au début, elles deviennent raisonnables par une sorte de transcréation particulière (7).

Toutefois, il est à noter qu'en faisant ainsi créer l'âme,

---

(1) Harnack, *Précis de l'histoire des dogmes*, p. 165.
(2) D'après le *Talmud,* les âmes, toutes créées par Dieu le sixième jour de la Genèse, sont enfermées dans un magasin d'où il les tire au moment précis de la naissance de l'enfant (Joukouski, *Judaïsme,* pp. 105 et suiv.).
(3) Saint Augustin, *du Libre Arbitre*, III, 10.
(4) *Ibid.*
(5) *Animam creando infundi et infundendo creari.*
(6) *Summa Theologiæ*, Pars I{a}, quest. 118, art. 2 ; *Summa cont. gent.*, II, 89.
(7) *Essai de théodicée*, I, 90 et 91 ; *Monadologie*, 74, 75, 82.

les créationistes sont loin de fournir une preuve de son immortalité, puisque son existence dépend alors de la même volonté dont elle la tient, un dieu créateur pouvant toujours rendre au néant ce qu'il lui a pris (1). Et puis, si on lui attribue la création des âmes sans lui attribuer aussi celle des corps, à laquelle les lois connues de la génération paraissent suffire, n'est-ce pas lui faire jouer un rôle bien étrange que de l'astreindre à guetter sans cesse les germes de vie fœtale pour leur infuser à temps une âme, sans dénier son concours lorsque la conception est illégitime, adultérine ou incestueuse, en veillant en outre à ne pas loger, sauf quelques méprises accidentelles, une âme d'homme dans un corps de femme, une âme de nègre dans le corps d'un blanc, une âme de sauvage dans un corps de civilisé..., ou à ne pas commettre de confusion en sens inverse ? Toutes ces hypothèses, conçues par un jeu d'imagination, laissent inexpliquées et inexplicables la transmission des aptitudes psychiques des parents aux enfants, leurs traits de ressemblance dans les familles, les groupes ethniques et les races, enfin leur développement graduel par l'effet d'une culture prolongée et des progrès de la civilisation. Il est manifeste que, dans ces grands phénomènes collectifs, une cause naturelle et générale agit suivant certaines lois. Si obscur que soit encore le détail des effets de l'hérédité, son influence n'est pas moins visible pour tout esprit non prévenu, et la filiation des âmes, inséparable de celle des corps, se trouve confirmée par une masse de faits contre l'autorité desquels aucune allégation arbitraire ne peut désormais prévaloir.

(1) « Dieu, dit saint Thomas d'Aquin, n'ayant pas donné et ne conservant pas nécessairement l'existence aux créatures, il peut les faire rentrer dans le néant s'il en a la volonté » (*Summa Theolog.*, pars Iᵃ, quest. 104, art. 3). Et cette volonté, qui se flattera de la connaître ? qui osera la préjuger ?

CHAPITRE V

EXAMEN DES PREUVES DE LA SURVIVANCE

III. — Nécessité de compensations et de sanctions.

1. — Un dernier argument, qui est à vrai dire une induction plutôt qu'une preuve, se tire de la nécessité de compensations et de sanctions que réclameraient, après la mort, nos appétitions de vie et surtout notre besoin de justice. Examinons-en la valeur.

On présente souvent l'immensité de nos désirs, nos ambitions indéfinies de bonheur et de durée, comme un instinct, un pressentiment, presque un gage d'immortalité, car la nature, qui nous inspire ces convoitises sans bornes, nous tromperait si elle refusait de les satisfaire; et, puisqu'elle ne s'y prête en ce monde que dans une mesure plus propre à les irriter qu'à les assouvir, il nous est dû des compensations dans une autre vie où ce que nous souhaitons nous sera donné. On ne l'espère pas seulement comme une faveur, on l'exige comme un droit. « Les êtres doués d'intelligence, dit saint Thomas, désirent exister toujours, et un désir naturel ne peut exister en vain (1). » — « Tout besoin de l'homme, a-t-on dit encore, est une dette de Dieu. »

Mais peut-être est-ce mal comprendre la nature que de

---

(1) *Summa Theologiæ*, I, 75, § 6.

lui imposer des obligations particulières, alors que nous ne connaissons d'elle que des lois générales. Si son devoir était de contenter nos désirs, elle serait inexcusable d'y manquer durant cette vie et d'ajourner à plus tard le soin de s'en acquitter. Le peu de compte qu'elle tient de nos vœux, de nos plaintes et de nos prières, en tant que nos intérêts sont contraires aux nécessités ou même aux accidents de son ordre, ne permet guère de croire qu'elle sera plus complaisante dans un avenir inconnu, et nous ne pouvons pas raisonnablement lui demander de changer ses lois pour nous être agréable. Le désir de vivre le mieux et le plus longtemps possible était une condition d'existence, que subissent comme nous, avec la même insuffisance de résultats, tous les êtres animés. L'homme devait avoir plus d'appétition que de jouissances, plus d'ambition que de force, pour exercer pleinement sa capacité d'action et mener jusqu'au bout une existence dont la limite dépend de circonstances variables ; mais cela n'autorise aucune revendication au delà de cette limite, et surtout pour l'éternité. Nous avons seulement le tort de rêver plus que la nature des choses ne comporte, et de nous promettre ce qu'elle ne peut tenir. Ce n'est donc pas la nature qui nous trompe ; c'est nous qui nous trompons en méconnaissant ses lois. Elle nous tromperait vraiment et d'une odieuse façon si, tout en nous laissant dans l'incertitude sur une existence future, elle en faisait, par le plus abominable des pièges, la sanction éternelle d'une courte vie.

La nécessité de rétributions après la mort est communément invoquée pour réparer les iniquités de ce monde, décerner aux bons les récompenses qu'ils ont méritées sans les obtenir, et infliger aux coupables le châtiment de fautes restées impunies. Nombre de religions ont fait de cette croyance un moyen de contrainte morale, et, pour Kant, elle est l'unique fondement de certitude d'une existence future. Après avoir, dans sa *Critique de la raison pure*, montré le peu de solidité des preuves de l'immortalité de l'âme déduites à priori de sa spiritualité et de sa simplicité, il prétend rétablir à postériori dans sa *Critique de la raison pratique*, cette même idée de substance spirituelle, simple et immortelle, comme une conséquence nécessaire du postulat de la morale. C'est là un tour de prestidigitation métaphysique, aussi brillamment exécuté que peu concluant, et qui montre de quelle manière la muscade psychique peut être tour à tour subtilisée et représentée au gré de l'opérateur. Comme Kant, Cousin juge légères les preuves tirées de la nature de l'âme, et accorde plus de poids à celle qui se déduit de la nécessité de sanctions (1). L'idée de justice distributive s'est si étroitement associée à celle de survivance que, pour une foule d'esprits, le dogme de la vie future paraît constituer le plus solide fondement de la morale (2), qui, si l'on ébranlait ce support, resterait presque sans appui. On a vu même des incrédules feindre l'orthodoxie en cette matière, sous prétexte d'intérêt public. Mais, prêcher aux simples, comme Voltaire, l'enfer et le paradis sans y croire (3), ressemble fort à une tentative d'escroquerie, où l'on cherche à leurrer par de faux billets la crédulité des naïfs. Heureusement, ni la moralité vraie ni l'ordre social ne reposent autant qu'on le croit sur la base précaire de sanctions éventuelles. Ces deux ordres de concepts n'ont pas été toujours unis ; il est encore aisé de les séparer, et il y aurait avantage à le faire pour établir sur des principes plus sûrs une théorie scientifique des devoirs.

(1) *Du Vrai, du Beau et du Bien*, XVIe leçon.
(2) « La mythologie des enfers, quoique établie sur des fictions, contribue beaucoup à entretenir parmi les hommes la religion et la justice » (Diodore de Sicile, I, 2).
(3) « Nous avons affaire à force fripons qui ont peu réfléchi, à une foule de petites gens, brutaux et ivrognes, voleurs. Prêchez-leur, si vous voulez, qu'il n'y a pas d'enfer et que l'âme est mortelle. Pour moi, je leur crierai dans les oreilles qu'ils sont damnés s'ils me volent » (*Dictionnaire philosophique*, art. *enfer*).

2. — Historiquement, l'alliance de la morale et de la croyance à une autre vie s'est opérée à une date tardive. « Dans les civilisations inférieures, dit Tylor, la morale et la religion n'ont aucun rapport ou n'ont tout au plus que des rapports tout à fait élémentaires (1). » La plupart des peuples peu civilisés conçoivent la vie future comme un simple prolongement de la vie actuelle, dans des conditions semblables ou analogues, sans y attacher aucune idée d'expiation ni de récompense. « Il est rare de trouver chez les Indiens de l'Amérique du Nord des idées qui autorisent à penser qu'ils regardent l'état dans la vie future comme une sanction de la vie présente (2). » Chez les Mexicains et les Péruviens, Mictlan et Supaï, dieux des morts, étaient, comme l'Hadès des Grecs et le Pluton des Romains, des divinités lugubres mais non méchantes, et, dans leur empire, on menait, sans joie ni peine, une vie plutôt triste qu'afflictive, pareille pour tous.

Lorsqu'une différence de traitement fut ensuite assignée aux morts, leur condition dépendit d'abord de causes où la moralité n'entrait pour rien. Comme la vie future était imaginée sur le modèle de la vie présente, on crut que les privilégiés du sort, qui ont le plus joui des avantages sociaux, seraient encore favorisés dans l'autre monde, et que les misérables continueraient d'y traîner leur chaîne. Les Esquimaux envoient en enfer, non les coupables, mais les malheureux, et réservent le paradis aux gens heureux, car le bonheur ici-bas leur paraît être un effet de la faveur céleste, comme le malheur un effet de la malveillance des Dieux, dont les sentiments ont toute chance de ne pas se démentir dans une autre vie. Les mêmes idées avaient cours dans l'ancienne Grèce et à Rome (3). Chez les Tahi-

---

(1) *Civilisation primitive*, t. II, p. 464.
(2) Tanner, cité par Lubbock, *Origines de la civilisation*, p. 399.
(3) Pour Homère, les gens heureux jouissent de la faveur des dieux; les misérables sont victimes de leur haine. Dans l'*Odyssée*,

tiens, le paradis de *Raiatea* était exclusivement réservé à l'ordre aristocratique des Areois et aux chefs généreux qui faisaient des libéralités aux prêtres. Les gens de rang inférieur étaient relégués en enfer, « car ils ne supposent pas, dit Cook, que la nature de leurs actions puisse influer en quoi que ce soit sur leur état futur » (1). Une croyance pareille se retrouve dans beaucoup d'îles du Pacifique, à Noukahiva, Hawaï, la Nouvelle Zélande, etc. Aux îles Tonga, des chiens et des cétacés conduisaient les morts de marque dans le paradis de *Bolotoo*, tandis que les morts vulgaires étaient dévorés par la géante Bainé. Au Mexique, les Tlascalans faisaient transmigrer les âmes des nobles et des prêtres dans des oiseaux superbes, au brillant plumage et au chant harmonieux, alors que les âmes des gens du peuple passaient dans les corps d'animaux inférieurs, belettes, écureuils ou scarabées (2). La rémunération d'outre-tombe n'avait pas non plus de rôle moral dans la religion péruvienne. Les motifs d'émigration vers un monde supérieur ou inférieur dépendaient surtout de la naissance ou du rang (3). Les Incas seuls étaient reçus dans la maison du Soleil, leur père. Les nobles et les prêtres allaient de droit dans une sorte de paradis ; les plébéiens devaient occuper une région ténébreuse, ou si, par exception, ils se trouvaient admis dans le séjour des élus, c'était pour y servir leurs maîtres, comme en cette vie (4). « Les habitants de Sumatra, rapporte Marsden, croient vaguement à la vie future, mais ils attribuent l'immortalité au riche plutôt

Ulysse, bien accueilli d'abord comme voyageur par le roi Aiolos, est ensuite repoussé comme naufragé par ce même prince, qui craint de se compromettre en recevant « un homme odieux aux divinités heureuses ». Lucain dit encore:

Et tantum miseris irasci numina possunt

(*Pharsale*, III, 449).

(1) Cook, *Troisième Voyage autour du monde*, t. II, p. 239.
(2) Clavigero, *Messico*, t. II, p. 5.
(3) A. Réville, *Hist. des religions*, t. II, p. 373.
(4) D'Orbigny, *l'Homme américain*, I, 304.

qu'à l'homme vertueux. Je me rappelle qu'un habitant de ces îles me dit un jour avec beaucoup de naïveté : — Les hommes riches et puissants vont seuls au ciel ; comment les pauvres pourraient-ils y entrer ? (1) »

Des croyances analogues, où ne se mêlait aucune idée de justice distributive, dominaient encore chez les Grecs, du temps de Pindare, pour qui la félicité après la mort est un privilège de nature ou l'effet de la bienveillance des dieux. Il l'accorde à la gloire, à la puissance et à la richesse plus qu'à la vertu (2). Longtemps il avait été reçu que les morts auraient dans l'autre monde une situation pareille à celle dont le sort les avait investis dans celui-ci, que les chefs seraient encore appelés à commander, les puissants honorés, les humbles avilis et les esclaves voués à la servitude. Mais, lorsque la démocratie en progrès disputa le pouvoir aux classes aristocratiques, elle voulut avoir aussi part au bonheur céleste, et la même révolution qui donnait aux foules des droits politiques leur ouvrit l'accès des paradis jusque-là réservés aux grands. Jésus, hardi novateur, exclut les riches du ciel et le promet aux pauvres, comme dédommagement de leur longue infortune, sans paraître tenir assez compte du bien que les premiers ont pu faire ni du mal dont les seconds ne sont pas exempts: « Souvenez-vous, est-il dit au riche (3) rejeté dans la Géhenne, que vous avez reçu vos biens en cette vie, et que Lazare n'y a eu que des maux ; *c'est pourquoi* il est maintenant dans la consolation et vous dans la peine (4). » Ailleurs, Jésus déclare que, dans le royaume de Dieu, « les premiers seront les derniers et les derniers les premiers » (5), mesure de compensation plus que de justice, qui substi-

(1) *History of Sumatra*, p. 289.
(2) *Seconde Olympique.*
(3) Et non, comme on le dit souvent, au « mauvais riche ».
(4) *Saint Luc*, XVI, 25.
(5) *Saint Matthieu*, XIX, 30 ; XX, 16 ; V, 5 ; XIX, 24... Cette doctrine du salut des misérables portait dans la primitive Église le nom

tuerait une iniquité à une autre et l'aggraverait infiniment en la rendant éternelle. Ce renversement espéré des rôles et des conditions devait assurer au christianisme l'adhésion des déshérités et fut une des principales causes de son triomphe. Comme Jésus, les Kamchakadales admettaient la théorie des contraires, d'après laquelle le sort dans l'autre vie serait l'inverse de celui de la vie présente (1).

3. — On voit poindre, sous une forme rudimentaire, l'idée de rétribution morale dans les croyances qui font assigner des sanctions opposées aux qualités utiles et aux défauts nuisibles à la tribu. Les Esquimaux et les Indiens du Canada, obligés de tirer toutes leurs ressources de la chasse, envoyaient après la mort les chasseurs habiles dans un séjour d'abondance, tandis que les maladroits étaient voués à une existence de privations et de tourments (2). Les Comanches attribuaient le privilège d'une vie heureuse aux voleurs de chevaux et hardis enleveurs de chevelures (3). En général, on a béatifié le courage, la première des vertus dans les temps barbares. Chez les Caraïbes, les vaillants devaient avoir pour esclaves, dans l'autre monde, les Arawacs, leurs ennemis, au lieu que les lâches passaient au service de ceux-ci, dans un pays désolé (4). Au Mexique et au Pérou, un paradis était la récompense des braves, un enfer, le châtiment des poltrons. Tel était aussi l'idéal de la justice future chez les Scandinaves. La religion d'Odin n'admettait à jouir des plaisirs

---

d'*ébionisme* (de *ebionim*, pauvres). Les ébionites tenaient Satan, roi du monde, pour le dispensateur des richesses, et participer à ses faveurs équivalait à s'exclure du paradis.

Rabelais fait une application bouffonne de la doctrine de Jésus dans sa description de l'autre monde, où les plus illustres personnages de l'histoire sont ravalés à de vils métiers (*Pantagruel*, II, 30).

(1) Steller, *Kamschatka*, pp. 269-272.
(2) Charlevoix, *Nouvelle France*, t. IV, p. 77.
(3) H. Spencer, *Principes de sociologie*, t. I, pp. 256, 258.
(4) Rochefort, *les Antilles*, p. 430.

de la *Walhalla* (littéralement *Salle des tués*) que les héros morts à la guerre. Tout autre genre de trépas était réputé honteux et entraînait la relégation dans les ténèbres du *Hel*. Aussi le guerrier scandinave, qui n'avait pas l'heur de périr noblement dans un combat, se faisait-il donner, sur son lit de mort, un coup de lance, « la marque d'Odin », afin de pouvoir paraître ensanglanté à la porte de la Walhalla et s'y glisser par surprise. Quelque chose de l'antique théorie qui décernait le paradis aux braves se retrouve dans la croyance des croisés du moyen âge et des musulmans de nos jours, qu'il suffit d'avoir combattu les infidèles pour gagner le ciel. — On cite au rebours quelques peuples d'humeur pacifique, qui ont banni de leur paradis les hommes de violence et de meurtre tués dans les combats, n'y voulant recevoir que les débonnaires qui meurent de leur « belle mort ». Les Indiens de Californie disaient que Niparaya, le Grand Esprit, déteste la guerre et ne veut admettre près de lui aucun de ceux qui l'ont faite, tandis que son adversaire, le méchant Wac, entraîne dans une sombre caverne ceux qui sont morts en combattant (1). « Bienheureux les pacifiques, dit de même Jésus, parce qu'ils seront appelés enfants de Dieu (2). » Par mesure de prudence, les Hurons colloquaient à part les âmes querelleuses des batailleurs, afin que les âmes tranquilles de la tribu ne fussent pas troublées par d'aussi fâcheux voisins (3).

L'absence presque complète de sanctions après la mort chez les Aryas de l'Inde védique, chez les Grecs du temps d'Homère et chez les Hébreux avant l'époque de la captivité, montre que, jusque dans un état assez avancé de civilisation, la morale a pu ne rien emprunter aux rêves de survivance. Leur alliance exigeait en effet des religions

(1) Brébeuf, dans *Relations des Jésuites*, 1636, p. 104.
(2) *Saint Matthieu*, v, 9.
(3) Tylor, *Civilisation primitive*, t. II, pp. 112 et 113.

plus développées, moins étrangères à l'esprit de moralité, et un régime social où, la force brutale étant réprimée en partie par des lois, un peu de justice déjà réalisée en fît désirer davantage. Mais l'idée d'immortalité, en se combinant avec celle de rétribution, devait prendre une importance extrême, parce qu'elle faisait de la vie présente la préparation à une existence future, qui en serait la rémunération ou le châtiment.

Les *Védas* s'occupent peu de morale et n'attachent à leurs prescriptions rituelles que des peines et des récompenses d'ordre positif. Plus tard, le brahmanisme organisa les transmigrations de la métempycose comme moyen de sanction. Les bons appelés à renaître dans une caste supérieure, devenaient brahmanes, sages, saints... Les méchants étaient ravalés à la condition de femme, de paria, de lépreux, de bête... Manou condamne les malfaiteurs à subir des transformations en rapport avec leurs méfaits. Ainsi l'assassin doit renaître fauve, le voleur, crocodile s'il a volé une vache, vautour s'il a dérobé de la viande, rat s'il a pillé du grain, singe s'il a maraudé des fruits... La doctrine du *Karma* (conséquence des actes) fait considérer tous les maux infligés en cette vie comme l'expiation de fautes commises dans une autre, et la suite des existences comme une série d'épreuves à travers lesquelles, suivant que l'on est méritant ou coupable, on s'élève ou l'on s'abaisse tour à tour sur l'échelle des êtres. L'univers entier représente une sorte de purgatoire, où chacun se classe suivant ses œuvres et qui réalise la loi morale.

Aucune idée de justice distributive ne s'unit aux conceptions homériques sur la vie future. Les héros ne doivent qu'à l'alliance ou à la faveur des dieux l'accès du séjour céleste. Ménélas et Rhadamanthe y sont admis, l'un comme gendre, l'autre comme fils de Zeus (1). La foule des morts

---

(1) *Odyssée*, IV, 561 et suiv.

obscurs (μέσος βίος) va, sans distinction de mérite, peupler le sombre Hadès et, réduite à un semblant de vie, subit un traitement uniforme. Le Tartare, occupé d'abord par des demi-dieux vaincus dans leur lutte contre les Olympiens, reçoit ensuite les coupables de crimes envers les dieux qui, indifférents aux actions privées des hommes, punissent, non la loi morale violée, mais leurs offenses personnelles et particulièrement les infractions aux serments où ils ont été pris à témoin. Homère fait, dans un seul vers, infliger un châtiment aux parjures par deux divinités qu'il ne nomme pas (1). Les anciens eux-mêmes convenaient que leurs dieux auraient été mal qualifiés pour se poser en justiciers et en vengeurs de la morale, car ils ne prêchaient guère d'exemple, et, de quelque crime qu'un mortel fût accusé devant eux, il aurait pu leur reprocher d'en avoir commis de pareils (2).

La croyance à une vie future, sanction de la vie présente, paraît avoir pénétré tardivement chez les Grecs. Elle se répandit, à partir du VIe siècle, sous l'influence de la religion des mystères, qui enseignait que les bons seraient récompensés, les mauvais punis. Pindare exprime assez vaguement l'idée de rétribution. Il fait expier sous terre les fautes commises, et couler sans alarmes une vie facile à ceux qui sont restés fidèles à leurs serments (3). Avec les écoles de Pythagore et de Platon, les considérations morales entrent plus largement dans les conceptions de vie future. Enfin, pour Virgile, une loi de justice décide entièrement de la condition des morts. Il voue aux supplices du Tartare les meurtriers, les adultères, les mauvais riches, les traîtres à leur patrie, et appelle au partage des félicités

---

(1) *Iliade*, III, 279. — Les serments, tentative très ancienne pour relier la morale aux croyances religieuses, étaient censés engager celui qui les prêtait à l'égard des dieux et l'exposer à leur vindicte en cas d'infraction.
(2) Platon, *République*, II, 17.
(3) *Olympiques*, II, 68 et suiv.

élyséennes tous ceux qui ont passé en faisant le bien (1).

Chez les Juifs de l'ancienne loi, quoique la morale fût édictée au nom de Jéhovah, elle n'empruntait aucun secours à l'idée, alors absente, d'existence future. L'*Ancien Testament* ne parle ni de peines ni de récompenses après la mort. Ce « Peuple de Dieu », dont les chrétiens se réclament et chez lequel ils vont chercher des règles de conduite ou des sujets d'édification, n'a connu qu'une morale sanctionnée par les seuls intérêts de la vie présente.

Dès une très haute antiquité, les Égyptiens, les premiers peut-être, avaient associé l'idée de rétribution morale à celle d'existence future. Suivant leurs croyances, les âmes, descendues dans l'*Amenti*, étaient conduites dans la « Salle de Vérité » pour y être jugées par Osiris et ses quarante-deux assesseurs, « seigneurs de la vérité ». Anubis, « directeur du poids », tenait les balances où les bonnes œuvres du mort étaient pesées, et Thot, des tablettes à la main, enregistrait le résultat. Si le mal l'emportait, l'âme était rejetée dans les cercles infernaux et condamnée à parcourir un cycle de transmigrations. Avait-elle le poids sincère, elle entrait dans le « bateau du Soleil » que de bons génies dirigeaient vers les « Réservoirs de la paix », au pays fortuné d'*Aalou*. Les tableaux de scènes funèbres représentent souvent ce sujet du « pèsement des âmes » (*psychostasie*), où se réglait le compte de chaque vie. On y voit l'âme du défunt placée dans un des plateaux de la balance d'airain, tandis que, dans l'autre, une plume d'autruche symbolise la Justice. Mais le bienveillant Horus, fils d'Osiris, venant au secours du mort, appuie un doigt furtif sur le plateau qui le supporte, et le fait incliner dans le sens de l'indulgence (2).

---

(1) *Énéide*, VI, 608-624, 664.
(2) Plusieurs religions ont admis ce même symbole pour mesurer les mérites et les démérites des morts. Mahomet fait peser les âmes dans une balance suspendue entre le ciel et l'enfer et qui peut contenir le monde entier (*Coran*, XXIII, 104, 105).

Une séparation plus nette encore fut établie par le mazdéisme entre les bons, serviteurs d'Ormuzd, conviés au partage de sa félicité dans un séjour de lumière, et les méchants, complices d'Ahriman, qui allaient expier leurs fautes dans son ténébreux empire. Fondée sur le principe du dualisme, la religion des anciens Perses mettait entre les actions des hommes, ainsi qu'entre les sanctions assignées après la mort, le même contraste qu'entre le jour et la nuit.

Du mazdéisme, la théorie des rétributions ultérieures a passé dans le judaïsme, puis dans le christianisme, où elle a pris un développement immense, enfin dans l'islamisme. Stuart Mill fait observer que les religions qui ajournaient à un autre monde les effets de la justice divine devaient prévaloir à la longue sur celles qui se bornaient à promettre des sanctions temporelles, parce qu'il n'était pas aussi facile d'en constater le défaut (1).

4. — Tous les moralistes qui ont voulu instituer une morale rationnelle se sont abstenus de recourir à des sanctions futures, sentant d'instinct combien cette base est conjecturale et précaire. En Chine, Confucius et Lao-Tseu ont tracé des règles de conduite sans évoquer aucune idée de rétribution postvitale. De même Socrate, dans ses entretiens recueillis par Xénophon, évite de faire intervenir en morale l'hypothèse de survivance et n'allègue que l'intérêt bien entendu de la vie présente. Aristote, qui n'admet pas l'immortalité personnelle, n'expose pas moins, dans sa *Morale à Nicomaque*, une théorie de devoirs élevée et très pure. Cicéron, après avoir qualifié les descriptions des enfers de « fables ineptes » (2), « d'imaginations

---

(1) *Essais sur la religion*, p. 82.
(2) *Nisi forte ineptiis ac fabulis ducimur, ut existimemus illum apud inferos impiorum supplicia perferre... Quæ, si falsa sunt, id quod omnes intelligunt...* (Pro Cluentio, 61).

de poètes et de peintres » (1), et déclaré que « nul n'est assez sot pour y croire » (2), établit sur un fondement positif son beau traité du *De officiis*. Sénèque, non moins grand moraliste, rejette entièrement l'idée de peines futures : « Persuade-toi bien que celui qui n'est plus n'a pas à souffrir, que toutes ces terreurs des enfers ne sont que fables ; qu'il n'y a pour les morts ni ténèbres, ni cachots, ni torrents de feu, ni fleuve d'oubli, ni tribunaux, ni accusation et point de nouveaux tyrans (3). » Le même esprit négatif à l'égard de la vie future se concilie, chez Plutarque (4), Épictète (5) et Marc Aurèle (6), avec le sentiment le plus noble du devoir. Les stoïciens, dont le nom est resté synonyme d'austérité morale, écartaient avec dédain ce qu'on racontait des enfers. « Non, disait Chrysippe, ce n'est pas un bon moyen de détourner les hommes de l'injustice que la crainte des dieux », et il comparait la description de leurs vengeances, dont on cherche à effrayer les méchants, aux contes sur *Acco* et *Alphitto* (croquemitaines des anciens), par lesquels les femmes veulent empêcher les enfants de mal faire (7). « Ces fables, disait également Averroès, ne servent qu'à fausser l'esprit du peuple et surtout des enfants, sans aucun avantage pour les améliorer. Je connais des hommes parfaitement moraux qui rejettent toutes ces fictions et ne le cèdent point en vertu à ceux qui les admettent (8). » Spinoza ne demande au surnaturel aucun secours et consulte seulement la raison pour constituer son *Éthique*. Enfin Kant élimine aussi de sa sévère morale toute inférence de rétribution future et

---

(1) *Tusculanes*, I, 5, 6.
(2) *De officiis*, III, 28.
(3) *Consolatio ad Marciam*, 19 ; *De beneficiis*, VII, 1.
(4) *De la Superstition*, 4 ; *de la Vie obscure*, 7.
(5) Arrien, *Dissertation*, III, 13 et 15.
(6) *Pensées*, II, 17.
(7) Baguet, *De Chrysippi vitâ et reliquiis*, 1822.
(8) Renan, *Averroès*, p. 157.

n'édicte le devoir qu'au nom de « l'impératif catégorique ».

Il n'est donc pas impossible et il serait souhaitable d'instituer une morale positive, scientifique et universelle, fondée sur les lois de la vie présente, abstraction faite de toute croyance religieuse et de conjectures sur une autre vie. Une critique rigoureuse pourrait aisément démontrer que ces fictions, invoquées comme secours, nuisent plus qu'elles ne servent à la moralité véritable, parce qu'elles l'égarent dans de fausses voies. Si, en effet, l'espoir d'une récompense future peut soutenir à l'occasion la vertu chancelante et lui offrir quelque réconfort dans ses épreuves, il la trompe sur le but réel de la vie et l'empêche de chercher un remède à ses maux. D'autre part, si la peur de de l'enfer peut retenir quelques pervers hésitants, elle torture inutilement les scrupuleux timorés. Les méchants se moquent de la menace ou la bravent; les généreux et les forts n'ont pas besoin de telles lisières.

Des sanctions problématiques quant à leur réalité, ajournées quant à leur échéance dans un avenir indéterminé, enfin toujours révocables, ne sauraient exercer sur nos décisions une influence bien grande, alors que les mobiles actuels qui nous sollicitent sont manifestes, pressants, parfois presque irrésistibles. Aussi, ceux mêmes qui mettent le moins en doute les rétributions promises, ne leur surbordonnent-ils pas d'ordinaire, comme l'exigerait la raison, les intérêts de la vie présente. La réalité, qui sans cesse les étreint, leur fait oublier le rêve, auquel ils ne pensent que par instants, et la plupart des croyants vivent en ce monde comme s'ils ne comptaient guère sur l'autre. Sauf en ce qui concerne les observances du culte, leur conduite, dans le détail quotidien de l'existence, ne diffère pas sensiblement de celle des incroyants. Quoique peu portées aux pratiques de piété, les populations sceptiques de la France et de l'Allemagne sont au moins égales en moralité, sinon supérieures, aux populations dévotes de l'Italie et de l'Espagne, parce que la croyance est une chose et la moralité une autre. Le peu d'efficacité des sanctions futures ressort en outre de ce fait que, même durant les âges où dominait une foi très vive, on ne s'est pas reposé sur elles du soin de prévenir le mal, et le législateur, mieux écouté que les sermonnaires, a dû édicter des peines applicables dès cette vie. Enfin, indice non moins significatif, la rigueur, jadis draconienne, des lois pénales, a pu, malgré le déclin de la foi, s'atténuer à mesure que les mœurs devenaient plus douces, preuve que la moralité ne dépend pas autant qu'on le dit des croyances religieuses.

La morale peut donc, sans déchoir ni rien perdre de sa force impérative, se renfermer dans les limites de la vie actuelle. Ses prescriptions gagneraient même en autorité si on ne leur rattachait que des sanctions précises, indubitables, et tel devra être un jour le caractère de la morale parvenue à l'état de science, lorsque, comme l'hygiène qui en fait partie, elle aura réussi à s'établir sur un fondement positif et à formuler des règles fixes en se référant aux conséquences logiques, indéfectibles, de nos actions. En tant que lois, en effet, les lois morales doivent être non moins strictes que toutes les autres, et produire sans ajournement leurs résultats nécessaires, car il n'y a point d'exemple d'une cause qui agisse dans le monde réel et dont les effets soient tenus en suspens pour ne se révéler que dans un monde idéal, puisque, le lien de cause à effet se trouvant alors brisé, il n'y aurait plus, entre l'un et l'autre, cette connexion régulière qui, précisément, constitue la loi. Une théorie rationnelle de la morale exige que le châtiment soit si étroitement lié à l'infraction, comme la récompense au mérite, qu'on ne puisse en aucun cas les séparer. Son principe général serait l'adage sanscrit : « L'action, bonne ou mauvaise, une fois faite, son fruit doit nécessairement être mangé. »

5. — Les religions méconnaissent ce caractère de la loi morale quand elles font, soit obtenir par des rites propitiatoires la jouissance de biens non mérités, soit éviter par des rites expiatoires le juste châtiment de fautes commises. D'insignifiantes pratiques de dévotion prévalent alors sur les plus hautes vertus. « Souvent il résulte de l'extrême importance attachée à l'accomplissement du rite cette conséquence très démoralisante que l'observateur ponctuel du rite passe pour plus rapproché de Dieu ou de l'idéal de la vie normale, malgré les terribles violations de la loi morale dont il a pu se rendre coupable, que l'homme de bien qui a négligé ou refusé de se soumettre aux obligations rituelles (1). » Le pouvoir que s'arroge le dogmatisme religieux de dispenser les faveurs divines, de remettre les péchés, « de lier et de délier sur la terre comme dans le ciel (2) », d'assurer le paradis et de garantir de l'enfer, est le bouleversement de toutes les lois morales, remplacées par le convenu du rite, l'arbitraire de ses interprètes et le caprice des dieux.

Dans les hymnes du *Rig-Véda*, un sort heureux est demandé, non comme rémunération d'une bonne vie, mais comme prix des observances du culte. Pourvu que le sacrifice fume sur les autels et que la liqueur de *soma* les arrose copieusement, les dieux sont satisfaits et, sans examiner ni juger l'état de conscience de leurs adorateurs, ils n'ont rien à leur refuser. « Ceux qui sont pieux et qui offrent des sacrifices jouissent d'une demeure dans le ciel d'Indra (3) » ; mais « Indra précipite dans la fosse ceux qui n'offrent pas de sacrifices » (4). — « Quelques péchés, dit Manou, qu'un homme ait pu commettre par pensées, par paroles et par actions, il les consume promptement s'il

---

(1) A. Réville, *Prolégomènes de l'histoire des religions*, p. 286.
(2) *Saint Matthieu*, xvi, 19; xviii, 18.
(3) Wilson, *Rig-Véda*, II, 42.
(4) *Rig-Véda*, mandala I, sukta 121, § 13.

devient riche en dévotion. » Pour l'Hindou de nos jours, l'expiation des fautes se réduit à des pratiques cérémonielles, et le salut s'obtient par des ablutions ou des sacrifices, surtout par des offrandes aux brahmanes. Le bouddhisme dégénéré établit les mérites et les démérites des fidèles par un compte de doit et avoir où chaque obligation rituelle accomplie est supputée en bons points (1). « L'offre d'un pardon facile, remarque Renan, a toujours été le principal moyen de succès des religions (2). »

En Grèce, l'initiation aux mystères de la Bonne Déesse procurait, mieux qu'une conduite sans reproche, la prospérité en cette vie et le bonheur dans l'autre. « Bienheureux, dit l'*Hymne à Déméter*, les mortels qui ont vu ces choses ! Celui qui n'a pas reçu l'initiation n'aura pas après la mort une aussi belle destinée dans le royaume des ténèbres (3). » De même Pindare : « Celui qui n'a pas été initié croupit dans le bourbier d'Hadès, tandis que l'homme purifié par l'initiation habite avec les dieux après sa mort (4). » — « Eh quoi, s'écriait Diogène, est-ce que Patœcion, le voleur, qui a été initié, jouira d'un sort meilleur après sa mort qu'Épaminondas l'honnête homme, qui n'a pas été initié ? (5) » Platon constate que les initiés ne valaient pas mieux que les autres, et que les purifications des mystères ne servaient qu'à fortifier les coupables dans l'injustice, parce qu'ils se croyaient absous de leurs fautes et en sureté (6). Ce système du salut par le rite aboutit à d'étranges aberrations. Calderon, prêtre et poète, montre, dans son plus beau drame, un chef de brigands chargé de crimes et néanmoins sauvé par miracle, pour cela seul

---

(1) Tylor, *Civilisation primitive*, t. II, pp. 126 et 127.
(2) *Les Évangiles*, ch. XIII.
(3) *In Cererem*, 481, sqq.
(4) Fragm. 102, éd. de Bœckh ; Sophocle, fragm. 348, éd. de Bœckh.
(5) Diogène de Laërte, VII, 29.
(6) *République*, II, 6.

d'avoir été dévot à la croix (1). Une légende hindoue fait pareillement emporter par Siva le bandit Valmik dans le paradis de *Kailas* pour avoir souvent crié : Mar ! Mar ! (tue ! tue !), ce mot renversé reproduisant le nom de Rama, une de incarnations de Vichnou. Au Thibet, la formule : *Om mani padmé hum* (Oh ! le joyau du lotus ! Amen), suffit à racheter toutes les peines de la vie future (2). Les bouddhistes chinois tiennent que, pour s'assurer le bonheur céleste, les bonnes œuvres sont inutiles ; c'est assez de répéter six ou sept fois un des surnoms du Bouddha : *Amitâyus* (Vie illimitée !) (3). Dans l'Inde, quiconque meurt sur les rives ou dans les eaux du Gange est affranchi de toute peine et certain d'être admis au séjour de la félicité (4)... Il serait sans doute commode de gagner le ciel à si peu de frais. Mais la vie n'a pas de ces coupables complaisances ; elle nous vend plus chèrement les joies de la conscience satisfaite : il faut les avoir méritées pour les obtenir.

Le formalisme religieux tend donc à dénaturer l'idéal de la perfection morale, en substituant aux vrais devoirs des actes de piété sans valeur par eux-mêmes, et en mettant la sainteté ailleurs que dans la bonne conduite de la vie. Pesées dans cette balance à faux poids, les minuties du rite paraissent plus méritoires qu'une constante vertu. Conformément à l'esprit de dévotion, que Montesquieu définit : « La croyance qu'on vaut mieux qu'un autre », les gens simplement pieux sont sujets à s'estimer eux-mêmes plus qu'ils ne font les gens de bien. Le salut est surtout pour eux une question de foi et de ritualisme. C'est pourquoi tant de religions, trop convaincues de leur excellence, pro-

---

(1) *La Devocion a la cruz.* — V. dans Pascal (*Provinciales*, IX) un cas analogue allégué par le P. Barry, jésuite, comme exemple de dévotion aisée.
(2) Timkowski, dans *Histoire univ. des voyages*, XXXIII, 20.
(3) Beal, *Buddhism in China*, 129-130.
(4) Heber, dans *Hist. univers. des voy.*, XXXVI, 154.

clament à l'envi que : « Hors d'elles, pas de salut ! » L'islamisme promet le paradis aux croyants, quelles que soient leurs fautes, et damne les infidèles si grands que soient leurs mérites (1). Pour les chrétiens, l'incroyance est ce « péché contre le Saint-Esprit », le moins pardonnable de tous et qui, au dire de Jésus, « n'aura de rémission ni en ce monde ni dans l'autre » (2). La doctrine du salut par la foi, que saint Paul a soutenue (3) et qu'ont adoptée Luther et Calvin, est exclusive de toute morale, puisque la foi n'est pas une œuvre et que les œuvres ne servent de rien. Là où l'orthodoxie tient lieu de vertu, la moralité n'est qu'un mot dépourvu de sens, à remplacer par celui de crédulité. Luther professe hardiment que la vie la plus criminelle n'empêche pas d'être sauvé si l'on a une foi vive, et il ose s'écrier : *Pecca fortiter, crede fortius !* (4) odieuses maximes qui, en assurant à des sectaires aveugles l'impunité du mal, décourageraient de bien faire ceux dont la raison se refuse à fermer les yeux.

6. — Au point de vue d'une stricte équité, les sanctions instituées dans la vie future sont difficiles à justifier. Il est d'abord à noter qu'elles supposent la pleine responsabilité de l'agent pour ce qu'il paraît avoir fait de bien ou de mal, tandis que la loi du déterminisme ne lui laisse qu'une part singulièrement restreinte d'autonomie. Quand on réfléchit à l'influence qu'exercent sur nous l'hérédité,

---

(1) Le *Coran* menace bien de supplices infernaux les musulmans qui violent la loi morale ; mais, selon les docteurs de l'Islam, ils seront pardonnés, grâce à l'intercession de Mahomet. D'autre part, quoique le prophète n'interdise pas l'entrée du paradis aux adhérents des divers cultes, pourvu qu'ils aient été hommes de bien, les théologiens orthodoxes tiennent que tous les infidèles seront damnés (Sales, *Observations historiques et critiques sur le Mahométisme*).
(2) *Saint Matthieu*, XII, 31 et 32.
(3) *Romains*, III, 28.
(4) *Lettre à Mélanchton*. V. aussi *De captivitate Babylonicâ Ecclesiæ*, éd. d'Iéna, t. II, p. 284.

l'éducation, l'exemple, le milieu et les circonstances, on doit reconnaître que notre moralité est moins une œuvre personnelle qu'une résultante collective, et qu'il nous resterait peu de chose, décompte fait de tant d'immixtions et de solidarités. Pour qui scrute à fond les conditions de l'activité humaine, des peines et des récompenses assignées personnellement aux êtres sont une injustice flagrante, car leur liberté prétendue n'est qu'une illusion métaphysique, et la foule, qui agit par eux, devrait entrer en partage de leur responsabilité.

En outre, il n'y a point d'homme qui soit tout bon ou tout méchant, à qui l'on puisse appliquer, sans iniquité, des sanctions exclusives. L'humanité se compose d'êtres moyens chez qui le bien et le mal, les défauts et les qualités, se mêlent en diverses proportions. La loi d'équité voudrait qu'il fût tenu compte des uns et des autres, car elle se trouverait également violée si l'homme allait en paradis sans expier ses fautes, ou en enfer sans recevoir la récompense de ses bonnes actions. On nous affirme qu'un seul acte louable ou un repentir *in extremis* suffit à rendre digne d'une éternité de bonheur, et qu'une seule infraction, qualifiée de péché mortel, voue à des supplices sans fin l'homme jusque-là le plus méritant. L'*Évangile* décerne la même récompense aux ouvriers de la onzième heure et à ceux qui, à l'œuvre dès le matin, ont porté tout le poids du jour (1). Par contre, ceux qui, ayant bien commencé leur tâche, l'abandonnent sur le tard, restent privés de salaire et perdent le prix de leurs sueurs (2). Ce sont là de vrais dénis de justice. Il est sans doute malaisé de faire une répartition exacte quand le même homme, ce qui est la condition commune, devrait être à la fois puni et récompensé. On a bien imaginé des *purgatoires* où s'expient les

---

(1) *Saint Matthieu*, xx, 1-16.
(2) *Saint Luc*, ix, 62.

fautes vénielles, mais on a omis d'instituer des paradis temporaires où les réprouvés auraient goûté quelque joie pour ce qu'ils ont pu faire de bien. Les manichéens et les bouddhistes chinois ont tourné la difficulté en attribuant à l'homme deux âmes, l'une perverse, l'autre bonne, qui, à la mort, iraient, la première subir le châtiment de ses fautes, la seconde recevoir dans le ciel la récompense de ses vertus. Cela facilite le partage des sanctions et permet d'éviter le tout ou rien de la damnation ou du salut, inique dans les deux cas ; mais on ne se représente pas bien l'état de conscience d'un mort dont une des âmes brûle en enfer pendant que l'autre jouit de la gloire du paradis.

L'injustice de sanctions sans mesure devient surtout révoltante avec le dogme de la prédestination, que consacrent le fanatisme chrétien et le fatalisme musulman. Saint Paul en avait déposé le germe dans sa théorie de la grâce, où la faveur tient lieu de mérite, et d'après laquelle Dieu accorde à qui lui plaît, refuse aux autres le pouvoir de bien faire, façonnant à son gré, comme le potier avec l'argile dont il est maître, ici un vase d'honneur, là un vase d'ignominie (1). Cette doctrine, largement développée par saint Augustin (2), aboutit à la prédestination, dont Luther (3) et Calvin (4) se sont faits les défenseurs opiniâtres. D'après ce dogme atroce, chaque homme, par décret antérieur à son existence, serait voué, quoi qu'il fasse, à la damnation ou au salut, la béatitude des uns et le supplice des autres n'étant, comme pour les anciens, qu'un effet du caprice des dieux. De l'aveu de Fénelon, l'opinion, fréquemment exprimée par Jésus, sur le petit

---

(1) *Romains*, IX, 10-22.
(2) *De gratiâ et libero arbitrio ; De corruptione et gratiâ*.
(3) *De captivitate Babylonicâ Ecclesiæ*, éd. d'Iéna, t. II, p. 284 ; *De servo arbitrio*.
(4) *Institution chrétienne*, III, 22.

nombre des élus (1), « consterne le cœur humain » (2). Ici se dressent les formidables objections de Pomponazzi, qu'aucune théologie n'a réfutées : — Pourquoi Dieu, libre de créer un monde où il n'y aurait que des gens de bien, a-t-il préféré en faire un pour une majorité de méchants ? Pourquoi, étant tout-puissant et ayant prévu de toute éternité les fautes des hommes, ne les délivre-t-il pas de de leurs imperfections ? Pourquoi, en omettant cela, Dieu ne pèche-t-il pas, tandis que cette omission constitue un péché pour l'homme ?...

Une éternité soit de bonheur, soit de tourments est inconciliable avec l'idée de justice, car elle n'est en rapport ni avec nos vertus, toujours si défectueuses, ni avec nos fautes, plus ou moins excusables. Il est excessif d'attacher une récompense infinie à des mérites finis, et de faire expier des plaisirs qui durent si peu par des peines qui ne finiront jamais. On admettrait encore, quoique imméritée, une béatitude sans terme ; mais le dogme féroce d'une éternité d'affliction révolte la pensée, parce que, dit J.-J. Rousseau, « il ne s'accorde ni avec la faiblesse de l'homme, ni avec la justice de Dieu ». Kant qualifie de puérile la croyance à un enfer éternel (3). Sans se piquer d'une équité souveraine, nos lois savent mieux proportionner les peines aux délits et chargent parfois la clémence d'atténuer ce que leur rigueur peut avoir d'exagéré. Des maximes d'une sagesse tout humaine, qui tendent à substituer au principe de vindicte des sentiments de miséricorde et de pitié, mettraient sur ce point la prétendue justice divine en état d'humiliante infériorité. « Pardonner vaut mieux que punir », disait Pittacus (4). De même Platon : « Il ne faut faire de mal à per-

(1) *Saint Matthieu*, VII, 13 et 14 ; XX, 16 ; XXII, 14 ; *Saint Luc*, XIII, 23 et 24.
(2) *De la Prédestination et de la Grâce*.
(3) *La Religion dans les limites de la raison*, trad. Trullard, pp. 101-108.
(4) Diogène de Laërte, *Pittacus*.

sonne, pas même au méchant (1). » Lao-Tseu veut que « le sage venge ses injures par des bienfaits (2). » Le dogme de l'éternité des peines fait de ce Dieu, au nom duquel on demande le pardon des offenses, un tyran vindicatif et cruel qui se plaît à voir souffrir, inflige à des misérables des tortures dont ils ne retirent aucun profit d'amendement, et ressemble à un homme d'une méchanceté idéale avec la toute-puissance en plus, c'est-à-dire à l'esprit même du mal. A ces rêves de bourreaux en délire, la raison oppose la doctrine des sages qui font de la clémence et de la bonté la meilleure part de la justice. « La justice suprême est amour », dit admirablement Aristote. C'est pourquoi nombre de penseurs, refusant d'admettre des peines éternelles, ont préféré croire que les méchants, après une expiation temporaire, seraient finalement anéantis (3). Quelques philosophes de nos jours, mus par le même sentiment de mansuétude, pensent qu'il y aura dans la vie future des rémunérations pour le bien, sans aucune sanction afflictive pour le mal (4). Ils conservent le paradis et suppriment l'enfer. Mais ce projet de réforme qui, semble-t-il, aurait dû convenir à tout le monde et rallier l'unanimité des suffrages, n'a pas obtenu le succès qu'il méritait : tant les hommes sont peu portés vers les sentiments de douceur et d'indulgence.

7. — Enfin, des moralistes austères réprouvent l'attribution même de peines et de récompenses accessoires à titre de sanction. Lorsque en effet on cherche, par de tels moyens,

---

(1) *République*, 1, 9.
(2) *Traité des récompenses et des peines*, trad. Stanislas Julien, p. 232.
(3) V. dans Pétavel-Ollif, *le Problème de l'immortalité*, les opinions émises en ce sens par des théologiens d'autrefois et les conditionnalistes contemporains.
(4) Jouffroy, *Cours de droit naturel*, xxx ; Bersot, *de la Providence*, ix. — Jules Simon (*la Religion naturelle*) croit à la béatitude des justes et ne parle pas de pénalités futures.

à stimuler ou à réprimer la moralité humaine, on s'expose à la fausser plus qu'à la servir parce qu'on s'adresse à la sensibilité, non à la conscience, et l'on s'écarte de la perfection pour tendre au bonheur. On n'institue ainsi que la morale de l'intérêt, subordonnée à des mobiles inférieurs, tandis que la vertu véritable consiste à faire prédominer la seule considération du devoir. La qualité de l'acte moral, c'est d'être conforme à une loi de raison, et le mérite de l'accomplir décroît dans la mesure où l'on spécule sur les conséquences, car, à se régler sur des avantages, la vertu dégénère en calcul intelligent, et le bien n'est plus pour elle qu'un placement lucratif. La moralité vraie, désintéressée de sa nature, ne poursuit que la satisfaction intime d'avoir observé la loi. « La récompense des bonnes actions, c'est de les avoir faites, et aucun prix digne de la vertu ne se trouve hors d'elle-même (1). » Qui en cherche un autre et consulte son intérêt peut être habile, mais cesse d'être méritant et serait enclin à faire le mal de préférence s'il y trouvait plus de profit. Pareillement, celui qui ne s'abstient d'une faute que de peur d'être puni faillirait s'il n'était pas retenu ; il s'avoue criminel de désir et d'intention. Qui n'évite de pécher que par crainte de l'enfer, et ne fait le bien qu'en vue de gagner le paradis, occupe le plus bas degré de la moralité humaine. C'est un mercenaire qui attend le loyer de ses services. Démocrite voulait déjà qu'on fît le bien par conviction, sans contrainte comme sans espoir de récompense, et qu'on s'abstînt du mal, non par appréhension d'une peine, mais par sentiment du devoir (2). « Parmi les fictions dangereuses, disait également Averroès, il faut compter celles qui tendent à faire envisager la vertu comme un moyen d'arriver au bonheur. Dès lors la vertu n'est plus rien, puisqu'on ne s'abstient de la volupté que dans l'es-

---

(1) Sénèque, *de la Clémence*, I, 1.
(2) Fragments, 117, 135, 160.

poir d'en être dédommagé au centuple (1). » Joinville rapporte le conte de la bonne femme qui, tenant d'une main une cruche d'eau, de l'autre une torche allumée, voulait, disait-elle, éteindre l'enfer et brûler le ciel, afin qu'on fît le bien pour lui-même, sans calcul et sans crainte (2). Durant sa phase quiétiste, Fénelon demandait aussi qu'on se contentât d'aimer Dieu, sans attendre de récompense ni redouter de châtiment, sans se préoccuper de ce qui peut advenir et en renonçant d'intention à tout, « même au salut éternel » (3). Kant établit sa morale sur le principe de l'obligation stricte et du désintéressement absolu : « La plus grande perfection pour l'homme est de remplir son devoir par devoir. »

Dans le même ordre d'idées, on argue souvent du contraste dont le monde offre l'affligeant spectacle, entre la vertu malheureuse et le vice triomphant, entre le méchant à qui « tout succède » (Bossuet) et le juste persécuté, souffrant pour la justice. La distribution, faite par le hasard aveugle, des biens et des maux de la vie, sans considération de mérite ou d'indignité, paraît violer l'instinct de justice, qui voudrait, dit encore Bossuet, « la vertu toujours avec le bonheur et le vice toujours avec la souffrance ». Lorsque le contraire arrive, on est tenté d'accuser les dieux (4). On exige du moins que leur providence, reconnue fautive en ce monde, accorde de légitimes réparations dans un autre. Mais c'est faire de la justice divine un médiocre éloge que de la dire injuste ici-bas, sauf à le devenir moins ailleurs, tandis qu'elle serait, semble-t-il, tenue d'être juste partout et toujours. Et puis, comme c'est en-

(1) Renan, *Averroès*, p. 156.
(2) *Mémoires*, éd. Didot, 1855, p. 134.
(3) *Explication des maximes des saints sur la vie intérieure.*
(4) « Le bonheur de Sylla fut un crime des dieux », dit Sénèque (*Consolatio ad Marciam*, 12). — La prospérité des pervers et l'affliction des gens de bien sont appelés par Bourdaloue « le scandale de la Providence ».

core elle qui sera chargée de remédier aux erreurs qu'on lui reproche, se montrera-t-elle moins faillible en les redressant qu'elle ne l'a été en les commettant ? « De deux choses l'une, remarque Hume : ou il y a de la justice en ce monde, et alors elle doit suffire ; ou il n'y en a pas, et quelle raison a-t-on d'en espérer davantage dans une autre vie ? (1) »

Mais il faut plutôt croire, sur ce point, nos appréciations erronées que les lois morales en défaut. Quand on récrimine contre les iniquités du sort, on confond des choses qui sont et doivent rester distinctes, le bonheur et la vertu, le vice et l'infortune. Leur union n'a rien de nécessaire, puisqu'elle ne se réalise pas dans la vie présente, et dès lors elle ne peut avoir le caractère d'une loi dans un ordre d'idéalités futures. « Le prix de la vertu, dit Spinoza, c'est la vertu même. » Elle a pour récompense le contentement de soi, la satisfaction du devoir accompli, la fierté de la perfection accrue. Cette récompense, rien ne peut l'en priver ni la lui ravir quand elle sait l'avoir méritée. C'est la seule qui ne dépende pas d'accidents fortuits, ne trompe jamais et ne risque pas de se corrompre dans nos mains, celle, par conséquent qu'il convient d'estimer le plus. Le châtiment de l'acte mauvais, c'est au contraire le remords qui suit la faute, l'humiliation de la conscience qui se désapprouve et se voit déchue. Lorsque cette peine n'est pas sentie ou paraît l'être trop faiblement, il faut l'imputer à un cas d'atrophie, de cécité ou d'imbécillité morale, et l'on peut douter que l'agent à qui manque la claire notion du devoir soit vraiment coupable. Nous trouvons ainsi en nous-même la plus équitable, la mieux appropriée, la plus infaillible des sanctions, dans la mesure exacte de notre moralité. La conscience est à elle-même son témoin et son juge, son rémunérateur ou son bourreau. Chacun se fait ici-bas le pa-

---

(1) *Recherches sur l'entendement humain*, XI.

radis ou l'enfer qu'il a mérité (1). Il n'est pas besoin d'en rêver d'autre. L'ordre règne dans le monde moral, et toute justice est rendue dès cette vie. « La justice, dit un fragment d'Euripide, n'est pas dans le ciel : elle est quelque part ici près : ouvrez seulement les yeux (2). »

Le bonheur et le malheur, au contraire, sont les effets indirects de causes essentiellement contingentes. Nous ne contribuons à acquérir les biens ou à éviter les maux de la vie que dans une mesure fort restreinte d'activité, de prudence et de sagesse. Pour tout le reste, ils relèvent de chances dont l'aléa pèse indistinctement sur les bons et sur les méchants, car la raison ne peut concevoir aucune relation fixe entre les éventualités du monde physique et les faits du monde moral. Une justice supérieure ne saurait être tenue de réparer dans une autre vie ce que ces accidents ont pour nous d'immérité, car elle le serait plus encore de les prévenir dans celle-ci. Mais qui ne voit que cela n'est pas compatible avec les exigences d'un ordre qui cède à des exigences générales sans pouvoir se plier à des convenances particulières, parce que la régularité de son cours serait incessamment troublée s'il devait se subordonner à la conduite versatile des hommes ? Supposez un état de choses où les phénomènes de la nature, au lieu de se produire suivant des lois fixes, seraient à tout moment suspendus ou modifiés pour suivre la règle variable des rémunérations personnelles : où ni la pierre qui tombe ne devrait blesser l'honnête homme qui passe, ni la grêle ravager son champ, ni l'incendie brûler sa maison, ni une maladie encourue l'atteindre, ni un faux ami le trahir, ni une spéculation téméraire le ruiner, ni la mort frapper ceux qu'il aime... ; où, au rebours, de tels accidents, non motivés par des causes naturelles, viendraient assaillir en foule ceux

---

(1) Lucrèce, III, 961 et suiv.
(2) *La Captive*, dans Stobée, *Eclogæ*, I, 4.

qui font le mal : vous aurez un monde absolument déréglé, où l'ordre que nous voyons, incapable de s'établir et de durer, serait continuellement bouleversé par des anomalies et des à-coups en rapport avec les phases d'une moralité changeante. Le pouvoir qu'aurait ainsi l'homme de diriger à son gré le cours des choses le mettrait au-dessus de leurs lois et le rendrait maître de l'univers, privilège d'autant plus exorbitant que sa vertu serait moindre, confondue avec son intérêt. Le monde a ses lois, nous avons les nôtres, il convient de nous y tenir.

Laissons donc la vie de l'homme exposée, comme celle de tous les êtres, aux chances fortuites qu'entraîne l'universelle contingence, puisque notre initiative, armée pour la lutte, trouve son champ d'action dans ces éventualités. Laissons même à la vertu ses épreuves, qui la consacrent et l'achèvent. Elle ne pourrait être toujours heureuse sans cesser d'être méritoire et perdre en élévation ce qu'elle gagnerait en béatitude. Pour qu'elle goûte pleinement le bonheur dont elle est digne, il lui suffit de mettre les jouissances morales au-dessus de toutes les autres comme valeur et comme indéfectibilité. Ce que notre sagesse, « toujours courte par quelque endroit », imagine pour corriger les iniquités apparentes du monde, ne ferait qu'instituer un désordre pire, de nouvelles et plus criantes injustices.

CHAPITRE VI

LIMITATION ET EXTENSION DU DROIT A LA VIE FUTURE

1. — Quand il fut admis que, par opposition au corps périssable, l'esprit continuait de subsister après la mort, on eut à déterminer quelles sortes d'esprits jouiraient de cet avantage. Alors se posèrent deux séries de problèmes qu'il fallut résoudre : — 1° Tous les êtres humains seraient-ils, sans nulle distinction, appelés à revivre, ou, s'il y avait un choix, quels seraient les privilégiés ? — 2° Les êtres autres que l'homme, mais également censés pourvus d'un esprit, quoique de rang inférieur, bénéficieraient-ils d'un droit inhérent à la nature des esprits ? — Les réponses à ces questions ont été diverses, car, si l'on considérait la qualité ou la dignité des âmes, on était conduit à établir entre elles des catégories et à instituer par exclusion des privilèges, tandis qu'en se référant à leur essence commune on devait les toutes gratifier du pouvoir de survivre. Les religions et les philosophies ont, à ce double point de vue, émis des opinions et proposé des hypothèses qu'il importe d'examiner.

2. — Même en ce qui concerne les êtres humains, la question du droit à la vie future était embarrassante à trancher. Tous ceux qui ont fait partie de l'espèce seront-ils appelés à jouir d'une existence immortelle, sans excepter ceux qui paraissent le moins dignes d'une pareille faveur, comme les plus brutes des sauvages, si peu élevés au-dessus des animaux, les monstres qui déshonorent la raison, les fous qui l'ont perdue, les idiots qui n'en ont aucune lueur, les enfants morts au berceau, ceux même qui ne sont pas arrivés au terme de la gestation, les germes indiscernables qui n'ont eu la vie qu'en puissance ? Si oui, quel affligeant pêle-mêle, et quelles sanctions appliquer ? Si non, où placer une limite de séparation et comment opérer le triage ? Chaque système de croyances a posé à la généralité du principe des restrictions non moins difficiles à justifier qu'à éviter.

Certaines théories ont, de prime abord, exclu la moitié du genre humain. Comme les religions et les philosophies sont l'œuvre des hommes, plus aptes que les femmes à de hautes spéculations, ils ont abusé de cet avantage pour n'accorder à celles-ci qu'une âme inférieure ou même leur contester la possession d'un esprit quelconque. Des théologiens discourtois, s'autorisant des récits de la *Genèse*, prétendent que la femme n'a pas été faite à la ressemblance de Dieu et pourvue par lui d'une âme, car, tandis que Jéhovah façonne Adam « à son image », et prend soin de lui insuffler une âme (1), il n'est pas dit qu'Ève ait reçu sur sa face le souffle divin, et le silence du texte prête à des inductions désobligeantes. Ils allèguent encore que l'homme a été créé en premier lieu et pour lui-même, alors que la femme n'a été créée qu'en second, pour l'homme et par occasion ; enfin, qu'elle a été la plus prompte à désobéir et à pécher, preuve d'imperfection et d'infirmité. Saint Paul fait rudement sentir aux femmes l'humilité que doit leur inspirer une condition aussi subalterne (2), et Bossuet, pour rabattre leur superbe, rappelle avec hauteur qu' « après

---

(1) *Genèse*, I, 26; II, 7, 21, 22.
(2) *Corinthiens*, I, XI, 7-9.

tout, elles viennent d'un os surnuméraire » de l'homme, « d'une côte superflue que Dieu lui avait mise exprès dans le côté (1) ». Avec une extraction pareille, il n'y a vraiment pas sujet de faire tant les glorieuses et les renchéries.

Des philosophes, non moins infatués de leur transcendance que les théologiens de leurs dogmes, insistent sur l'inégalité des aptitudes de la femme, sur son penchant à se tenir dans la basse région de l'émotion et du désir, sur son impuissance à exceller dans le domaine de l'invention, de l'art, de la science et de l'abstraction métaphysique, pour lui dénier la partie élevée, seule immortelle, de l'âme dont l'homme a été favorisé. Platon n'ose décider si la femme est une créature raisonnable ou une bête brute, et ne lui concède qu'une âme animale, où la passion (θυμός) domine sur l'esprit pur (νοῦς). Aristote, moins dénigrant, se contente d'appeler la femme « un homme manqué (2) ». Conformément à ces préventions, le père a longtemps passé pour être l'unique auteur de l'âme de l'enfant; la mère, par indigence de nature, n'était pour rien dans son animation et ne fournissait que la substance du corps. Le *Talmud* professe que les femmes n'ont pas d'âme. C'est pourquoi les Juifs, pleins de suffisance masculine, rendent chaque jour, dans leur prière du matin, grâces à Dieu « de ne les avoir pas faits femmes », et les pauvres Juives, tristement résignées, sont réduites à le remercier de les avoir faites « comme il lui a plu ». L'islamisme, religion qui n'a guère en vue que les hommes, se préoccupe assez peu du sort des femmes dans l'autre vie. Bien que le *Coran* ne leur interdise pas expressément l'entrée du paradis (3), la tradition ne leur y ménage aucune place, et le prophète, les laissant fort démunies, leur substitue, pour le plaisir des élus, des vierges célestes, les Houris. Le christianisme

---

(1) *Élévations sur les mystères*, V, 2.
(2) *Mulier est vir occasionatus* (*De generat. animal.*, III).
(3) *Coran*, IX, 73; XXXIII, 35.

lui-même, avant de diviniser la vierge-mère, paraît avoir hésité un moment à reconnaître l'égalité psychique des femmes. En 585, le second concile de Mâcon agita l'impertinente question de savoir si elles ont une âme et font partie de l'espèce humaine. Le débat fut, il est vrai, tranché par l'affirmative, non toutefois d'après des considérations de nature, mais pour cet unique motif que, Jésus étant, quoique né d'une vierge, qualifié de « fils de l'homme » dans l'*Évangile* (1), la femme devait être tenue pour un homme (2). Il n'y a que les théologiens pour trouver de ces arguments topiques et triomphants.

3. — Les femmes n'ont pas été seules victimes d'outrageants dénis de justice. La propension à transporter dans la vie future les inégalités de rangs et de droits du monde réel a fait établir aussi des catégories parmi les hommes et attribuer par privilège l'immortalité aux puissants. Nombre de peuples ont cru que les grands en jouiraient à l'exclusion des petits. Suivant les idées reçues à la Nouvelle-Zélande, les chefs étaient seuls appelés à revivre ; les gens du peuple mouraient tout entiers (3). Aux îles Tonga, les hommes tatoués, c'est-à-dire de naissance noble, allaient de droit en paradis ; ceux du commun (*tooas*) périssaient sans retour ; quant à la classe intermédiaire, il y avait doute, et les avis étaient partagés (4). Les Algonquins tenaient que les chefs et les sorciers, peints et parés de plumes, iraient fumer, chanter et danser avec leurs ancêtres, pendant que les gens du peuple pourriraient dans leurs tombeaux (5).

(1) Cette qualification n'est pas répétée moins de 83 fois dans les *Évangiles*, et toujours dans les discours de Jésus (Renan, *Vie de Jésus*, p. 133, note).
(2) V. Grégoire de Tours, *Histoire ecclésiastique des Francs*, VIII, 20.
(3) West, *Cruise's Journal*, p. 282.
(4) Mariner, *Tonga Islands*, t. II, p. 136.
(5) John Smith, *Histoire de la Virginie*, 1624.

Homère et Hésiode semblent aussi ne croire qu'à la survivance des héros. La foule des morts sans renom est perdue dans les ténèbres de l'Hadès comme, vivante, dans son obscurité. Pindare n'a encore aucun souci des humbles. Pour lui, l'accès des champs Élysées est réservé, d'abord à ceux que la parenté ou la faveur des dieux associe à leur félicité, puis aux victorieux et aux riches. Les gens du peuple disparaissent comme des ombres vaines, à moins qu'une initiation propitiatoire ne les rapproche des dieux qu'ils ont honorés. Cicéron, qui n'est pourtant pas bien assuré de la survivance des morts, a, dans le *Songe de Scipion*, « l'air de se figurer le ciel comme un sénat d'en haut où siègent, sur des chaises curules, des consulaires éternels (1) »; mais le vulgaire n'est pas convié à ces éclatantes destinées. Malgré la révolution tentée par Jésus, l'antique préjugé qui subordonnait au rang social la condition de la vie future n'a pas laissé de reparaître par intervalles. Un fabliau de Rutebeuf, après avoir allégué comme une chose notoire que les vilains sont, en tant que tels, exclus du paradis et envoyés en enfer, raconte de quelle façon incongrue l'un d'eux réussit à se faire mettre dehors (2). En plein xviiie siècle, un philosophe anglais, Chubb, pouvait encore soutenir que les personnages notables auraient seuls le privilège de revivre, et que les simples mortels seraient anéantis à la mort, sans que Dieu daignât les récompenser ou les punir : « Autant vaudrait, ajoute-t-il, s'imaginer qu'un jour Dieu jugera tous les animaux (3). »

Des esprits à tendance aristocratique, affichant un dédain superbe pour tout ce qui ne s'élève pas à leur niveau, feraient volontiers de l'immortalité le prix d'un concours, et veulent ne la décerner qu'aux plus dignes, c'est-à-dire à

---

(1) Havet, *l'Hellénisme*, t. II, pp. 130.
(2) *L'Indigestion du vilain.*
(3) Chubb, *Posthumous Works*, t. I, pp. 326, 355, 400.

une élite choisie, au premier rang de laquelle ils se placent naturellement. Platon réserve à un très petit nombre l'immortalité consciente, et dit que ces élus seront ceux dont la vie s'est écoulée dans l'étude de la philosophie (1). Le stoïcien Chrysippe n'accordait également qu'aux âmes des sages le privilège de survivre (2). Chez les Juifs, les uns ne croyaient qu'à la résurrection des fidèles (3), les autres pensaient qu'elle aurait lieu pour tous les hommes (4). Jésus lui-même varie sur ce point, car tantôt il semble ne promettre la vie future qu'aux justes (5), et tantôt il l'inflige aussi aux pervers pour leur châtiment (6). Plusieurs docteurs chrétiens, Tatien, Arnobe... font de la survivance une question d'orthodoxie, et soutiennent que les croyants, rachetés par la rédemption, en auront seuls le bénéfice, alors que les gentils, semblables par le manque de foi aux animaux, dont ils ne diffèrent que par le langage, simple accident, subiront comme eux une mort totale. Pour Lactance, l'immortalité « est le salaire et la récompense de la vertu, non un apanage de notre nature (7) ». Les gnostiques, exagérant une distinction déjà posée par saint Paul (8), assignaient une âme mortelle à la tourbe des hommes chez qui domine le principe matériel et qu'ils appelaient *hyliques* (de ὕλη, matière) ; une âme susceptible de devenir immortelle avec bonheur relatif, ou d'arriver par le péché à l'anéantissement, à ceux chez qui prévaut le principe spirituel (*psychiques*, de ψυχή, âme) ; enfin une âme sûrement immortelle avec béatitude parfaite à ceux qu'anime l'Esprit Saint (*pneumatiques*, de πνεῦμα).

(1) *Phédon*, p. 69 ; *Gorgias*, p. 474.
(2) Diogène de Laërte, *Zénon*.
(3) *Macchabées*, II, vii, 14.
(4) *Daniel*, xii, 2.
(5) *Saint Luc*, xiv, 14 ; saint Paul, *Corinthiens*, I, xv, 23.
(6) *Saint Matthieu*, xxv, 32.
(7) *Instit. div.*, VII, 5.
(8) *Corinth.*, I, ii, 10-14.

De nos jours, des protestants, à qui répugnent également l'idée d'une damnation éternelle et celle du salut universel, préfèrent revenir à l'opinion, souvent émise par des théologiens d'autrefois, d'une immortalité conditionnelle. D'après cette théorie, connue sous le nom de *conditionnalisme*, l'homme, mortel par nature, serait simplement un candidat à l'immortalité, et devrait la conquérir en la méritant. Les bons seuls seraient appelés à revivre ; les autres préparent leur destruction par une sorte de suicide. M. Pétavel-Ollif a montré que cette doctrine était dans la tradition du christianisme primitif (1), et des philosophes contemporains lui donnent une entière adhésion : « L'anéantissement, dit M. Renouvier, c'est-à-dire la mort pure et simple, comme fin du mal dans la conduite, parallèlement à la vie immortelle et impeccable, comme fin du bien poursuivi par la volonté, telle est l'hypothèse la plus satisfaisante pour le sentiment, et la plus irréprochable au point de vue de la justice (2). » Toutefois, si ce mode de sélection, appliqué aux âmes, supprime quelques difficultés, il en soulève beaucoup d'autres. La raison exigerait d'abord que le programme et les conditions de l'épreuve fussent clairement exposés, portés à la connaissance de tous, et que le résultat promis fût garanti avec tant de certitude qu'on ne pût le mettre en doute. Il serait en outre malaisé de marquer le point précis où la réussite se changerait en insuccès, car, entre le dernier des reçus et le premier des refusés, la différence de mérite pourrait être bien minime pour justifier une aussi grande inégalité de traitement. Enfin, il y aurait à décider ce que deviendraient tous ceux (et ils constituent la majorité) qui meurent avant d'avoir subi l'épreuve entière, et qui devraient conséquemment revivre ailleurs pour la tenter de nouveau,

---

(1) Pétavel-Ollif, *le Problème de l'immortalité*, ch. iv.
(2) Ch. Renouvier, *Esquisse d'une classification des doctrines philosophiques*, t. II, p. 337.

ce qui ramène à la métempsycose. Une part même d'arbitraire divin se mêlerait toujours à la sentence rendue, puisque, selon le moment où l'épreuve serait close, le juge pourrait à son gré sauver ou perdre les candidats.

Ce siècle a vu d'éminents penseurs, jaloux de n'être pas confondus avec la vile plèbe, revendiquer par exclusion le privilège de revivre. Gœthe se fait une conception très aristocratique de l'immortalité. Elle n'appartiendrait, d'après lui, qu'aux « grandes entéléchies », aux types glorieux qui représentent le mieux l'espèce humaine dans l'histoire. Éliminant en bloc les âmes vulgaires, adonnées à de basses occupations, il n'admet à vivre toujours que les personnalités puissantes, à qui une haute supériorité dans l'art, la science ou l'action, mérite d'être associées à la félicité des dieux créateurs (1). Suivant Hegel, les âmes communes, manifestation éphémère de l'*Idée* universelle, s'évanouissent à la mort. Seuls, les adorateurs de l'Idée participent à sa durée en s'élevant par le transcendantalisme à la conscience de leur identité avec l'être éternel. Schelling ne tient pour digne de survivre que l'homme complet et civilisé, le blanc. Il ignore quelle sorte d'immortalité pourrait mériter un roi de Dahomey, nègre stupide et sanguinaire, qui n'obéit qu'à l'instinct brutal (2). « Je ne vois pas de raison, dit de même Renan, pour qu'un Papou soit immortel (3). » Auguste Comte réduit l'existence future au souvenir que laissent d'eux les hommes célèbres et au culte honorifique dont ils sont l'objet (4), survivance bien illusoire et de peu d'effet, car

> Quel homme fut jamais, si grand qu'il se pût croire,
> Certain, ayant vécu, d'avoir une mémoire

(1) *Conversations avec Eckermann*, trad. Délerot, t. II, p. 347.
(2) *Mythologie*, t. I, leç. 21.
(3) *Dialogues philosophiques*, p. 293.
(4) *Système de philosophie positive ou traité de sociologie instituant la religion de l'humanité.*

> Où son souvenir jeune et bravant le trépas
> Pût revivre une vie et ne s'éteindre pas ? (1)

Faute de renommée plus que de mérite, les anonymes de la foule tombent dans un néant d'oubli.

Mais, quelle que soit la distance qui sépare le génie du vulgaire, l'homme illustre de l'homme obscur, le métaphysicien de l'ouvrier, l'orthodoxe du mécréant, le blanc du nègre et Renan d'un Papou, comme on passe des uns aux autres par une suite de degrés ou plutôt par une pente continue, il n'est pas facile de tracer, entre les élus immortels et le commun des mortels, une ligne précise de démarcation. Établir, en ce qui concerne la vie éternelle, des catégories et des castes, c'est aggraver, en les perpétuant dans un autre monde, les iniquités de celui-ci. D'autre part, il faut convenir aussi qu'admettre sans distinction à revivre tous ceux qui ont vécu, c'est aboutir, par respect pour l'égalité, à une conclusion choquante pour la raison. La nature, ne pouvant ni réserver sans injustice l'immortalité à quelques-uns, ni en gratifier sans indignité la foule, se montre équitable et sage en la refusant à tous.

4. — Au problème de la survivance de l'homme s'en rattache un autre non moins épineux, celui de la survivance des animaux. Il n'est pas possible, en effet, de les disjoindre ; la même solution s'impose aux deux. Les philosophes sont divisés sur cette question de l'âme des bêtes, faite pour embarrasser tous les systèmes. Seuls, Descartes et Malebranche ont, malgré l'évidence, dénié une âme aux animaux et prétendu les réduire à l'état de simples machines. Mais l'opinion générale, qui constitue presque une vérité de sens commun, est qu'ils sont animés ainsi que nous, et ce nom même d'*animaux*, que nos langues leur donnent, en témoigne expressément. Beaucoup de

---

(1) A. de Musset.

philosophes anciens, Anaxagore, Pythagore, Platon... reconnaissaient aux animaux une âme de même essence que celle de l'homme, sauf qu'ils ne peuvent pas exprimer leurs idées par le langage (1). Pour Aristote, la différence de ces deux sortes d'âmes tient moins à leur nature qu'à la conformation des corps qu'elles occupent (2). La théorie des transmigrations impliquait la même croyance. Les stoïciens regardaient toutes les âmes, animales ou humaines, comme également émanées de l'âme universelle (3). Virgile attribue aux abeilles une parcelle de l'esprit divin (4), et l'on a dit dans le même sens : *Deus est anima brutorum*. Un des premiers apologistes du christianisme, Arnobe, ne juge pas les animaux inférieurs à l'homme en raison (5), et un traité de Plutarque tend à prouver qu'ils la possèdent comme nous (6). Quelques-uns même, opposant l'infaillibilité de l'instinct aux égarements de la raison, déclarent les bêtes plus raisonnables que l'homme. Un érudit du XVIe siècle, Rorarius, a soutenu cette thèse peu flatteuse (7). La zoolâtrie, si répandue chez une foule de peuples, reconnaissait à nombre d'espèces, honorées d'un culte religieux, une prééminence de courage, de sagacité ou de sagesse.

Les indications plus précises de la science et les études de psychologie comparée confirment ces notions intuitives, et conduisent à identifier en principe les âmes de tous les êtres animés, sauf à distinguer entre elles des différences de degré. Si, en effet, l'existence d'un agent animateur est prouvée par la production de phénomènes psychiques, les animaux doivent être doués d'un esprit au même titre que nous, puisqu'ils sont conscients, sentent, perçoivent, dési-

---

(1) Plutarque, *De placitis philos.*, V, 20.
(2) *Animaux*, IV, 9.
(3) Diogène de Laërte, *Zénon*.
(4) *Partem divinæ mentis* (*Géorg.*, IV, 220).
(5) *Adversus gentes*, II.
(6) *Bruta animalia ratione uti*.
(7) *Quod animalia bruta ratione utuntur melius homine*, 1547.

rent, rêvent et veulent. Ils ont comme nous l'émotivité, la pensée, le langage, la mémoire, l'éducabilité, et leur contester une âme serait méconnaître toutes les lois de l'analogie. L'activité psychique est même plus intense et plus manifeste chez les animaux supérieurs adultes que chez l'homme durant sa première enfance ou sa décrépitude sénile. Dans tout le règne animé, sauf les embranchements inférieurs, on constate l'identité de substance, de structure et de fonctionnement du système nerveux. Par suite, le développement des facultés, dans l'ensemble des espèces, ne varie qu'en plus ou en moins. Enfin, la théorie du transformisme, faisant sortir par évolution le genre humain du monde animal, ne voit en lui qu'un type éminent, supérieur, mais analogue, au double point de vue de l'organisation et des aptitudes psychiques.

Si la nature est pareille, la destinée après la mort doit l'être aussi. Aucune distinction vraiment spécifique ne pouvant être établie entre l'âme des animaux et celle de l'homme, la même loi s'impose aux deux. Tout ce qu'on allègue pour montrer que la première est matérielle et périssable milite contre la seconde, et les raisons invoquées pour prouver l'immortalité de celle-ci obligent de l'attribuer également à celle-là. Quoi qu'on décide de nous, nos frères inférieurs devront avoir le même destin. Ainsi en juge l'auteur de l'*Ecclésiaste* : — « Les hommes meurent comme les bêtes, et leur sort est égal. Comme l'homme meurt, les bêtes meurent aussi. Les uns et les autres respirent de même, et l'homme n'a rien de plus que la bête. — Tout est vain, et tout tend en un même lieu. Ils sont tous tirés de la terre, et ils retourneront tous dans la terre. — Qui connaît si l'âme des enfants des hommes monte en haut et si l'âme des bêtes descend en bas ? (1) » Le missionnaire Moffat raconte qu'un Bechuana lui dit un jour, en

---

(1) *Ecclésiaste*, III, 19-21.

lui montrant son chien : « Quelle est la différence entre moi et cette créature ? Vous prétendez que je suis immortel ; pourquoi mon bœuf et mon chien ne le seraient-ils pas ? Ils meurent, et voyez-vous quelque chose de leurs âmes ? Quelle différence y a-t-il entre l'homme et l'animal ? Aucune, si ce n'est que l'homme est un plus grand fourbe (1). »

Il faut donc partager avec les bêtes le privilège d'une vie future ou y renoncer avec elles. Les exclure serait commettre une flagrante iniquité. Où placer d'ailleurs la frontière si l'homme n'est qu'un animal perfectionné ? A partir de quel échelon aurait-il été promu immortel, alors que l'anthropoïde, son père, était encore mortel ? La métempsycose faisait s'incarner tour à tour les mêmes âmes dans l'homme et les animaux. Scot Érigène, au ixe siècle, soutenait l'immatérialité et l'immortalité de l'âme des bêtes (2). Maïmonide et nombre de législateurs leur ont attribué, avec une sorte de libre arbitre, la responsabilité morale (3), ce qui, suivant qu'elles ont mérité ou démérité, entraînerait pour elles, comme pour nous, des rétributions après la mort. Adam Clarke, considérant que les animaux ont le même lot de souffrances que l'homme sans avoir péché (Malebranche disait : « mangé du foin défendu »), pense qu'ils devront être dédommagés dans un autre monde de n'avoir pas joui sur terre du bonheur auquel ils ont aussi droit (4).

Tous les peuples qui espéraient une seconde existence semblable à celle-ci ont cru que les animaux reviendraient également à la vie, car ils auraient eu peine à la comprendre sans eux. Les chasseurs comptaient retrouver dans l'autre monde leurs proies accoutumées. Homère montre Orion, armé d'une massue, poursuivant au pays des ombres

(1) Moffat, *Vingt-Trois Ans de séjour dans le sud de l'Afrique*, p. 194.
(2) *De divisione naturæ*, III, 41.
(3) Maïmonide, *Doctor perplexorum*, II, 17.
(4) Clarke, *Commentary*.

les mêmes fauves que jadis sur terre (1). Dans ses rêves d'outre-tombe, l'Algonquin pourchasse des âmes de castors et de daims ; le Kamtchakadale dirige son traîneau attelé d'âmes de chiens ; le Zoulou trait les âmes de ses vaches et les mène paître... Chez des peuples plus avancés en civilisation, l'usage d'ensevelir avec les morts des animaux domestiques (chiens, chevaux, faucons, etc.), atteste qu'on croyait ceux-ci capables de rendre à leurs maîtres, là où ils allaient ensemble, les mêmes services que de leur vivant. Il suffirait du lien d'affection qui nous attache à des bêtes aimées pour rendre leur présence désirable, car notre félicité ne serait pas complète si nous en étions séparés (2). La curiosité de l'esprit les réclame encore comme sujet d'étude, et Agassiz déclare que le paradis où les animaux manqueraient n'en serait pas un pour le naturaliste (3). Le christianisme a placé dans le ciel, à titre de symboles vénérés, la colombe, image du Saint-Esprit, l'âne et le bœuf de la crèche, le lion de saint Marc, l'agneau de saint Jean, le cheval de saint Georges, le chien de saint Roch... L'islamisme, qui hésite à ouvrir aux femmes les portes du paradis, y admet diverses bêtes mentionnées par le *Coran* : le bélier d'Abraham, l'ânesse de Balaam, la baleine qui avala Jonas, la fourmi citée en exemple à Salomon, le chien des sept Dormants et jusqu'au perroquet de la reine de Saba (4)...

Toutefois, si l'on accorde à quelques espèces préférées le privilège de survivre, la logique exige qu'on l'étende, non seulement à celles qui nous sont utiles ou agréables,

---

(1) *Odyssée*, XI, 572.
(2) Une jolie légende du *Mahâbhârata* fait se présenter à la porte du paradis une famille accompagnée de son chien. L'ange préposé à la garde de l'entrée consent bien à recevoir les gens, mais refuse de laisser passer la bête. Après d'inutiles instances, ses maîtres, ne voulant pas abandonner leur fidèle compagnon, s'éloignent à regret avec lui ; mais alors l'ange, touché, leur dit d'entrer tous.
(3) *De l'Espèce et de la Classification*, I, 17.
(4) *Coran*, XVIII, XXVI, etc.

mais encore à toutes celles qui ont vécu, car l'ordre de la nature est régi par des lois générales, et elle ne nous a pas commis le soin de décerner, au gré de nos convenances, des brevets d'immortalité (1). Nous serions donc exposés à voir revivre avec nous, outre le petit nombre des espèces qui nous sont précieuses, la multitude des inutiles et même des ennemies, les fauves qui nous menacent, les déprédateurs qui nous pillent, les insectes qui nous harcellent, et la vermine qui nous mange, et les microbes qui nous infestent... (2), sans plus avoir la ressource ni le moyen d'exterminer des adversaires comme nous immortels. Enfin, le retour simultané à la vie, dans un étrange pêle-mêle, de toutes les créations qui ont successivement occupé le globe, des faunes chaotiques et monstrueuses dont la paléontologie s'applique à reconstituer les types perdus, ferait de l'autre monde, vite encombré, une sorte de musée en désordre...

5. — Une fois engagé dans la voie de l'animisme, on ne sait où s'arrêter. Après le règne des animaux, on considéra comme également animé celui des végétaux qui lui est uni par tant de rapports. Construites avec le même fonds de substance protoplasmatique, organisées et sensibles, s'acquittant des mêmes fonctions de nutrition et de reproduction, parcourant de la naissance à la mort un cycle pareil d'évolution, les plantes parurent posséder aussi une âme, qui présidait au développement de leur activité vitale.

(1) Descartes reconnaît que, si l'on attribue de l'intelligence aux animaux, ils doivent avoir une âme immortelle, « même les vers, les huîtres et les éponges » (V. lettre au marquis de Newcastle, IX, 418 et suiv.).
(2) Luther affirme qu'il y aura dans l'autre monde des fourmis, des punaises et toutes sortes de bêtes puantes, mais il nous fait espérer qu'elles exhaleront alors des odeurs exquises : « *Ibi formicæ, cyniphes et omnia fœtida, et male olentia animalia, meræ delitiæ erunt et optimum odorem spirabunt* » (in *Sermonibus convivialibus, titulo De vitâ beatâ*, p. 454).

Beaucoup de peuples ont partagé cette croyance, comme en témoigne la phytolâtrie, une des formes les plus répandues du fétichisme primitif. Pour les Aryas de l'Inde védique, Agni, dieu du feu et de la vie, résidait caché dans le bois. En Grèce, le chêne de Dodone était habité par une divinité et rendait des oracles. La métempsycose admettait une migration des âmes dans les plantes. D'après la légende bouddhique, Gautama (le Bouddha) n'avait pas, durant le cours de ses métamorphoses, été moins de quarante-trois fois le génie d'un arbre, et des bouddhistes hétérodoxes s'abstiennent encore de manger des herbages verts de peur de troubler leurs âmes, peut-être apparentées (1). Les Égyptiens et les Gaulois considéraient aussi les plantes comme des formes de passage pour les âmes. L'hymne homérique à Aphrodite parle de nymphes (*Dryades, Hamadryades*) logées dans les arbres, et dont l'esprit, quand ils périssent, quitte le séjour des vivants (2). La Fable montrait Daphné changée en laurier, les sœurs de Phaéton en arbres (3). Une tradition rapportée par Virgile faisait même sortir les premiers hommes du tronc éclaté des chênes (4). Quelque chose de ces antiques croyances a persisté dans les fictions de Dante (5), du Tasse (6), et de l'Arioste (7). De nos jours même, V. de Laprade, qui croit à l'âme des chênes, s'inquiète de savoir ce qu'elle devient quand ils meurent :

Où s'en vont ces esprits d'écorce recouverts ?

(1) Marco-Polo, parlant des ascètes de l'Inde (les *yoghi*), dit : « Ils ne mangent aucune chose verte, ni herbe ni racines, jusqu'à ce qu'elles soient sèches, car ils disent que les choses vertes ont une âme » (*Relation, de la province de Lar*).
(2) *Hymne à Aphrodite*, IV, 257 et suiv.
(3) Ovide, *Métamorphoses*, I, 452 ; II, 345 ; XI, 67 ; Virgile, *Énéide*, III, 27-46.
(4) *Énéide*, VIII, 314.
(5) *Inferno*, XIII, terz. 10 et suiv.
(6) *Gerusalemme liberata*, XIII, st. 8 et suiv.
(7) *Orlando furioso*, VI, st. 27 et suiv.

Des philosophes ont accrédité par leurs systèmes la théorie de l'âme des plantes. Empédocle, Anaxagore et Démocrite leur attribuaient des désirs et de l'intelligence (1). Platon admet en elles une sensibilité obscure, et Aristote les doue d'un esprit, principe de leur vie mystérieuse. Cette conception d'une âme végétative, adoptée par la scolastique au moyen âge, a été reprise par des physiologistes de nos jours. Passives, mais impressionnables, les plantes ont une sensibilité diffuse. Plusieurs de leurs éléments (zoospores, anthérozoïdes, amibes végétaux, plasmodies...) ont le mouvement spontané et même le mouvement intentionnel, approprié à un but. Les mêmes poisons, suspensifs de la sensibilité, déterminent l'anesthésie des animaux et des plantes. En conséquence, Claude Bernard reconnaît « l'unité fonctionnelle de tous les êtres vivants, depuis la plante la plus dégradée jusqu'à l'animal le plus élevé en organisation » (2). Si à toute manifestation de la vie doivent correspondre des phénomènes psychiques en rapport avec le degré d'organisation, si chaque cellule vivante est animée (3), on ne peut guère contester aux plantes, qui sont irritables dans leurs moindres parties et réagissent diversement contre les agents extérieurs, une sorte d'âme captive qui, faute de sens spéciaux, n'aurait pas d'ouverture sur le dehors, et vivrait repliée sur elle-même, réduite à la conscience de ses états intérieurs.

Quelque humble et bornée que soit cette âme des végétaux, dès qu'elle se rattache par son essence à celle des animaux et à celle même de l'homme, elle doit, à titre de monade psychique, subsister après la mort de l'organisme qu'elle animait. « Aucun de ceux qui soutiennent la doctrine de l'immortalité naturelle de l'âme, dit l'archevêque Whately..., n'est en état d'échapper à cette difficulté que

---

(1) Pseudo-Aristote, *De plant.*, I, 1.
(2) *La Sensibilité dans le règne animal et dans le règne végétal.*
(3) Haeckel, *Essais de psychologie cellulaire.*

tous leurs arguments tendent, avec la même certitude et la même force, à prouver l'immortalité, non seulement pour les brutes, mais même pour les plantes (1). » Des ombres de végétaux devront ainsi croître dans le monde où iront vivre les ombres des hommes. On tient généralement que les morts ne cessent pas d'aimer les plantes qui les avaient charmés vivants. On pare de fleurs leurs cercueils, on en dépose sur leurs tombes, on en cultive à l'entour, on décore d'arbres les cimetières. Lorsque les poètes veulent faire d'un séjour de béatitude des descriptions qui ne soient pas trop abstraites et les rendre plus attrayantes, ils ont soin d'y mentionner les plantes chères à l'homme, celles qui produisent les plus belles fleurs ou les meilleurs fruits, donnent une ombre agréable et plaisent le mieux au regard. Homère place dans le Tartare, pour le supplice de Tantale, des grenadiers, des figuiers et d'autres arbres, aux fruits provoquants mais insaisissables (2). Les paradis ont été généralement conçus et dépeints comme des jardins délicieux (3). La *Genèse* avait mis dans l'Éden terrestre *l'arbre de vie*, dont il suffisait de manger les fruits pour être immortel, et *l'arbre de la science du bien et du mal*, qui rendait égal aux dieux en connaissance, mais condamnait à mourir (4). Le *Talmud* a replanté, au milieu de l'Éden céleste, l'arbre de vie qui le couvre entièrement de son ombre. L'*Apocalypse de Baruch* (IIe siècle de notre ère) décrit, dans le royaume de Dieu, des ceps de vigne dont chacun aura mille rameaux, chaque rameau mille grappes, chaque grappe mille grains, chaque grain étant d'un volume à fournir un muid de vin (5). Mahomet fait croître

---

(1) R. Whately, *Essais sur quelques particularités de la religion chrétienne*, I, *Revelation d'une vie future*, p. 67.
(2) *Odyssée*, XI.
(3) Le mot même de *paradis* dérive du persan *pardès*, jardin.
(4) *Genèse*, III, 22 et II, 17.
(5) V. Renan, *les Évangiles*, p. 521.

dans son paradis le *Tuba*, arbre du bonheur qui porte des fruits exquis. Les Champs Elysées de Virgile se composent de riants bosquets (1). Enfin, le paradis occidental (*Ni-pan*) des bouddhistes chinois est aussi tout paysager.

6. — Comme la théorie de l'animisme conduisait à douer d'un esprit même les objets inanimés, le problème de la survivance se posait aussi pour eux. Toutes les populations fétichistes ont pratiqué le culte des pierres (bétyles, aérolithes...) et cru que des esprits résidaient en elles. Les Grecs anciens divinisaient des blocs informes ; les musulmans vénèrent la pierre noire de la Kaaba, et les chrétiens témoignent un respect idolâtrique à des simulacres de saints, à des sources, à des lieux sacrés. Chez les peuples primitifs, pour qui l'ombre projetée au soleil et l'image réflétée à la surface de l'eau étaient des apparences d'esprits, la production d'effets pareils par les corps bruts devait porter à les croire également animés. La métempsycose étendit jusqu'à eux la possibilité de transmigrations éventuelles. Une légende hellénique faisait provenir les êtres humains de pierres jetées après le déluge, par Deucalion et Pyrrha. Les spirites de nos jours ont renouvelé les superstitions des sauvages en logeant les esprits des morts dans des tables tournantes ou parlantes.

Longtemps les hommes, ne sachant où poser avec netteté une limite entre l'animé et l'inanimé, ont vu partout un principe d'animation. Thalès attribue à l'*aimant* et à l'ambre une âme, cause de l'attraction qu'ils exercent sur des corps légers, et Joubert donne la lumière pour âme au diamant (2). Virgile croit un esprit répandu dans la masse

---

(1) *Devenere locos lætos et amæna vireta*
Fortunatorum nemorum sedesque beatas

(*Énéide*, VI, 638 et 639).

(2) *Pensées*.

entière des choses (1). Son mot si souvent cité (inexactement, il est vrai, ou du moins détourné de son véritable sens, mais rendu par là infiniment plus poétique) : *Sunt lacrimæ rerum* (2), leur accorde même le don des larmes. Carlyle leur prête un cœur (*the heart of things*), et Lamartine suppose entre elles et nous de mutuelles sympathies :

> Objets inanimés, avez-vous donc une âme
> Qui s'attache à notre âme et la force d'aimer ? (3)

On n'a même pas toujours dénié à ces corps, présumés inertes, une sorte de responsabilité morale. D'après une ancienne loi d'Athènes, tout objet qui, sans intervention humaine, avait causé la mort de quelqu'un, devait être condamné comme coupable d'homicide et rejeté hors du territoire de l'Attique (4).

Enfin la science, confirmant ces vagues intuitions, refuse d'opposer, par un absolu contraste, les corps bruts et les êtres vivants. Des naturalistes éminents (Holger, Ehrenberg, Liebig...) pensent que les premiers ne constituent pas un monde à part dans la nature, un règne essentiellement distinct du règne organique, mais que la force cristallogénique se lie à la force organogénique par un principe commun, qui tend à modeler et à maintenir à l'état de tout-clos un ensemble de parties conforme à un type spécial de structure. L'irritabilité de la substance vivante confine à la vibratilité des substances brutes et en représente une modalité plus complexe. Puisque l'animé se forme et se développe au sein de l'inanimé, c'est dans le monde inorganique qu'il faut chercher le principe et les conditions de l'activité que révèle avec éclat la nature vivante. Si l'on tient avec Aristote que « l'essence de la vie, c'est le mouve-

---

(1) *Énéide*, VI, 726 et 727.
(2) *Ibid.*, I, 462.
(3) *Harmonies poétiques*, III, 2.
(4) Grote, *Histoire de la Grèce*, t. III, p. 104, et Hérodote, I, 189 ; II, 34.

ment » (1), la constitution des corps bruts ouvre la porte à bien des conjectures. En eux, tout s'efforce et s'agite sans repos. Leur inertie apparente nous trompe. Si des artifices optiques pouvaient nous faire pénétrer dans le détail de leur structure et de leurs fonctions, nous verrions s'ébranler et frémir ces mouvantes architectures de molécules et d'atomes. Les éléments des choses, prodigieusement actifs, vibrent, ondulent, tournent sur eux-mêmes, décrivent des trajectoires, s'écartent et se rapprochent tour à tour par l'effet de minimes influences. On peut donc attribuer aux êtres inorganiques une vitalité obscure et latente, caractérisée, non plus comme chez les êtres vivants par une activité chimique continue, mais par une activité mécanique et physique très intense, d'où résulterait l'assemblage de leurs parties ainsi que le pouvoir de résistance ou de réaction qui assure la persistance de l'agrégat à travers les variations du milieu. Les corps bruts n'ont-ils à aucun degré conscience du travail que leurs éléments accomplissent et des influences qui les modifient? Le cristal qui se construit ou se brise, le solide qui résiste ou cède à des pressions, résonne sous le choc, se contracte ou se dilate par l'effet de la chaleur, qui réfléchit ou réfracte la lumière, que traversent ou qu'enveloppent des courants électriques, la particule même de substance pondérable que sollicite ou entraîne la gravitation, l'atome d'éther qu'anime une puissance indéfectible de mouvement, n'ont-ils aucun sentiment de l'existence, aucune perception de l'effort, et, dans leur tendance à l'action, aucun germe de désir? Des philosophes anciens ont vu dans les attractions et les répulsions des corps la forme initiale des sympathies et des antipathies qui gouvernent les êtres vivants. Empédocle regardait l'amour et la haine comme le principe du mouvement dans l'univers ; Schopenhauer a rajeuni ces

(1) Ὁ βίος ἐν τῇ κινήσει ἐστί.

vieux systèmes en identifiant l'existence et la volonté.

Il faudrait donc reconnaître aussi aux corps bruts une sorte d'âme obtuse, aveugle, sourde et muette, inférieure sans doute à celle des êtres vivants, mais au fond de même nature et, conséquemment, appelée aussi à survivre. « En vérité, dit un verset bouddhique, même les plantes et les arbres, même les rocs et les pierres, entreront dans le nirvâna. » L'existence future de l'homme, des animaux et des plantes serait d'ailleurs malaisée à concevoir sans une terre qui les porte, un air qu'ils respirent, une eau qui les humecte, un fonds de matière assimilable, et l'on se trouve logiquement obligé de reconstituer, dans les rêves de vie ultérieure, le monde entier des corps bruts, pour ne pas rendre incompréhensible le monde des êtres vivants.

C'est pourquoi la plupart des peuples ont cru à la présence, au pays des ombres, des objets de toute espèce qu'ils déposaient dans les tombes, avec la pensée que l'esprit de ces choses irait où allait le défunt et servirait comme ici-bas à son usage. On tient qu'alors « l'âme de l'homme est suivie de l'âme de son chien de chasse et de celle de son cheval de guerre, et emporte l'âme de son arc ou de sa hache avec l'âme de sa marmite (1). » Selon la croyance des Égyptiens, « les objets ont une âme, un *double*, comme les hommes et les animaux, et ce double, une fois passé dans l'autre monde, y jouit des mêmes propriétés que dans celui-ci. Le double d'une chaise ou d'un lit est vraiment une chaise ou un lit pour le double d'un homme » (2). La vie d'outre-tombe ne disposait que de ces ombres de choses. Lorsqu'on fait aux morts des offrandes d'aliments, il est reçu qu'ils se repaissent seulement de l'esprit des mets, et,

---

(1) Girard de Rialle, *Mythologie comparée*, p. 121. — Au rapport du P. Lejeune (*Nouvelle France*, p. 59), les Algonquins croyaient que les âmes des haches et des chaudrons traversaient la mer pour se rendre au *Grand Village*.

(2) Maspéro, *Lectures historiques*, p. 155.

d'ordinaire, les vivants reviennent le lendemain en consommer la substance réelle.

Souvent, pour plus de précaution, l'on avait soin de briser, lors de l'ensevelissement, les pièces du mobilier funéraire, ce qui équivalait à les tuer (1), afin que, mises dans le même état que le mort, elles pussent l'accompagner sans retard. On obtenait un effet pareil en les brûlant, comme faisaient les anciens et comme font encore les Chinois. Dans l'*Odyssée*, l'ombre d'Elpénor supplie Ulysse de brûler son corps « avec toutes ses armes », pour qu'il n'en soit pas privé au pays des morts (2) ; et, dans Hérodote, Mélissa, femme de Périandre, vient se plaindre à son mari « d'être nue et d'avoir froid chez les ombres, parce que les vêtements mis en terre avec elle, n'ayant pas été brûlés, ne lui servent de rien » (3).

7. — Ainsi la théorie de l'animisme aboutit à faire revivre, à l'état d'ombres ou d'esprits, tous les êtres de la nature, car un monde où il n'y aurait ni corps bruts, ni plantes, ni animaux, ne paraîtrait guère habitable, et même on ne pourrait s'en former aucune idée. Mais, outre que ce monde imaginaire, uniquement composé d'âmes de choses, serait un simple décalque du nôtre et lui ressemblerait trop pour que ce fût la peine d'en changer, on n'en aurait plus que le fantôme en place de la réalité, et ces vaines apparences, dont le mirage s'évanouit à la réflexion, rappellent le plaisant royaume des ombres, crayonné par Nicolas Perrault :

> Tout près de l'ombre d'un rocher,
> J'aperçus l'ombre d'un cocher
> Qui, tenant l'ombre d'une brosse,
> En frottait l'ombre d'un carrosse (4).

(1) Pour Aristophane (*Grenouilles*, 986), un plat cassé est un plat *mort*.
(2) *Odyssée*, XI ; V. aussi *Iliade*, XXII, 512.
(3) *Histoires*, V, 92.
(4) Voy. Charles Perrault, *Mémoires*.

CHAPITRE VII

RÉINCORPORATION DES AMES. — POSSESSION, MÉTEMPSYCOSE, RÉSURRECTION.

1. — La croyance une fois reçue que l'esprit continuait de vivre quand le corps avait péri, on se demanda quelle serait son existence dans une condition si nouvelle. Tant qu'on se figura l'âme sous forme d'ombre ou de fantôme, analogue aux apparitions des songes, sa nature aérienne ou vaporeuse, encore à demi matérielle, permit de lui attribuer une sorte de vie spectrale, où elle conservait en partie, avec une corporéité vague, les besoins et les plaisirs de la vie réelle. Mais, lorsqu'une abstraction progressive eut de plus en plus différencié l'âme du corps, lorsque cette âme, idéalisée et transfigurée, devint souffle invisible, par celle de feu, essence éthérée, esprit pur, le manque de matérialité se fit sentir comme une gêne pour concevoir clairement sa manière d'exister, ses modes d'activité. Il était difficile de comprendre comment, séparée du corps, elle continuerait d'être ce qu'elle était durant son union avec lui, et pourrait sans lui ce qu'elle ne pouvait que par lui. « Que sera, demande Pline, la substance de l'âme ainsi isolée ? Quelle en sera la matière ? Où sera la pensée ? Comment verra-t-elle, entendra-t-elle, touchera-t-elle ? A quoi servira-t-elle ? Ou quel bien y a-t-il sans ces fonctions ? (1) »

(1) *Hist. nat.*, VII, 56.

La vie n'est rien sans une forme qui l'arrête et la détermine, sans organes d'activité. Celle d'un pur esprit ne se conçoit pas. Pourrait-il voir sans yeux, entendre sans oreilles, agir sans muscles, penser sans cerveau ? Il est manifeste qu'avec la faculté de percevoir il perdrait la variété des impressions qui font la douceur de vivre, et la nature extérieure n'existerait plus pour lui. Réduite à son être intérieur et comme emprisonnée dans son moi, sans modification d'aucune sorte, sans moyen de subir l'action des choses et de réagir contre elles, étrangère à toute réalité sensible, étrangère même aux autres âmes, puisqu'elles ne communiquent entre elles que par l'intermédiaire des corps, l'âme tomberait dans un état de langueur bien proche de l'anéantissement.

Croyants et rationalistes s'accordent à reconnaître que l'âme, purement spirituelle, perdrait tout à n'avoir plus de corps. Saint Thomas convient que, sans lui, toute vie serait impossible (1). Pour Spinoza, « l'âme ne peut rien imaginer, ni se souvenir d'aucune chose passée, qu'à condition que le corps continue d'exister » (2). « Il est absolument impossible, dit Kant, de savoir si, après la mort de l'homme, lorsque le corps est décomposé, l'âme, malgré la permanence de sa substance, peut continuer de vivre, c'est-à-dire de penser et de vouloir ; c'est-à-dire si elle est encore un esprit » ; et il ajoute que « vouloir mettre par la pensée hors du corps l'âme qui l'anime, c'est ressembler à quelqu'un qui prétendrait se voir dans une glace les yeux fermés » (3). Citons enfin Renan : « L'âme sans corps est une chimère, puisque rien ne nous a jamais révélé un pareil mode d'exister (4). »

La difficulté ou mieux l'impossibilité de concevoir la vie

---

(1) *De animâ*, XIV.
(2) *Éthique*, V, prop. 21.
(3) *Prolégomènes à toute métaphysique future*, pp. 396 et 397.
(4) *Dialogues philosophiques*, p. 135.

psychique sans support organique devait contraindre à rétablir, dans l'existence future, l'état naturel des choses, et à restituer à l'esprit, afin de le tirer de peine, le corps dont il se trouvait dépouillé. L'unique expédient, pour sortir de l'embarras où l'on s'était mis en les séparant, consistait à les réunir de nouveau par un lien de convention. Force fut donc de rendre à l'âme un équivalent du corps qu'elle avait perdu, si l'on ne voulait la voir s'évanouir dans le vide de l'abstraction métaphysique. Trois moyens seulement s'offraient, et l'on a eu recours à tous : loger l'âme par intrusion dans un corps déjà occupé ; ou le colloquer à demeure dans un corps nouveau naissant à la vie ; ou enfin faire revivre celui que la mort avait détruit ; c'est-à-dire la possession, la métempsycose et la résurrection. Examinons-les rapidement.

2. — Lorsque, pendant la phase de l'animisme où chaque chose était censée avoir son esprit, la curiosité s'éveilla de savoir ce que devenaient ceux dont les corps avaient péri, l'on dut supposer qu'ils erraient invisibles dans le monde. Partout les esprits des morts, réputés bienfaisants ou nuisibles comme ils l'avaient été vivants, furent invoqués ou redoutés. Ils devinrent lares, mânes, pénates, génies tutélaires dans la famille, héros éponymes, divinités protectrices dans la cité (1), nymphes, sylvains, démons, larves, lémures, vampires, goules, fées, sylphes, lutins, elfes, nains, follets, nixes, ondines, farfadets, gnomes, kobolds, etc., dans le monde extérieur. Les récits qui les faisaient vivre tiennent une grande place dans les contes populaires de tous les pays et de tous les temps. Il s'est même rencontré des philosophes, tels que Hobbes et Schopen-

---

(1) Notre *fête des morts*, instituée au xe siècle par Odilo, abbé de Cluny, a renouvelé un culte traditionnel en vue de rendre les ombres des morts favorables.

hauer (1), qui, tout en niant la survivance, n'ont pas laissé de croire à l'existence des revenants. Le spiritisme contemporain est le retour par atavisme à d'antiques superstitions.

Beaucoup de ces esprits sans corps, répandus à profusion dans la nature, étaient désireux de recouvrer une vie complète et sans cesse à l'affût pour s'emparer d'un nouveau gîte. Ils se glissaient par surprise, à l'occasion, dans le corps de quelque vivant dont l'âme était momentanément absente, et prenaient sa place, ou la lui disputaient de vive force en s'installant à ses côtés. Mais la présence d'un intrus faisant double emploi n'allait pas sans provoquer des troubles et un conflit. On expliqua de la sorte, par une possession accidentelle, la folie (2), le délire, l'ivresse (3), le mutisme, l'hypocondrie, l'exaltation (4), les convulsions, l'hystérie, l'épilepsie (5), la chorée, le somnambulisme, la fureur, la frénésie, la panique, l'inspiration, le prophétisme, l'enthousiasme (6), l'extase (7),... en un mot tous les états singuliers où l'homme, qu'on pouvait croire envahi par un esprit étranger, différait de sa condition habituelle et semblait ne plus s'appartenir. L'émission de cris et de paroles bizarres, incompréhensibles comme les mots d'une langue inconnue, le bouleversement des traits,

---

(1) *Essai sur les apparitions d'esprits,* dans *Parerga und Paralipomena,* 1851, t. I, pp. 215-296.
(2) Le nom de *mania,* que les Grecs et les Romains donnaient à la folie, provient d'un radical *man* (latin *manes*), qui servait à désigner l'âme des morts. Les Latins appelaient l'insensé *larvatus, larvarum plenus.*
(3) Lorsqu'un Peau-Rouge a commis quelque chose de mal en état d'ivresse, il dit : « Ce n'est pas moi, c'est l'esprit de la liqueur qui a tout fait » (A. Réville, *Hist. des religions,* t. I, p. 219). Alexandre attribue de même à Bacchus qu'il a offensé l'accès de fureur qui lui a fait tuer Clitus (Plutarque, *Vie d'Alexandre*). Notre terme *d'esprit de vin* rappelle l'antique croyance.
(4) Le mot *énergumène* signifie *possédé.*
(5) De ἐπίληψις, possession.
(6) Ἐνθουσιασμός, de ἐν θεός, un Dieu est en nous.
(7) Ἔκστασις, mise hors de soi.

l'égarement des yeux, les gestes désordonnés du patient qu'on voyait se tordre ou se blesser de ses propres mains, actes contraires à l'amour de soi, tout suggérait l'idée de possession, et, pour le possédé lui-même, l'esprit qui le tourmentait semblait prendre figure dans les hideuses visions du cauchemar.

De simples mouvements du corps, involontaires et inexpliqués parce qu'ils étaient sans cause apparente et sans but, le tremblement, le hoquet..., furent imputés à des esprits qui faisaient agir les gens malgré eux. Partout l'éternuement a été attribué à l'expulsion brusque d'un esprit entré subrepticement dans le corps, mais qui lâchait aisément prise, et les formules propitiatoires par lesquelles, chez tous les peuples du monde, on a eu coutume de saluer la petite secousse qui signale sa sortie, attestent qu'on y voyait une sorte de délivrance (1). Le bâillement même fut considéré comme dangereux, parce qu'un esprit aux aguets pouvait profiter de l'occasion d'un accès ouvert pour s'introduire dans le corps. Les musulmans tiennent qu'il faut bien se garder de bâiller imprudemment, car le diable est toujours disposé à sauter dans la bouche du bâilleur. On doit alors s'appliquer le revers de la main gauche sur les lèvres en disant : « Je me réfugie auprès d'Allah pour échapper à Satan le maudit (2). » Les exorcistes, sitôt la formule comminatoire prononcée, avaient grand soin de rester la bouche close, de peur que le malin esprit ne passât de celle de l'exorcisé dans la leur.

---

(1) Homère mentionne l'heureux éternuement de Télémaque (*Odyssée*, XVII, 541) ; Xénophon en cite un comme présage favorable (*Anabase*, III, 2-9) ; Aristote attribue l'éternuement à un daimon (*Problèmes*, XXXIII, 7) ; Pline discute la question : « *Cur sternutamentis salutamus ?* » (*Hist. nat.*, XXVIII, 5) ; Pétrone fait dire *Salve !* à qui éternue (*Satiricon*, 98) ; mêmes usages dans l'Inde : on dit « Vie ! » à celui qui éternue, et il répond : « Avec vous ! » Les Juifs souhaitent alors « Bonne Vie ! » et les musulmans disent : « Gloire à Allah ! » (V. Tylor, *Civilisation primitive*, t. I, p. 118.)

(2) Maury, *Histoire de la magie*, p. 302.

D'une manière générale, toutes les maladies internes, dont les causes étaient profondément ignorées, furent expliquées par l'influence d'esprits méchants. Les non civilisés qui, comme les animaux sauvages, meurent rarement de vieillesse, parce que la nature les supprime dès qu'ils commencent à faiblir, ne peuvent guère concevoir la mort comme le terme naturel d'une évolution fermée. Ils croient que la vie se prolongerait sans limitation de durée si elle n'était arrêtée par un accident ou des maléfices. Or ce second péril est continuel, puisque les esprits pullulent dans le monde, et que la plupart, membres de tribus étrangères, sont, à ce titre, hostiles et malfaisants. Leur multitude compose une armée mystérieuse, toujours prête à nuire et dont il faut se défendre. La médecine des sauvages, telle que la pratiquent leurs sorciers, chamanes et féticheurs, a uniquement pour but de conjurer le mal (1), c'est-à-dire de déloger les mauvais esprits qui ont pris possession du malade. Le traitement habituel consiste en frictions énergiques pour chasser l'intrus, succions pour l'appeler au dehors, fumigations pour l'incommoder, transpirations forcées pour l'entraîner avec la sueur, trépanation pour lui ouvrir une issue, en bruits, menaces, gestes, imprécations pour l'effrayer, ou incantations, charmes, formules magiques pour invoquer l'assistance d'esprits favorables qui, opposés à l'autre, le contraignent à déguerpir (2).

Des croyances analogues, qu'on trouve encore répandues parmi toutes les populations restées à l'état de sauvagerie ou de barbarie, se sont maintenues longtemps chez les peuples civilisés. Dans l'opinion des Égyptiens, toute maladie était l'œuvre d'un mauvais esprit. En conséquence, l'art des médecins visait d'abord à reconnaître sa nature,

(1) Nous disons encore, par tradition, *conjurer* une maladie.
(2) V. Tylor, *la Civilisation primitive*, t. II, pp. 162 à 175.

puis à l'expulser au moyen de conjurations et d'amulettes (1). Dans l'Inde, les *Védas* parlent de démons méchants (*Rakchasas*) ennemis de l'homme et qui occasionnent ses maladies (2). L'*Atharva-Véda* contient une collection de formules propres à mettre en fuite ces esprits malfaisants. Les Chaldéo-Assyriens vivaient dans l'appréhension continuelle de pernicieux génies et cherchaient à vaincre leur influence, cause de tout mal, à force de talismans et d'incantations (3). Le livre chaldéen *des Mauvais Esprits* est un recueil d'expédients pour se préserver de leurs maléfices (4). En Perse, la *magie*, sorte de liturgie dont les mages étaient les ministres, avait pour objet d'invoquer le secours des esprits du bien et d'écarter ou de désarmer ceux du mal. C'était un rituel d'évocations et d'enchantements. Ces idées avaient aussi cours chez les Grecs. Pour Homère, un homme en proie à un mal violent est tourmenté par quelque démon cruel (5), et Platon fait dire à Socrate qu'il faut être soi-même démoniaque pour nier la possession démoniaque (6).

Au premier siècle de notre ère, les Juifs étaient dans un état mental tout pareil. La *Bible* attribuait à de malins esprits la folie de Saül (7) et la maladie de Sarah (8). L'*Évangile* impute aux démons et fait guérir par exorcisme toutes les maladies étranges et inexpliquées (9). C'est même là une des principales occupations de Jésus et le grand signe de sa mission (10). Il converse avec les démons qui affligent

(1) Maspéro, *Lectures historiques*, p. 125.
(2) *Rig-Véda*, trad. Langlois, t. III, p. 181.
(3) F. Lenormant, *la Magie chez les Chaldéens*, ch. 1er.
(4) Maspéro, *Hist. ancienne des peuples de l'Orient*, pp. 137-143.
(5) Στυγερὸς δέ οἱ ἔχραε δαίμων (*Odyssée*, V, 396 ; et X, 64).
(6) Δαιμονᾶν ἔρη (*Phédon, Timée*).
(7) *Rois*, I, XVI, 14-23.
(8) *Tobie*, III, 8 ; XII, 4.
(9) *Saint Matthieu*, VIII, 16, 28-30 ; IX, 32-33 ; XII, 22-24, 27-28 ; XVII, 14-17 ; etc.
(10) « Jésus allait prêchant dans les synagogues et chassant les démons » (*Saint Marc*, I, 39).

les patients, leur demande leur nom, leur nombre (1), l'époque et le motif de leur entrée, puis les chasse et les envoie au désert ou dans d'autres corps. Les Apôtres sont, comme Jésus, de puissants exorcistes (2); l'Église a hérité de leurs privilèges. Saint Paul dit qu'il faut se méfier des « esprits de malice répandus dans l'air » (3). Les Pères des premiers siècles, Origène, Tertullien, saint Justin, Lactance, saint Cyprien, etc., croient le monde rempli de démons, dont ils exposent doctement la nature et les fonctions. Ils décrivent en détail les symptômes et les effets de la possession, ainsi que les manières d'exorciser (4). Le christianisme a perpétué la crainte des sortilèges diaboliques et maintenu les pratiques propres à les conjurer. On ne compte pas moins de cent trois bulles de papes relatives aux démons, à leurs méfaits et aux moyens de s'en préserver. Durant tout le moyen âge, les imaginations affolées furent en proie à la terreur de ces ennemis du genre humain. La bulle (5) par laquelle, en 1484, Innocent VIII déchaîna pour plusieurs siècles la persécution contre les sorciers, suppôts du démon, les accuse de toutes sortes de maléfices : de « faire périr et détruire le fruit dans le sein des femmes, la ventrée des animaux, les produits de la terre, les hommes et les femmes, le bétail... ; d'affliger et tourmenter de douleurs et de maux ces mêmes hommes, femmes, bétail et troupeaux... » En France, Charles VI devenu fou passa pour être envahi par un dé-

---

(1) Plusieurs esprits peuvent parfois prendre possession d'un même sujet. Jésus en expulse sept du corps de Marie-Madeleine (*Saint Marc*, XVI, 9; *Saint Luc,* VIII, 2). Ailleurs ils sont *légion* et forcés d'abandonner un possédé, vont occuper et mènent perdre un troupeau de 2,000 porcs (*Saint Marc*, v, 9-13).
(2) *Actes des apôtres*, v, 16 ; IX, 32-35 ; XIX, 12-16 ; etc.
(3) *Ephésiens*, VI, 12.
(4) Tertullien, *Apolog.*, 23 ; saint Justin, *Dialog.* ; saint Cyprien, *Ad Demetriam* ; etc.
(5) Bulle *Summis desiderantes affectibus*. Voir aussi le terrible *Malleus maleficarum*, manuel des juges en sorcellerie, de Springer.

mon, et Juvénal des Ursins raconte la scène d'exorcisme où un prêtre s'efforça d'envoyer le mauvais esprit dans le corps de douze misérables tenus enchaînés pour lui servir de refuge à sa sortie (1). Luther voit le diable partout, dans la grêle, les incendies, les clameurs qui troublent ses sermons, et il rapporte qu'un jour, visité par lui dans son cabinet de travail, il lui jeta son écritoire à la tête. Le Tasse, esprit malade, qui se disait ensorcelé (*ammaliato*), victime de maléfices, s'est plu à décrire dans son poème des enchantements, des opérations de magie, des complots de démons, non comme thèmes poétiques, mais avec la sincérité d'un croyant (2).

Nous nous croyons plus sages ; toutefois, ces idées d'obsession ou de possession et les appréhensions qu'elles causent se retrouvent, non seulement chez des peuples à demi civilisés comme les Arabes, les Hindous, les Chinois et les Japonais, mais encore, en Europe même, dans une foule de superstitions populaires (3) et de pratiques religieuses ou d'expédients dévots. Dom Calmet affirme l'existence des démons de la manière la plus formelle et montre que cette croyance fait essentiellement partie de la dogmatique orthodoxe. C'est article de foi. On n'est pas chrétien si on n'y croit pas (4). Suivant le P. Lafitau, mettre en doute l'influence des démons, « c'est s'aveugler au milieu de la lumière, renverser *l'Ancien* et le *Nouveau Testament*, contredire toute l'antiquité, l'histoire sacrée et la profane... » (5). Pie IX, donnant son approbation spéciale au livre de l'abbé Gaume, *l'Eau bénite au XIXe siècle*, déclare que, de nos

---

(1) *Histoire de Charles VI*, année 1403. — Notre locution « avoir le diable au corps » est un vestige de ces anciennes croyances.
(2) V. A. Solerti, *Vita di Torquato Tasso*.
(3) Croyance aux sorciers, aux jeteurs de sorts, bijoux italiens contre le mauvais œil, amulettes, talismans, porte-bonheur, etc.
(4) Dom Calmet, *Traité sur les apparitions des Esprits*, t. I, ch. XLVI et XLVIII.
(5) *Mœurs des sauvages américains*, t. I, p. 374.

jours, « les millions de démons qui nous entourent sont plus entreprenants que jamais » ; et un éloquent prédicateur, le P. de Ravignan, les juge d'autant plus dangereux qu'on y croit moins, ce qui serait fort inquiétant. « Leur chef-d'œuvre, dit-il, c'est de s'être fait nier par ce siècle. » Pour conjurer tant de périls, on ne se contente pas de recourir, quoique plus rarement, à des exorcismes en forme (1) ; les fidèles s'exorcisent à tout propos, sans même avoir, le plus souvent, bien conscience de ce qu'ils font. L'eau bénite, le signe de croix, qui possèdent le pouvoir de mettre les démons en fuite, de guérir les maladies, d'écarter les maléfices et de neutraliser les charmes (2), sont communément usités comme de légers exorcismes préservateurs. On asperge les morts d'eau bénite, pour éloigner les démons et les empêcher de s'emparer d'eux. Les prières de l'Église, dans la bénédiction des demeures, disent : « Mets en fuite, Seigneur, tous les êtres malins, tous les fantômes, tout esprit frappeur (*spiritum percutientem*), et défends-leur l'accès de cette maison... » Le baptême lui-même est un véritable exorcisme, et Bossuet n'hésite pas à le qualifier ainsi (3) : « Sors, est-il dit au démon, de ce cœur, de cette tête, de ces membres... Sors, fuis, écoule-toi comme l'eau... » Si l'on rapproche de ces pratiques l'usage de porter des croix, des médailles, des scapulaires, d'invoquer les saints, de vénérer leurs reliques, de faire des vœux, de réciter des neuvaines, d'aller en pèlerinage pour obtenir des guérisons miraculeuses, on voit quelle place occupent encore les croyances à des esprits malfaisants ou bienfaisants. C'est le fond populaire de toutes les religions.

---

(1) En 1849, l'évêque de Passan a publié un manuel d'exorcismes. On en cite un autre, du P. Lobhauer, en 1871. Un exorcisme en règle a encore été opéré à Versailles, en 1893, avec l'autorisation épiscopale.
(2) V. l'abbé Gaume, *l'Eau bénite*.
(3) Il parle de « l'exorcisme des eaux baptismales » (*Sermon sur les Démons*).

Hippocrate pourtant, il y a vingt-quatre siècles, avait établi la médecine sur une base scientifique en disant : « Il n'existe pas de maladies divines ; toutes ont une cause naturelle, et, sans cause naturelle, aucune ne se produit (1). » De notre temps, enfin, c'est la science qui, mieux que les thaumaturges d'autrefois, se charge d'exorciser la nature et d'en chasser les démons. « Le monde moderne, dit Huxley de la démonologie, secoue lentement, mais sûrement, avec tant d'autres, cette survivance monstrueuse des erreurs sauvages, et, quoi qu'il arrive, il ne retournera pas à son vomissement (2). »

3. — Les esprits en quête d'un gîte ne se bornaient pas à occuper passagèrement, par surprise ou par violence, un corps dont ils devaient disputer la possession au titulaire en exercice ; ils pouvaient aussi se loger à demeure dans quelque corps de formation récente, non encore pourvu d'une âme, et mener avec lui une existence normale, ce qui les faisait passer de l'état de vagabondage à une installation fixe.

L'idée d'une création spéciale des âmes n'a été conçue que très tard. Il parut d'abord naturel de supposer que celles des êtres appelés à la vie par le cours des générations étaient les esprits de morts disparus qui recommençaient à vivre dans de nouveaux corps. Les Groenlandais croient que les âmes des parents ou des ancêtres reviennent animer leurs descendants, et ils expliquent ainsi les ressemblances ataviques. Chez nous-mêmes, le petit nom des enfants, emprunté d'ordinaire à quelque membre de la famille, semble rappeler l'idée de ces transmigrations. Les Algonquins (3) et les Mongols (4) avaient coutume de

---

(1) *Des Airs, des Eaux et des Lieux*, 21, 22 ; et *de la Maladie sacrée*.
(2) *Science et religion*, p. 215.
(3) Charlevoix, *Nouvelle France*, t. VI, 75.
(4) Timkowski, dans *Hist. univers. des voyages*, t. XXXIII, p. 337.

déposer les cadavres des nouveau-nés sur le bord des chemins les plus fréquentés, dans la pensée que la jeune ombre trouverait occasion de se réincarner dans le sein d'une des femmes qui passaient. Victor Hugo fait de même revenir l'âme d'un enfant mort dans un petit frère (1). D'après un dogme établi par Brigham Young pour accréditer la polygamie parmi les Mormons, des centaines de millions d'esprits créés par Dieu flotteraient dans l'air, attendant une enveloppe corporelle, que le devoir des femmes est de se prêter à leur fournir (2).

L'hypothèse de la transmigration des âmes dut aussi être suggérée par l'idée qu'on pouvait se faire des effets de la nutrition. Beaucoup de peuples sauvages ont cru qu'en se repaissant de leurs proies ils s'en assimilaient aussi les âmes. Les Malais, après avoir tué un tigre, ne manquent pas d'en manger le cœur, pour bénéficier de sa force et de son courage. Une croyance pareille contribua sans doute à faire instituer l'anthropophagie, comme un moyen de s'approprier la vaillance des ennemis vaincus. A Taïti, où l'âme était censée résider dans les yeux, le droit de les manger par privilège était une prérogative royale (3). Enfin la même induction de métamorphoses éventuelles devait résulter du spectacle général de la nature, du renouvellement continuel des êtres par la substitution d'une forme à une autre, de la vie à la mort et de la mort à la vie.

Suivant le dogme de la métempsycose, les âmes des morts, mues par une force irrésistible, s'incarnaient dans le corps dont leur existence précédente les avait rendues dignes. Inconsistantes et fluides, elles venaient s'insinuer dans cette forme nouvelle, s'y mouler et s'y adapter. De grandes religions et de notables systèmes de philosophie ont

---

(1) *Contemplations, le Revenant.*
(2) A. Dingelstedt, *les Saints du dernier jour.*
(3) Le nom d'*Aïmata*, que portait la reine Pomaré, avait la signification de *manger l'œil.*

admis des séries de transmigrations au cours desquelles le même esprit animait successivement des figurations diverses, humaines, animales, végétales, ou inorganiques. Ces croyances, communes parmi les nègres d'Afrique, étaient aussi très répandues chez les peuples du nouveau monde. Au Mexique, les élus, après avoir quelque temps vécu dans un séjour de bonheur, étaient changés en oiseaux et en nuages (1), pendant que les gens du commun revêtaient des types d'espèces inférieures et rampaient à terre. Les Égyptiens tenaient que les alternatives de vie et de mort se suivaient sans fin pour les êtres, comme, dans la nature, le jour et la nuit, naissance et mort d'Osiris. L'existence actuelle, simple anneau d'une chaîne de transformations, n'était qu'un des stades de cet éternel devenir (2).

Dans l'Inde, la métempsycose, dont le *Rig-Véda* ne fait aucune mention, mais qui devint le dogme fondamental du brahmanisme et du bouddhisme, réglemente les incarnations successives comme sanction des existences passées et préparation aux existences futures. Les êtres forment ainsi une immense échelle où les âmes, différant en degré plus qu'en espèce, s'élèvent et s'abaissent tour à tour. Cette échelle va des dieux et des saints aux ascètes, aux brahmanes, aux rois, aux membres des diverses castes, puis aux plus nobles des animaux (éléphants (3), chevaux...), à des bêtes sauvages de plus en plus dégradées (serpents, vers, insectes...), enfin aux plantes et aux corps bruts. Parmi les cent cinquante-quatre incarnations (*jacatas*) qu'avait traversées Gautama avant de devenir Bouddha, la légende le fait passer par les formes de roi, d'esclave, de singe, d'ours, de cheval, de corbeau, de perroquet, de grenouille,

---

(1) Prescott, *Hist. de la conquête du Mexique*, t. I, p. 45.
(2) Maspéro, *Hist. ancienne des peuples de l'Orient*, p. 39.
(3) Les Siamois font habiter par l'âme d'un roi le corps d'un éléphant blanc (Finlayson, dans *Hist. univers. des voyages*, t. XXXIV, p. 160), et lui rendent à ce titre de grands honneurs.

d'arbre, etc., et l'on conserve, dans les pagodes, de ses reliques sous ces différents états. « Comme l'on quitte des vêtements usés pour en prendre de nouveaux, dit Krichna, ainsi l'âme quitte le corps pour revêtir de nouveaux corps (1). » De là provient le respect des Hindous pour tout être animé. Dans le plus chétif animal, ils craindraient de molester un de leurs proches. Suivant un aphorisme reçu, « manger la chair d'une bête, c'est manger celle de son frère ».

Chez les Grecs, la doctrine de la métempsycose, transmise par les mystères orphiques, fut adoptée dans plusieurs écoles de philosophie. Phérécyde la professait, et Pythagore, son disciple, fonda sur elle sa théorie de vie future. Empédocle (2) et Pindare (3) l'admettent dans une certaine mesure. Platon lui fait une grande place dans ses spéculations. L'âme, enchaînée au corps en punition de fautes antérieures, doit animer successivement diverses formes et arriver, par une suite d'épreuves, à sa réhabilitation. Elle va, selon qu'elle a mérité, occuper le corps d'un philosophe, d'un amoureux, d'un tyran, d'une femme ou d'un animal. Il montre Orphée transformé en cygne, Ajax en lion, Agamemnon en aigle, Thersite en singe. Les méchants se métamorphosent en bêtes farouches et cruelles ; les bons, en animaux doux, apprivoisés et domestiques ; l'âme la plus légère devient oiseau ; la plus ignorante, huître... (4). Ces transformations se poursuivent jusqu'à ce que l'âme épurée et digne d'un sort plus heureux, revienne à l'existence incorporelle dans un monde supérieur.

A Rome, Ovide s'est fait l'interprète de la théorie des transmigrations (5), et il expose, dans son poème des *Méta-*

---

(1) *Bhagâvad-Gîta*, trad. Burnouf.
(2) *De la Nature*, v, 447 et suiv.
(3) *Olympiques*, II, 68, et *Thrènes*, fragm. 4, 110.
(4) *Phédon, Timée; République*, X.
(5) *Métamorphoses*, XV, 165, sqq.

morphoses, les épisodes consacrés par la Fable. La même croyance était générale parmi les Gaulois (1). Elle pénétra même chez les Juifs (2). Les kabbalistes l'adoptèrent sous le nom de *gilgul* ou « roulement des âmes ». Ils faisaient transmigrer l'âme d'Adam dans le corps de David, puis dans celui du messie. De même, l'âme d'Abel passait dans le corps de Moïse, celle de Caïn dans le corps de Jéthro… On trouve quelques traces de l'idée de métempsycose chez les chrétiens des premiers siècles (3). Plusieurs sectes, les valentiniens, les marcionites, les gnostiques, l'admettaient à titre d'éventualité possible. Origène et les manichéens expliquaient les misères de cette vie par le mal commis dans des existences antérieures dont elles étaient l'expiation (4). Au moyen âge, un épisode de l'*Edda* (5) témoigne que les Scandinaves croyaient à des transformations après la mort. Dans l'Europe moderne, les récits de *loups-garous* figurent encore dans les contes populaires de divers pays. Enfin, depuis un siècle, nombre d'auteurs, Lessing (6), Charles Fourier (7), Pierre Leroux (8), Jean Reynaud (9), Louis Figuier (10)…, ont repris l'hypothèse des transmigrations et cherché à la renouveler par un supplément de conjectures, mais plutôt comme thème à rêveries que comme dogme formel et précis. Dans ses *Contemplations*, Victor Hugo développe longuement un système d'universelle métempsycose où les âmes vont de la pierre à l'ange en traver-

---

(1) Diodore de Sicile, V, 28 ; César, *De bello Gall.*, IV, 14.
(2) *Sagesse*, VIII, 19 et 20 ; *Saint Jean*, IX, 1 et 2 ; *Saint Matthieu*, XI, 14 ; XVI, 14 ; XVII, 10, 12.
(3) Saint Jérôme, *Lettre à Démétriade*.
(4) Saint Augustin, *Contra Faust.* ; *De hœres.* ; *De quantitate animæ*.
(5) *Voluspa*.
(6) *L'Éducation du genre humain*, fin.
(7) *Théorie de l'unité universelle*.
(8) *De l'Humanité, de son principe et de son avenir*.
(9) *Terre et Ciel*.
(10) *Le Lendemain de la mort ou la Vie future selon la science*. L'auteur fait traverser à l'âme toutes sortes de formes animales avant de se transfigurer en pur esprit dans les astres (p. 316).

sant toutes les formes brutes, végétales ou animales (1).

Aisée à concevoir pour des esprits peu éclairés, puisqu'elle réduisait les changements d'existence à des substitutions de corps, la métempsycose était moins propre à satisfaire la pensée dans un âge de critique et de réflexion. Elle avait le défaut d'être purement conjecturale et de ne s'appuyer sur aucun indice de fait, pas même sur le moindre souvenir du passé. Or, si la mémoire se perd à chaque transformation, la suite de ces existences ne constitue pas une immortalité véritable, et l'on a moins un même être, dont le moi persiste et dure, que des êtres distincts qui se succèdent sans se continuer. Les naturalistes pensent que, chez les insectes à métamorphoses, quoique le principe d'individuation et même la substance du corps restent identiques, le sentiment de cette identité ne se maintient pas quand l'état change, parce que l'organisme, subissant alors une refonte totale, et le système nerveux se trouvant disposé sur un autre plan, la conscience que l'être a de lui-même doit différer avec ses sensations, ses besoins, ses instincts et son genre de vie. La chenille, la chrysalide et le papillon représentent moins un seul être, parcourant des phases d'évolution, que trois êtres différents, attachés bout à bout comme l'enfant à sa mère. A plus forte raison, l'âme que la métempsycose ferait entrer dans un corps nouveau ne pourrait rien retenir de ses existences écoulées et s'engagerait à chaque métamorphose dans une existence à part. En fait, l'uniformité constante avec laquelle se comportent, chacun suivant sa nature, les êtres de toute espèce, sans que rien trahisse jamais en eux la moindre réminiscence d'états antérieurs, est une preuve de complet oubli ; et que signifierait une immortalité sans mémoire, si chaque renaissance était l'équivalent d'une mort ? Enfin, la métempsycose devait inspirer plus d'appréhension que

(1) *Ce que dit la bouche d'ombre.*

d'attrait, car la relégation de l'âme humaine dans des formes généralement inférieures était une déchéance manifeste, et c'est la crainte de métamorphoses abhorrées qui a fait souhaiter, comme délivrance finale, l'absorption du moi dans l'être absolu ou son évanouissement dans la quiétude inconsciente du nirvâna. La récompense suprême, promise à l'homme juste, véridique et résigné, fut celle-ci : « Tu ne renaîtras plus ! »

Aussi, ce système de croyances, commun aux races sauvages et parvenu à son plus haut développement dans les religions de l'Inde, n'a-t-il pas pu se maintenir, au delà d'un certain degré de civilisation, parce qu'il n'offrait que des perspectives insuffisantes de vie future. Il devenait même un obstacle au progrès en légitimant, au nom d'une justice cachée, les iniquités du sort, en faisant porter aux malheureux la peine de fautes imaginaires, et en leur refusant la pitié qu'ils méritaient. La métempsycose était, on peut le dire, plus avantageuse aux animaux, dont elle inspirait le respect, qu'à l'homme, dont la misère devenait une juste expiation. C'est pourquoi, malgré ce qu'avait de grandiose une doctrine qui présentait la destinée de tous les êtres comme une suite logique d'effets où les âmes, « liées par les chaînes de leurs actes, mangeaient les fruits de leurs actions passées », les peuples plus avancés d'Europe l'ont abandonnée et remplacée par le dogme de l'immortalité personnelle qui, combiné avec celui de la résurrection, pouvait mieux satisfaire des appétitions indéfinies de survivance.

4. — Le désir de revivre ne devait pas, en effet, se restreindre à subsister en esprit. On s'aime, on se regrette et l'on voudrait se retrouver tel qu'on a été, complet, en chair et en os. Il parut donc souhaitable de restituer à l'âme le même corps qu'elle avait perdu, aucun autre ne pouvant lui être mieux adapté, plus familier et aussi cher. Pour

cela, il suffisait de le rappeler à la vie par une évocation idéale, et de lui attribuer une éternelle durée. Mais on fut longtemps arrêté par la difficulté de concevoir comment il pourrait être reconstitué, après qu'on l'avait vu se corrompre, et soustrait, dans une existence nouvelle, aux risques d'accident, au déclin de la vieillesse et à la nécessité de la mort. Aussi l'hypothèse, tardivement émise, d'une résurrection, est-elle restée très circonscrite, en comparaison de la précédente, dans le monde de la haute antiquité.

Quoiqu'il soit fait mention, dans le *Rig-Véda*, d'une résurrection du corps (1), cette idée ne fit pas fortune dans l'Inde où la doctrine des transmigrations prévalut. Le mazdéisme, au contraire, formula nettement le dogme de la résurrection comme une condition de la vie future, mais non dès le début de son établissement, car on n'en trouve pas trace dans les parties les plus anciennes du *Zend-Avesta* (2). Les Juifs qui, jusqu'à l'époque de la captivité, n'avaient conçu la survivance que sous forme de sommeil léthargique, adoptèrent alors en partie la croyance iranienne (3). Mais la foi en une résurrection, propagée par les sectes, novatrices et populaires, des esséniens et des pharisiens, fut obstinément rejetée, comme contraire à l'ancienne loi, par la secte, aristocratique et conservatrice, des saducéens.

Aucune école philosophique de la Grèce n'admit cette doctrine, qui semblait donner un trop audacieux démenti à l'évidence et au sens commun. Celles même qui affirmaient la vie future assignaient pour terme, aux séries de transmigrations, la délivrance de tout lien matériel. Loin de désirer et d'attendre une résurrection du corps, les

(1) Il est promis à l'homme de renaître dans un autre monde avec son corps tout entier (*Rig-Véda*, X, 14, 8; XI, 1, 8).
(2) Spiegel, *Avesta*, II, 248, 249 ; Darmesteter, *Ormuzd et Ahriman*.
(3) Isaïe en parle le premier (XXVI, 19); V. aussi *Ezéchiel*, XXVII, 9 et 10.

pythagoriciens le regardaient comme « le tombeau de l'âme » (1), et Platon fait consister la béatitude du sage à redevenir un pur esprit, « débarrassé pour toujours de l'esclavage du corps » (2). Cependant, la religion des mystères, fondée sur le culte de Cérès, la Bonne Déesse, tira de la germination du blé un symbole du retour des morts à la vie, car la même puissance qui faisait sortir des moissons nouvelles de la corruption de semences confiées à la terre, ne parut pas incapable de régénérer, après leur putréfaction, les cadavres ensevelis. Plus tard, la conquête d'Alexandre amena une infiltration des idées persanes en Grèce (3). Le culte mithriaque, dérivé du parsisme et introduit, vers l'époque de Pompée, dans le monde gréco-romain, contribua aussi à répandre la croyance à la résurrection (4). Néanmoins, la masse des esprits resta réfractaire à une si étrange nouveauté. Telle était sur ce point l'incrédulité dans Athènes que, lorsque saint Paul vint y prêcher le dogme devenu chrétien, la thèse parut dérisoire à ses auditeurs, dont, rapportent les *Actes des Apôtres*, les uns se moquèrent de lui, les autres s'en allèrent, refusant d'en écouter davantage, et, resté seul, l'orateur ne put achever son discours (5).

Toutefois, l'importance de la résurrection dans la religion nouvelle date moins de la prédication que la mort de Jésus. Elle prit une valeur imprévue lorsque, après son supplice, sa réexistence fut affirmée par Marie de Magdala (6), que Renan regarde, pour ce motif, comme ayant le plus contribué, après Jésus, à la fondation du christianisme (7). L'exemple du maître ressuscité décida l'adoption de la croyance par

(1) Ils disaient par allitération : Σῶμα, σῆμα.
(2) *Phédon*, p. 114 ; *Théétète*, 25.
(3) Plutarque, *De Isi et Osiri*.
(4) Id., *Pompée*.
(5) *Actes des Apôtres*, xvii, 32.
(6) *Saint Jean*, xx, 18.
(7) *Les Apôtres*, p. 13.

ses sectateurs, et saint Paul, bientôt après, en fit un dogme prépondérant. Mais les objections des païens contre la possibilité d'une résurrection continuèrent longtemps de se produire parmi les chrétiens, comme l'attestent les polémiques des docteurs et des Pères (1). Le *Talmud* a propagé la croyance à la résurrection parmi les juifs, et le *Coran* la consacre chez les musulmans. Elle est ainsi devenue, pour une part notable du genre humain, le plus vif espoir de la vie future.

Par malheur, cette hypothèse, qui contenterait le mieux le désir de garder intacte notre identité, répugne le plus à la science, dont elle contredit toutes les lois. Au point de vue de la connaissance positive, l'organisme frappé de mort reste voué à une destruction irrémédiable et sans retour. « Ce qui a une fois changé de forme, dit Marc Aurèle, ne la reprendra jamais dans l'infini de la durée » (2). L'expérience universelle proteste contre la réanimation d'un cadavre. Ce fait, s'il venait à se produire avec authenticité, serait une dérogation à la loi le plus constamment vérifiée de la nature. Mais aucun cas de ce genre n'ayant été constaté dans le passé, on n'est guère autorisé à en faire la règle dans l'avenir. Confiante en la permanence des lois naturelles, tant qu'aucune exception ne motive leur mise en doute, la science déclare la résurrection inadmissible, même pour le corps que la vie vient d'abandonner, et tout à fait incompréhensible après la décomposition cadavérique.

Par l'action de quelle force, en effet, les matériaux de l'organisme, une fois soustraits à l'empire de la vie, ramenés à un état de composition plus simple, dispersés dans les milieux ambiants et retombés sous la domination des

---

(1) Arnobe, *Adv. gent.*, II, 13; Origène, *Contra Cels.*, I, 7, et V, 24; Tatien, *Adv. Græc.*, 6; Irénée, *des Hérés.*, V, 3; Tertullien, *De carne Christi*, 15; saint Augustin, *De civitate Dei*, XXII, 4, 12 et suiv.
(2) *Pensées*, X, 31.

agents qui régissent la matière brute, pourraient-ils se rapprocher, s'unir et reconstituer le corps détruit ? Vainement on invoque, comme indices de résurrection possible, les faits de reviviscence, de métamorphose chez les insectes, de germination chez les plantes, d'évolution dans la graine ou l'œuf. Aucun de ces phénomènes n'a la moindre analogie avec le miracle annoncé. La génération seule a le pouvoir de reproduire les formes organiques. Si mystérieuse que soit cette transmission de la vie, elle se laisse observer et suivre dans son *processus*. C'est toujours une parcelle de substance vivante qui, détachée d'un organisme antérieur, s'individualise et produit, soit seule, soit fusionnée avec une parcelle complémentaire, un être de même espèce. La vie se prolonge de la sorte sans interruption à travers des générations successives. Mais aucun lien de ce genre n'existe entre le corps qui cesse de vivre et un corps pareil destiné à le remplacer. Ici, plus de germe rénovateur, plus de transmission directe d'un vivant à un naissant. Entre la vie perdue et la vie retrouvée, la mort creuse un abîme que rien, sauf un miracle, ne pourrait combler, et la science ne fait pas entrer le miracle dans ses prévisions, parce qu'elle n'a la preuve d'aucun. Pour admettre celui-là, qui serait le plus grand de tous, elle exigerait plus d'éléments de certitude que n'en réunissent les lois qui le démentent, et l'on ne saurait invoquer à son appui la moindre présomption de fait.

Saint Paul suppose qu'à l'être détruit par la mort survit une sorte de graine, mystérieuse semence d'où sortira le corps qu'il plaira à Dieu de donner (1). De même, M. Renouvier, se fondant sur la théorie de l'emboîtement des germes, de Charles Bonnet, admet « l'existence d'un organisme insensible qui survit au corps sensible actuel et conserve les puissances requises pour produire, sous de nou-

---

(1) *Corinthiens*, I, xv, 37.

velles conditions, une forme de corps semblable ou supérieure à celle qu'a déjà revêtue l'individualité » (1) ; et il voit là une sorte de « résurrection naturelle », avec conservation des mémoires et retour des consciences. Mais il a soin d'ajouter que « cette hypothèse demeure d'autant plus forte, au point de vue philosophique, qu'on la précise moins » (2). Elle gagne en effet à rester dans la pénombre et le vague, car, dès qu'on l'examine de près, toute vraisemblance s'évanouit. Il ne suffit pas d'affirmer l'existence de ce germe latent ; il faudrait sinon le montrer, du moins fournir une preuve de ses virtualités ontogéniques. Et même, si l'on admettait, à titre de conjecture gratuite, la réalité de ce germe mystérieux, conserverait-il mieux l'identité consciente de l'être auquel il survit que le germe visible, d'où chacun de nous est sorti, ne conserve le souvenir des parents dont il provient ? Les espèces animales perpétuent ainsi leurs instincts ; mais c'est là une mémoire organique, impersonnelle, incapable de procurer la conscience particulière du moi, qui, une fois mort, cesse d'être et ne se retrouve plus.

5. — Il semble même difficile de s'entendre théoriquement sur les conditions souhaitables d'une résurrection. Tous ne sont pas satisfaits de leur corps ; beaucoup seraient désireux d'en revêtir un autre, car la pauvre machine humaine est bien souvent défectueuse. Ceux qu'affligent ses imperfections, cause de gêne ou de souffrance, voudraient sans doute en être exempts et jouir d'une vie meilleure. Jésus affirme que, dans le royaume des cieux, il y aura des boiteux, des borgnes et des manchots (3). En ce cas, leur bonheur laisserait peut-être à désirer. Il faudrait

---

(1) *La Grande Question, l'Immortalité personnelle*, dans *Critique religieuse*, 1878, p. 192.
(2) *Ibid.*
(3) *Saint Matthieu*, XVIII, 8 et 9.

donc, non seulement rappeler le corps à la vie, mais encore le réparer ou même le refondre. Quelques-uns, plus exigeants, demanderaient à changer de race ou de sexe. Aux États-Unis, les nègres esclaves exprimaient l'envie de renaître semblables à leurs maîtres (1), et les Australiens disent à leurs moribonds : « Meurs noir, ressuscite blanc ! » En Chine, les femmes, lasses de leur assujettissement, ambitionnent de devenir hommes dans une autre vie (2). Les Manichéens, pour ne pas souiller leur paradis par la présence de femmes, « êtres naturellement impurs », les faisaient ressusciter à l'état d'hommes. Origène exprime la même idée, et saint Augustin mentionne une croyance analogue chez plusieurs docteurs chrétiens (3). Au rebours, Renan, par dilettantisme et curiosité d'esprit, émet le vœu de renaître femme, pour connaître la vie humaine sous son double aspect, éprouver ce que sentent les femmes et « voir comment elles ont raison » (4). Mais, au xiii⁰ siècle, le quatrième concile de Latran a coupé court à ces fantaisies en décidant que chacun renaîtrait sous sa forme propre (5).

D'autres difficultés encore viennent embarrasser l'esprit. Le terme de corps est une expression générale qui résume une série d'états différents. Nous avons, non un corps unique et fixe, mais une multitude de corps successifs qui, de la conception à la mort, se modifient continuellement, et qui, comparés d'âge en âge, se ressemblent peu. Lequel de ces corps caractérise le mieux notre personnalité et mériterait de revivre par préférence ? Le dernier, celui que défait la mort, et auquel on décerne des honneurs funèbres, triste relique à laquelle se rattache un espoir de résurrection, n'est pas plus notre incarnation véritable que les

---

(1) Frœbel, *Amérique centrale*, p. 220.
(2) A. Réville, *Histoire des religions*, t. III, pp. 14 et 471.
(3) *De civitate Dei*, XXII, 17.
(4) *Feuilles détachées, Emma Kosilis*, p. 39.
(5) Decret. I, *De fide catholicâ*.

nombreux cadavres rejetés, presque de mois en mois, derrière nous, par le travail insensible de la désassimilation. Dans l'idée que la vie future, simple prolongement de la vie présente, la reprendrait au point où celle-ci vient à cesser, divers peuples ont cru que, tel on meurt, tel on se retrouverait dans l'autre monde. Pour ce motif, les Chinois, les Arabes et les nègres ont une frayeur extrême de la décollation, et lui préfèrent tout autre genre de supplice, convaincus que les décapités resteront sans tête, ce qui serait en effet une cruelle incommodité (1). Les Fidjiens, mus par le pieux désir d'éviter à leurs parents qui déclinent l'ennui d'une immortelle décrépitude, les étranglent après un festin mortuaire, afin qu'ils entrent en meilleur état dans l'existence future (2). La coutume était si générale chez eux que, dans un centre de population assez important, le capitaine Wilkes ne vit personne au-dessus de quarante ans. Sans avoir le temps de vieillir, tous ceux qui atteignaient la maturité de l'âge avaient été expédiés de cette façon (3).

Peu de gens parmi nous accepteraient la fâcheuse alternative de devancer ainsi le départ ou de revivre éternellement dans l'affligeante condition où, d'ordinaire, la mort nous saisit, affaiblis par l'âge, ravagés par la maladie, perclus, cacochymes, agonisants... On cite pourtant un rabbin, Abrabanel, qui, logicien féroce, a soutenu cette thèse déplaisante (4). On ne souhaite généralement de revenir à la vie que dans son plein épanouissement de santé, de vigueur et de beauté. Mais tous n'ont pas joui de ces avan-

---

(1) Le dernier Inca dont les Espagnols décidèrent la mort, Atahualpa, ne consentit à se convertir au christianisme qu'afin d'obtenir d'être pendu et non décapité, ce qui aurait compromis son intégrité dans l'autre vie.
(2) Williams, *Fiji and Fijians*, t. I, p. 183.
(3) Lubbock, *Origine de la civilisation*, pp. 383 et 384.
(4) Préface de son *Commentaire sur Isaïe*, dans la *Bible* de Cahen, t. II, p. 419.

tages. Où les prendraient ceux qui en ont été dépourvus ? A quel âge précis la résurrection ramènerait-elle les corps ? Auraient-ils la grâce de l'enfance, l'éclat de la jeunesse, la force de la virilité, la majesté de la vieillesse ? Si le choix est laissé à la convenance de chacun, que de fantaisie et de disparates ! Si la même règle s'impose à tous, que de mécontents ! Les femmes seraient unanimes à vouloir revivre à l'âge où elles peuvent le mieux plaire et charmer. Les hommes, en grande majorité, désireraient aussi renaître jeunes ; seuls, quelques sages demanderaient à rester vieux ou à redevenir enfants. Que décider, en outre, pour les êtres, les plus nombreux de beaucoup, qui sont morts en bas âge ? Renaîtraient-ils enfants, destinés à l'être toujours, ou sous la forme virtuelle que le cours de la vie aurait amenée, mais qui ne s'est pas réalisée ? Enfin, car chaque détail a son prix quand il s'agit de s'installer dans l'éternité, la restitution des corps reproduirait-elle exactement leur ressemblance, à un moment donné, ou la modifierait-elle dans le sens de l'idéal ? Si l'aspect reste le même, la laideur dominera ; si le type s'embellit et se transfigure pour devenir moins inesthétique, on ne se reconnaîtra plus l'un l'autre, et les âmes elles-mêmes ne reconnaîtront plus leur corps...

Il en serait pareillement de nos âmes. Le sentiment de notre identité nous trompe. Nos esprits ne varient pas moins que nos corps, non seulement d'âge en âge, mais de moment en moment, selon les impressions qu'ils subissent, les passions qui les agitent, les idées qu'ils se forment et les desseins qu'ils poursuivent. Combien diffèrent entre elles, aux stades d'une même vie, l'âme innocente et naïve de l'enfant, l'âme ardente et mobile du jeune homme, l'âme sérieuse et réfléchie de l'adulte, l'âme triste et désabusée du vieillard ! Quand on a un peu vécu et qu'on évoque son passé, l'on éprouve quelque peine à se persuader que le même moi ait pu jouer tant de personnages divers. Laquelle de ces âmes serait appelée à vivre toujours? Aucune n'est l'expression complète de notre personnalité, puisqu'elles l'ont représentée à tour de rôle. Les concilier dans un état fixe est cependant impossible, car nous ne pouvons pas être à la fois, comme nous le sommes par alternance, animés de sentiments contraires, gais et moroses, sots et spirituels, fous et raisonnables, bons et méchants, égoïstes et dévoués, suivant l'occasion et les circonstances. L'embarras est inextricable; et si, pour en sortir, on voulait supprimer nos défauts pour ne retenir que nos qualités, comme les uns ne vont guère sans les autres, que nos défauts sont d'ordinaire des qualités mal employées, et nos qualités des défauts heureusement mis en œuvre, le moi, si l'on entreprenait de faire le partage, risquerait de se trouver fort diminué sinon réduit tout à fait à rien.

CHAPITRE VIII

CONDITIONS DE LIEU D'UNE EXISTENCE FUTURE

1. — La vie ne trouve à se développer que dans un milieu réel. Isolée dans l'infini de l'espace et ne se rattachant à rien, elle serait indistincte pour la pensée. On ne la conçoit clairement qu'opposée à d'autres existences, limitée par elles, en rapport avec elles, localisée dans leur ensemble. Il faut donc qu'elle occupe un lieu déterminé de l'étendue, car elle ne pourrait être partout que si elle était tout, ce qui ne permettrait pas à l'esprit de la circonscrire et de la saisir ; et, si elle n'était nulle part, on ne saurait où la prendre, elle ne se distinguerait pas de ce qui n'est pas. Pour s'en faire une idée précise, on doit la colloquer quelque part, marquer sa place dans la généralité des êtres connus.

Quel séjour convient-il d'assigner à la vie future ? Où situer dans l'univers cet empire des morts, « contrée non découverte dont nul voyageur n'a repassé la frontière » ? (1) Les idées ont beaucoup varié sur ce point, et la diversité des conjectures témoigne de leur commune incertitude. Admis d'abord à revivre dans le même monde que les vivants, les morts en ont été peu à peu exclus, confinés dans des régions de plus en plus lointaines, et finalement relégués dans un monde à part, tout à fait imaginaire. Suivons

(1) Shakspeare, *Hamlet*, III, 1.

les étapes de cet exode au cours duquel ils ont passé d'un milieu réel et circonvoisin au pays des chimères.

2. — A l'origine, les morts étaient censés résider dans le même lieu où s'était écoulée leur vie. Au moment où l'esprit venait de quitter le corps, il était par là, tout près, encore à portée de la main ou de la voix. Plusieurs peuples qui croient à la malfaisance des esprits, s'efforcent de les expulser à coups de pierre ou de bâton, afin qu'ils aillent commettre ailleurs les méfaits qu'on en redoute (1). Les Hurons et les Iroquois, persuadés que les âmes ne quittaient pas sans regret leur corps et s'oubliaient volontiers dans le voisinage, leur donnaient la chasse en battant les buissons avec des baguettes (2). D'autres, qui s'affligent de voir mourir les leurs, cherchent à rappeler par des objurgations ou des cris l'esprit qui s'éloigne. Les Hottentots injurient et invectivent le moribond, lui reprochant de s'en aller, d'abandonner sa famille et de déserter sa tribu (3). Quand un homme se trouve mal ou meurt, les Fidjiens croient qu'on peut retenir en l'appelant son esprit qui s'échappe, et parfois on voit un homme sortant de syncope crier de toutes ses forces après son âme pour la dissuader de s'enfuir et l'engager au retour (4). En Chine, suivant un usage ancien mentionné dans un des *Kings* (5), les parents du défunt montent, aussitôt après sa mort, sur le toit de la maison, et l'appellent plusieurs fois par son nom en lui disant : « Un tel, reviens ! » (6) Des traces de coutumes analogues peuvent êtres relevées chez les peuples de notre antiquité classique. Dans l'*Énéide*, Énée dit à Déiphobe qu'après avoir élevé un tom-

---

(1) Tylor, *Civilisation primitive*, t. I, p. 528.
(2) Charlevoix, *Histoire de la Nouvelle France*, VI, 77.
(3) A. Bertillon, *les Races sauvages*, p. 19.
(4) Williams, *Fiji and Fijians*, t. I, p. 242.
(5) *Li-King* (Mémorial des rites), VIII, 1, 7.
(6) A. Réville, *Hist. des religions*, t. III, p. 190.

beau à ses mânes, il les a appelés trois fois à haute voix (1).

Les esprits qui ne répondaient pas à ces appels touchants étaient néanmoins présumés ne pas s'écarter beaucoup du lieu où le corps était déposé, car c'est là qu'on leur faisait des offrandes d'aliments. On croyait qu'ils venaient de temps à autre revoir leur ancien compagnon de vie ; aussi avait-on souvent le soin de ménager une ouverture à la tombe, afin que l'âme pût y entrer et en sortir à son gré. L'opinion commune des peuples non civilisés est que les morts errent en foule autour des vivants, disposés à nuire par leur triste sort, et ce voisinage inquiétant motive de continuelles appréhensions. Parmi les civilisés eux-mêmes, il faut un certain courage pour traverser la nuit sans émoi un cimetière, qu'on suppose hanté d'esprits. Partout épars, ceux-ci sont d'ordinaire invisibles, mais ils signalent à l'occasion leur présence par des résonances d'écho et des bruits mystérieux que, faute d'en connaître la cause, on fut porté à leur imputer.

3. — Lorsqu'une observation prolongée eut fait mettre en doute la présence des morts là où ils avaient vécu, on les envoya résider plus loin. A la suite de migrations accomplies par la tribu, l'on admit qu'ils retournaient au pays des ancêtres, où les rappelait l'amour de la famille et de la patrie perdues. Ils eurent alors à effectuer un voyage qui, selon l'occurrence, devait se faire par terre ou par eau. En vue de le leur faciliter, on mit auprès d'eux des chaussures et un bâton pour la marche, une monture ou un char pour le transport, un canot s'il y avait à naviguer sur un fleuve ou un bras de mer. Au Mexique, on immolait un chien pour accompagner le défunt et l'aider à trouver sa voie. Les Esquimaux chargent encore un de ces animaux

---

(1) *Et magnâ manes ter voce vocavi*
(*Énéide*, VI, 506).

de guider vers la région lointaine l'enfant qui n'en connaît pas le chemin.

En proie à l'épouvante de la mort, l'imagination remplit d'obstacles et de dangers la route qui menait à la contrée des esprits, comme pour ôter aux indiscrets toute envie d'y aller voir. Les Égyptiens croyaient qu'après un temps plus ou moins long, l'âme, ennuyée de sa réclusion dans la tombe, se dirigeait vers une autre terre bien éloignée. Mais le voyage était périlleux, à travers des régions infestées de serpents et de bêtes fauves, des torrents d'eau bouillante, des marais où des singes gigantesques prenaient les âmes au filet. Beaucoup se perdaient en chemin et périssaient misérablement. Les mieux pourvues d'amulettes et d'incantations parvenaient à des îles heureuses où régnait Osiris (1). Chez les Grecs, l'initiation aux mystères d'Éleusis paraît n'avoir été, dans le principe, que la révélation de formules analogues à celles du *Livre des morts* égyptien, et grâce auxquelles l'âme, s'acheminant vers l'Hadès, pouvait écarter les obstacles et les monstres. « Les traditions des Hurons s'accordaient pour représenter le voyage des âmes entouré de difficultés et de périls. Il leur fallait traverser une rivière rapide, sur une poutre tremblant sous leurs pas (2), pendant qu'un chien, gardien féroce, s'opposait sur l'autre rive à leur passage et cherchait à les précipiter dans l'abîme... Au delà se voyait un étroit sentier serpentant entre des rochers mouvants qui s'écroulaient

---

(1) Maspéro, *Lectures historiques*, pp. 157-160.
(2) L'idée d'un pont d'épreuve se retrouve en beaucoup de lieux, à Java, en Amérique... Les Algonquins devaient passer sur un pont fait de serpents entrelacés. Le mazdéisme avait son pont du jugement (*Tchinwaï*), sur lequel passaient les âmes pour aller dans le paradis d'Ormuzd. Les musulmans ont la traversée du pont *Es-Siraï*, plus fin qu'un cheveu, plus tranchant que le fil d'un sabre et long comme le monde. Au sortir du jugement les justes le franchiront avec la rapidité de l'éclair ; mais les réprouvés tomberont de là en enfer. Les Juifs admettent aussi un pont de l'enfer, sur lequel devront passer ceux qui n'ont pas eu la foi.

sur eux, écrasant sous leurs débris les moins agiles des pèlerins (1). » Aussi, chez plusieurs peuples, ne voulait-on pas attendre, pour tenter de si redoutables épreuves, les infirmités de la vieillesse, qui auraient laissé peu de chances d'atteindre au pays de la félicité. Ceux qui, au déclin de l'âge, sentaient leurs forces faiblir — (le moment arrivait quand ils ne pouvaient plus se tenir suspendus par les mains aux branches d'un jeune arbre vigoureusement secoué), — consentaient à se laisser tuer, sinon leurs enfants s'acquittaient malgré eux de ce bon office, afin qu'ils fussent mieux en état d'entreprendre le grand voyage et de parvenir au but souhaité. L'homicide par piété filiale ou motif religieux, des vieillards et des valétudinaires, a été constaté chez les Sioux, à Taïti, à la Nouvelle-Calédonie, etc.

Selon la croyance des Tongans, l'île de *Bolotoo*, où vont les morts, est « si éloignée qu'il serait dangereux pour leurs canots de s'aventurer jusque-là, et que, même en admettant qu'ils y pussent parvenir, ils ne pourraient pas débarquer sans une permission des dieux ». Une de leurs légendes raconte néanmoins qu'une fois, il y a bien longtemps, un canot, revenant des îles Fidji, fut poussé par la tempête jusqu'à cette île mystérieuse ; mais, quand ceux qui le montaient voulurent toucher à quelque chose, ils ne purent rien saisir : tout disparaissait comme une ombre (2). C'est l'image de tous les paradis.

Hésiode assigne pour séjour aux héros du cycle troyen les *Iles Fortunées*, voisines de l'Océan, où ils vivent sous la domination de Saturne (3). Homère mentionne aussi une *Ile des Bienheureux*, située au loin vers l'Ouest (4), comme

---

(1) Parkmann, *les Pionniers français dans l'Amérique du Nord*; V. aussi Charlevoix, *Hist. de la Nouvelle France*, VI, 76.
(2) Mariner, *Tonga Islands*, t. II, p. 108.
(3) *Œuvres et Jours*, 109-120.
(4) *Odyssée*, IV, 563-569.

l'*Amenti* des Égyptiens, qu'ils appelaient « la contrée de l'Ouest ». En général, la région des morts est placée à l'*Occident*, là où le soleil se couche et paraît *mourir*, laissant les ténèbres derrière lui, plus rarement à l'est, où reparaît sa lumière, annonce d'une vie nouvelle (1). Cette symbolique, dérivée du mythe solaire, a beaucoup influé sur les conceptions de la mort.

A l'époque de Platon, les connaissances géographiques étant très bornées encore, les rêveurs pouvaient, sans craindre de démentis trop formels, supposer, dans quelque partie non explorée du globe, une contrée spéciale affectée à la résidence des morts. « La terre est grande », dit Socrate dans le *Phédon*, et il part de là pour décrire, sur la foi d'un voyageur inconnu, cette région des ombres avec une abondance et une précision de détails qui font honneur à l'imagination des deux (2). Un curieux récit de Procope montre que, au VIe siècle, chez les Grecs du Bas-Empire, la Grande-Bretagne passait pour être le pays des morts, contrée à demi fabuleuse, perdue dans les brumes du couchant et toute peuplée de fantômes (3).

4. — Quand, après avoir parcouru le monde en divers sens, on eut reconnu que nulle part il ne s'y rencontrait d'esprits, alors qu'avec le temps ils auraient dû se trouver partout en nombre croissant, force fut de les colloquer ailleurs que dans le milieu occupé par les vivants, et d'imaginer un *autre monde*, où ceux-ci n'avaient pas d'accès.

La coutume d'ensevelir les morts, de les déposer dans des cavités souterraines, grottes, cavernes, hypogées, chambres sépulcrales, fosses, puits funéraires, etc., conduisit à

---

(1) Dans l'ancienne Égypte, les tombes, généralement situées à l'Occident du Nil, du côté de l'Amenti, se trouvaient ouvertes du côté de l'Orient, dans l'attente du retour de la lumière et de la vie. (V. Mariette, *les Tombes de l'ancien empire*.)
(2) *Phédon*, pp. 78-85.
(3) *Guerre des Goths*, IV, 20.

croire qu'ils continuaient de vivre là où ils étaient enfouis (1). Ils eurent alors pour séjour la tombe agrandie et, pour ainsi dire, l'équivalent de toutes les tombes rapprochées et confondues. L'*Hadès* homérique, le *Schéol* (2) des Hébreux, l'*Amenti* des Égyptiens, le *Tartare* des Étrusques et des Romains, le *Hel* des Scandinaves (3), ce qu'on appelle du nom générique d'*Enfers* (*inferi*, la région inférieure, celle qui s'étend sous les pieds), étaient des *lieux bas*, situés à l'intérieur de la terre (4), où régnaient les ténèbres (5) et la tristesse. Séparés par une simple différence de niveau, les deux mondes de la vie et de la mort communiquaient par des gouffres tels que l'Averne en Italie, le Trou de Saint-Patrick en Irlande ou des cratères de volcans qui, au moyen âge, passaient pour des soupiraux de l'enfer. C'est par là que les morts descendaient, et Pythagore expliquait les tremblements de terre par la trépidation que parfois leur affluence tumultueuse occasionnait (6). Quelques rares voyageurs s'étaient aventurés tout vivants dans ces abîmes. Orphée, Thésée, Hercule, Bacchus avaient visité le sombre séjour. Homère y conduit Ulysse, et Virgile Énée. Plusieurs poèmes orphiques ont eu pour sujet le récit d'une *Descente aux enfers* (7). Un texte cunéiforme raconte celle de la déesse Istar allant délivrer son fils Turzi, et la Fable celle de Cérès à la recherche de Proserpine. La mythologie chrétienne fait aussi descendre Jésus aux enfers (8). Ces expéditions de héros

---

(1) *Sub terrâ censebant reliquam vitam agi mortuorum* (Cicéron, *Tusculanes*, I, 16).
(2) De *châl*, caverne.
(3) L'allemand *Hœlle*, enfer, dérive de *Hœle*, caverne.
(4) Homère dit le Tartare aussi éloigné en profondeur que le ciel en hauteur. Hésiode le met si bas sous terre qu'il faudrait à une enclume d'airain « neuf nuits et neuf jours pour y tomber de la terre, comme pour descendre du ciel jusqu'à nous » (*Théogonie*).
(5) L'*Erèbe*, synonyme de Tartare, de ἔρεβος, noir.
(6) Elien, *Variæ historiæ*, IV, 17.
(7) Κατάβασις εἰς Ἀΐδου.
(8) Saint Paul, *Éphésiens*, IV, 7-10. L'*Évangile de Nicodème* donne

se lient manifestement au mythe solaire et symbolisent le passage sous terre de l'astre du jour pendant la nuit.

Les empires souterrains des morts sont décrits par les poètes comme une vaste prison dont les portes, ouvertes pour ceux qui arrivent, se ferment à jamais sur ceux qui sont une fois entrés. C'est un lugubre séjour, privé de la lumière du soleil, à peine éclairé par de douteuses lueurs, où errent, dans des prairies d'asphodèles (1), les âmes oisives, tourmentées du regret de la vie d'en haut. On conçoit que cette seconde existence dût paraître misérable à ceux qui avaient mené la première sous la clarté du ciel, parmi de vivantes réalités. Dans l'*Odyssée*, l'ombre désolée d'Achille déclare à Ulysse qu'elle « aimerait mieux être un pauvre esclave sur terre que de régner sur tout le peuple des morts » (2). Si grande était la tristesse de ces lieux funèbres que, plus tard, on ne voulut pas y laisser les meilleures âmes, et l'on fit du ténébreux séjour une geôle pour les réprouvés, dans le sens moderne du mot enfer. Est-il, toutefois, nécessaire de dire que les recherches des géologues n'ont fait jusqu'ici découvrir ni même soupçonner, dans les profondeurs du globe, aucun indice de régions analogues à celles que s'est plu à décrire la fertile imagination des poètes et des théologiens ?

5. — Après qu'on eut retranché aux morts la surface de la terre, habitée par les vivants, et converti son intérieur ignoré en région infernale, il ne resta plus qu'à colloquer les âmes les plus méritantes dans le ciel, qui ouvrait aux rêves son immensité lumineuse. On dut arriver à cette conjecture par diverses voies. La nature aérienne attribuée aux esprits semblait les disposer à flotter dans l'at-

---

un récit détaillé de cette descente aux enfers, dont le *Symbole des Apôtres* a fait un article de foi.
(1) *Odyssée*, XXIV, 1, 12 et 19.
(2) *Ibid.*, XI, 488.

mosphère plutôt qu'à vivre dans de sombres cryptes. Lorsque la tribu, installée sur un de ces sites élevés que surent utiliser de bonne heure, comme fortification naturelle, les fondateurs d'*oppida*, eut pris l'habitude d'y ensevelir ses morts, les âmes se trouvèrent toutes portées pour prendre leur essor dans le ciel, sorte de dôme qui recouvrait la montagne et qu'elle semblait soutenir. Les habitants de la plaine donnèrent la même résidence à leurs morts, quand s'établit l'usage de les brûler au lieu de les enterrer, car l'esprit, parcelle du feu céleste, semblait monter vers lui avec la flamme du bûcher, tandis que les éléments du corps faisaient retour à la terre sous forme de cendres.

Il y eut alors pour les âmes deux séjours distincts, l'un sous terre, l'autre dans le ciel, et leur contraste devint toujours plus marqué. La séparation s'opéra surtout avec netteté lorsque deux peuples se trouvèrent superposés par la conquête ou deux castes par l'état social, la classe dominante se réservant par privilège le monde supérieur et réléguant dans l'inférieur la classe assujettie. Au Pérou, un paradis au-dessus de la terre, *Hassanpacha*, recevait les nobles et les prêtres, tandis que les plébéiens allaient dans un abîme souterrain, *Ucupacha*. Ce dédoublement du séjour des ombres prit une signification plus précise encore, lorsque, sous l'influence des idées morales, l'un fut assigné à la récompense, l'autre au châtiment. Le primitif empire des morts où, comme dans l'*Hadès* des Grecs et le *Schéol* des Hébreux, ils étaient tous confondus et soumis à un traitement uniforme, fut alors scindé en deux provinces, où leur condition différa complètement. Les Égyptiens opposèrent à l'*Amenti* des *Demeures célestes* où Osiris accueillait ceux qui avaient bien vécu. Chez les Grecs, le *Tartare*, où sont rejetés les demi-dieux vaincus, contraste avec le rayonnant *Olympe*, où trônent les dieux vainqueurs. L'*Hadès* fut ensuite partagé en *Tartare* pour les coupables et *Champs Elysées* pour les bons. Le *Schéol* admit de même une division tardive en *Géhenne*, lieu de tourments pour les réprouvés, et *Sein d'Abraham*, séjour de béatitude pour les élus (1). Mentionnons encore le *Naraka* et le *Kaïlas* des Hindous, le *Hel* et la *Walhalla* des Scandinaves. Le *Zend-Avesta* ouvre aux purs l'accès d'un séjour de lumière (*Beheshd, Goritman*), où résident Ormuzd et les Izeds, tandis que les mauvais tombent dans un abîme de « ténèbres sans fin » (*Douzakh*), où ils sont torturés par les Dews au service d'Ahriman (2). Entre le ciel, où règne le dieu du bien et de la lumière, et l'enfer, où domine l'esprit du mal et des ténèbres, s'étend la surface de la terre, monde des vivants, où le bien et le mal, la lumière et les ténèbres, sont mêlés et en lutte (3). Le christianisme et l'islamisme ont également adopté cette division tripartite qu'on retrouve en beaucoup de lieux. Au vi^e siècle, Cosmas Indicopleustès se représente le monde comme une habitation dont l'enfer serait le caveau, la terre le rez-de-chaussée, et le ciel l'étage élevé (4). Les Germains appelaient de même *Midgard*, séjour du milieu, la superficie habitée du globe, entre le monde souterrain et le ciel supérieur.

Par amour pour la lumière, on s'est généralement accordé à mettre les séjours de bonheur à la surface de la terre ou dans le ciel, et à situer les enfers dans des cavités obscures où les damnés sont exposés à l'ardeur de ce *feu central* dont les pythagoriciens faisaient le foyer de l'activité du monde (5). Seuls, les Esquimaux, que les rigueurs d'un climat hyperboréen obligent de chercher sous terre un refuge contre le froid, ont placé leur paradis dans des

---

(1) *Saint Luc*, XVI, 22, 26.
(2) *Vendidad*, XIX ; *Yaçna*, XVII.
(3) *Boundehesh*, 1.
(4) *Cosmographie chrétienne*.
(5) Aristote, *Métaphysique*, XIII, 6 ; XIV, 3.

cavernes profondes, où ils espèrent jouir d'une constante tiédeur, et colloqué leur enfer en haut, dans l'air glacé (1), simple question de latitude.

6. — Le besoin de spécialiser toujours davantage la résidence des morts, à mesure que se compliquait la théorie des sanctions, a fait introduire dans cette cosmographie imaginaire des sections multipliées. Comme le bien et le mal comportent des degrés sans nombre, on a distingué des provinces dans chacun de ces empires afin de pouvoir graduer les peines et les récompenses. Dans l'*Énéide*, la région des morts comprend le Tartare, les champs Élysées, et un lieu neutre où vont ceux qui n'ont ni mérité ni failli. Le tout est subdivisé en neuf parties, nombre sacré (2). La théologie chrétienne, s'autorisant du mot de Jésus : « Il y a plusieurs demeures dans la maison de mon père (3) », admet dans le ciel des degrés de béatitude, comme dans l'enfer des degrés d'affliction. Des hiérarchies d'âmes heureuses se partagèrent les sept ou neuf cieux que l'astronomie ancienne disposait concentriquement au-dessous de l'Empyrée. L'enfer de Dante se compose aussi de neuf cercles répartis en sphères. Mahomet divise le sien en sept cercles (4). Il fait punir dans les six premiers les coupables des différents cultes, réservant le dernier et le plus terrible pour les hypocrites de toutes les religions. Le ciel islamique, en forme de palais oriental, a de même sept étages, au plus haut desquels trône Allah dans sa gloire. Le *Naraka* des Hindous compte vingt et une sections où s'expient divers genres de fautes. En Chine, l'enfer bouddhique se subdivise en dix-huit compartiments, huit où règne une chaleur intolérable, et dix où sévit un froid atroce. Chacun

---

(1) Dr King, *le Groenland et les Esquimaux*.
(2) *Énéide*, VI.
(3) *Saint Jean*, xiv, 2.
(4) *Coran*, xv, 44.

d'eux a des annexes dont le total s'élève à plus de cent mille (1).

L'idée de faire punir les fautes vénielles dans des pénitenciers ou *purgatoires* est ancienne. Les Égyptiens avaient le *Kerneter* où se purifiaient les pécheurs. Les Iraniens et les Étrusques ont eu aussi leurs purgatoires. Platon en institue un (2); Virgile en décrit un autre (3). Le christianisme adopta ce tempérament, si utile à ses intérêts, à partir de Grégoire le Grand. Mais les esprits furent longtemps et sont restés divisés sur cette croyance. L'existence du purgatoire, niée par les nestoriens au ve siècle, puis par les cathares, les vaudois, les wiclefites et les hussites, ne fut érigée en dogme que par les conciles de Lyon au xiiie siècle, de Florence au xve et de Trente au xvi^o. Les sectes protestantes s'accordent à la rejeter comme un affaiblissement de la justice divine, préférant la compromettre par excès de rigueur plutôt que de l'énerver par excès d'indulgence. C'est, on le sait, sur cette question du purgatoire, soulevée à propos de la scandaleuse vente des indulgences, qu'éclata le grand schisme de la réforme.

Enfin, une région indifférente ou neutre recueillit les âmes de ceux qu'une mort prématurée avait ravis dans leur innocence native, ou qui, ayant bien vécu, mais dans l'ignorance de la foi qui sauve, n'avaient mérité ni châtiments ni béatitude. Virgile assigne aux enfants morts en bas âge une des neuf divisions de l'empire des ombres. A son exemple, l'Église envoie dans les *Limbes*, compartiment voisin de l'enfer (4), les âmes de ceux qui n'ont pas reçu le baptême. L'état où y vivent, sans joie ni peine, les âmes infantiles, rappelle l'inerte quiétude du Nirvâna. Les chrétiens des premiers siècles admettaient en outre, « dans

---

(1) A. Réville, *Hist. des relig.*, t. III, p. 557.
(2) *Phédon* et *Gorgias*.
(3) *Énéide*, VI, 735-744.
(4) *Limbes*, de *limbus*, bord.

les parties les plus basses de la terre », un lieu où résidaient, dans l'attente de la résurrection, les âmes des pieux israélites non rachetés par l'ancienne loi. C'est là que saint Paul (1) et l'*Évangile* apocryphe *de Nicodème* font descendre Jésus pour en ramener « une foule de captifs ». Ce compartiment, inoccupé depuis lors, est irrévérencieusement comparé par un controversiste du xviie siècle à « une maison à louer » (2). Dante rassemble, sans les punir, dans le premier de ses cercles infernaux, divers personnages illustres qu'il se ferait scrupule de damner, Hector, Énée, Socrate, Platon, Aristote, Averroès, etc. (3). Les musulmans ont un séjour spécial, appelé *Berzakh*, où les âmes, lorsque Asrael, l'ange de la mort, a rompu leur attache corporelle, vont s'endormir, jusqu'à ce que les réveille la trompette du jugement dernier (4).

7. — Dans le principe, le mot *Ciel*, vague et de sens ambigu, désignait, par opposition à la terre obscure, l'espace lumineux qui la recouvre, la région de l'air et des nuages. Hésiode y fait flotter, sous forme de génies bienfaisants, les esprits des hommes de l'âge d'or qui, cachés dans les nuées, parcourent le monde, veillent sur les mortels et leur dispensent la richesse avec les pluies fécondantes (5). C'est aussi là que les Scandinaves croyaient voir planer et combattre les ombres glorieuses des héros. Les Hyperboréens de nos jours expliquent encore les aurores boréales par des apparitions et des danses d'esprits. La mythologie grecque plaçait la résidence des dieux au sommet de l'Olympe, comme le védisme avait colloqué les siens sur le

---

(1) *Ephésiens*, IV, 8 et 9. V. aussi *le Pasteur d'Hermas*, III, et saint Clément. *Stromates*, II, 6.
(2) Drelincourt, *Dialogue sur la descente de Jésus aux enfers*, 1664, p. 309.
(3) *Inferno*, IV.
(4) *Coran*, XXIII, 102.
(5) *OEuvres et Jours*, 109-120.

mont Mérou. Le paradis des Assyriens était situé sur la « montagne du monde », dans la région « des nuages argentés (1) ». Le ciel qu'habite Jéhovah dans la *Genèse* est aussi tout proche de la terre, car il s'inquiète de la construction de la tour de Babel, appréhende qu'on ne vienne le troubler chez lui, et descend « pour voir la ville et la tour », cause de son ennui (2).

Ce ciel, de nature aérienne, où les Germains et les Polynésiens croyaient qu'on montait sur l'arc-en-ciel, ne dépassait pas d'abord en hauteur la limite des nuages. Il s'étendit ensuite jusqu'à comprendre l'espace indéfini qui se déploie en tous sens au delà de l'atmosphère terrestre et où brillent des astres sans nombre. Mais on ne soupçonna que très tard leur distance et leur grandeur réelles. Comme la petitesse apparente des corps célestes les mettait en état d'infériorité par rapport à la terre, celle-ci constituait le vrai, l'unique monde. Les épicuriens n'attribuaient aux astres que leurs dimensions visuelles (3) ; les étoiles fixes passaient pour des flambeaux analogues aux nôtres, attachés à une voûte solide, le *Firmament*, et l'*Apocalypse* annonce qu'à la fin des temps « elles tomberont du ciel sur la terre comme lorsqu'un figuier, agité par le vent, laisse tomber ses figues vertes » (4). L'astronomie nous a révélé depuis que les astres sont des mondes lointains, comparables en importance, souvent bien supérieurs à la terre, et dont plusieurs paraissent susceptibles d'être habités. L'imagination s'empara aussitôt de ce nouveau domaine, et y installa d'autant plus volontiers ses rêves de vie future qu'elle semblait n'avoir pas à craindre d'en être dépossédée par d'importunes explorations. Dans ce milieu, à la fois réel et idéal, visible et mystérieux, les conceptions purent

(1) Maspéro, *Lectures historiques*, p. 266.
(2) *Genèse*, XI, 3-9.
(3) Lucrèce, V, 565 ; Cicéron, *De finibus*, I, 6.
(4) *Apocalypse*, VI, 13 ; *Saint Matthieu*, XXIV, 29 ; *Isaïe*, XXXIV, 4.

se donner librement carrière et spéculer sur l'invérifiable sans s'exposer aux démentis de la science. L'hypothèse de transmigrations dans le ciel illimité de l'astronomie, propre à satisfaire la faculté poétique et le goût du merveilleux, a été pour les modernes une forme rajeunie de l'antique métempsycose. « Quelques hommes d'esprit, dit Leibniz, voulant donner un beau tableau de l'autre vie, promenèrent les âmes bienheureuses de monde en monde, et notre imagination y trouva une partie des belles occupations qu'on peut donner au génie (1). »

Plusieurs peuples avaient eu déjà l'idée de migrations dans les astres. Les Indiens de l'Amérique du Nord appellent la voie lactée « le sentier des âmes ». Au Pérou, les Incas étaient censés aller dans la maison du Soleil, leur père. Le reste du ciel appartenait aux nobles. Les Patagons et les Maoris envoient les âmes des chefs et des sorciers dans les étoiles ; les Guaycurus et les Polynésiens de Tokelau, dans la lune (2). Selon la doctrine des brahmanes, les âmes méritantes sont récompensées dans la lune, puis reviennent sur terre animer d'autres corps. Seuls, les sages vont au-dessus de la lune, dans le séjour de Brahma, où ils s'identifient avec lui (3). Les *Védas* assignent l'étoile polaire et les sept étoiles de la Grande Ourse aux principaux Rishis, patriarches issus des dieux et ancêtres des Aryas. Pythagore faisait résider dans la lune les âmes heureuses (4), et, suivant une tradition rapportée par Plutarque, c'est là qu'étaient les champs Élysées (5). Le moyen âge en fit aussi un séjour des âmes (6)... Platon parle d'un jugement des morts après lequel il est dit « aux justes de

(1) *Nouveaux Essais sur l'entendement humain*, IV, 16, § 12.
(2) Tylor, *Civilisation primitive*, t. II, pp. 90 et 91.
(3) Colebrooke, *Essai sur la philosophie des Hindous*, 192-206.
(4) Jamblique, *Vie de Pythagore*, 82.
(5) *De facie in orbe lunæ*.
(6) Albert le Grand, *Summa theologiæ*, pars II, tract. 13, quæst. 79. Dante, *Paradiso*, II, III.

passer à droite et de monter au ciel, aux méchants d'aller à gauche et de descendre aux lieux bas (1) ». Le christianisme devait être le principal agent de la transformation d'idées qui, aux Tartares clos et obscurs d'autrefois, substitua des horizons célestes et un paradis de lumière. « Ce fut une vraie révolution que produisit le christianisme en transportant des enfers dans le ciel la demeure des élus. Il fraya ainsi une voie nouvelle à l'imagination humaine; soulevant la pierre du tombeau, jusqu'alors fermée sur les morts, il ouvrit à leurs yeux un jour plus éclatant que celui même dont nous jouissons (2). »

8. — Mais, lorsqu'à ce bas monde, la *Terre*, lieu d'épreuve et de misère, on oppose le *Ciel*, monde supérieur, séjour d'éternelle béatitude, on cède à une illusion que la science n'a pas grand'peine à dissiper. Les astres qui peuplent l'espace ne sont pas d'autre nature que la planète où nous vivons, chétive unité perdue dans la multitude des corps célestes. L'ensemble des mondes forme un seul tout. La Terre y figure au même titre que les autres astres, et, comme ils sont le ciel pour nous, nous sommes le ciel pour eux.

Il n'y a pas deux univers, l'un réel, que la science fait connaître, l'autre idéal, que l'imagination dispose à son gré. Le premier seul est véritable. Tous les mondes en font partie, soumis à l'action des mêmes forces, régis par les mêmes lois. Partout la gravitation relie à distance les masses cosmiques et les astreint à circuler sur des orbites; partout rayonnent la chaleur et la lumière, révélatrice de l'existence des astres, et, de concert avec elles, l'électricité propage ses délicates influences; partout un fonds commun de substance se prête à des combinaisons chimiques;

---

(1) *République*, fin; *Gorgias*, fin.
(2) Guyau, *la Morale d'Épicure*, p. 107.

partout sans doute des composés divers se modèlent en tout-clos conformes à des types spéciaux de structure; et partout enfin des êtres, bruts ou vivants, s'acquittent de fonctions déterminées en rapport avec le milieu. Peut-être même, dans certaines conditions particulièrement propices, des créations supérieures à la nôtre, des modes d'activité dont nous n'avons aucune idée, ont-ils trouvé à se produire dans la foule variée des mondes... L'induction et l'analogie autorisent à cet égard les plus vastes conjectures. Mais, quelles que puissent être, parmi tant d'astres ignorés, les manifestations de la vie, elles restent toujours assujetties aux mêmes conditions de réalité que les nôtres, car tous les astres sont matériels comme la Terre, composés du même fonds de substance, et telle est la corrélation des forces physiques, telle la connexité de leurs lois, que là où l'une d'elles est constatée, toutes les autres doivent être admises, parce que l'absence ou la suppression d'une seule entraînerait une confusion générale. La science ne sait donc où placer un ciel semblable à celui qu'on rêve. Elle ne connaît qu'un système naturel où la Terre figure à son humble rang et qui remplit l'immensité de sa grandeur majestueuse.

On s'est plu néanmoins à croire qu'après la mort les âmes, quittant ce monde terrestre où elles ont lutté et souffert, iront vivre dans quelque étoile radieuse où tout sera préparé en vue de leur félicité. Dante avait donné l'exemple de ces migrations dans les astres (1). Leibniz ne les croit pas improbables. Schelling tient que notre vie recommencera dans d'autres mondes, avec des conditions qui correspondront aux mérites acquis (2). Jean Reynaud s'est fait l'apôtre convaincu d'une doctrine suivant laquelle les âmes évolueraient sans fin d'astre en astre (3).

(1) *Paradiso,* VIII, X, XIV, XVIII, XXI, XXII, XXVII.
(2) *Philosophie et religion.*
(3) *Terre et Ciel.*

Ce thème attrayant, fait pour séduire l'imagination et qui prête tant à la rêverie, a été développé par une foule d'auteurs contemporains (1). Par malheur, tous ces beaux songes, roman théologique de l'astronomie, ne diffèrent que par le sérieux des fantaisies ironiques d'un Cyrano de Bergerac (2) ou d'un Voltaire (3), et l'on a peine à concevoir que les esprits, parfois éclairés, qui ont cru à ces chimères, ne se soient pas aperçus qu'ils s'égaraient.

Lorsqu'en effet on veut raisonner sur ces hypothèses, les difficultés surgissent en foule et embarrassent la pensée. Si les habitants de la terre doivent aller dans les étoiles, ceux des étoiles pourraient aussi bien venir sur la terre, car il serait étrange qu'elle fût l'unique point de départ de ces pérégrinations. L'apparition parmi nous de voyageurs venus d'une constellation lointaine prouverait sans doute la possibilité de communications interastrales; mais cette preuve n'a pas encore été donnée, et il serait prudent de l'attendre. Si nous-mêmes avons déjà vécu ailleurs, comme nous ne conservons aucun souvenir de stations antérieures, garderions-nous mieux celui de notre existence actuelle ? Et, si la mémoire se perd à chaque migration, le changement de résidence cosmique ne serait-il pas l'équivalent d'une mort ?

Où prendre, parmi tous les astres inscrits dans les catalogues de la science, celui qui devrait nous servir de séjour ? Le nombre des étoiles s'accroît par degrés avec la puissance des instruments d'observation et paraît être indéfini. On ne l'évalue pas à moins de cent millions jusqu'à

---

(1) Fourier, *Théorie de l'unité universelle;* Eug. Pelletan, *la Profession de foi du XIXe siècle*, ch. xxx; Laurent, *Études sur l'histoire de l'humanité, le Christianisme;* Th.-H. Martin, *la Vie future;* C. Flammarion, *la Pluralité des mondes habités*, V, 3 ; *les Terres du ciel; Uranie;* L. Figuier, *le Lendemain de la mort; les Bonheurs d'outre-tombe*, etc.
(2) *Voyage dans la lune; Histoire comique des États et empire du Soleil.*
(3) *Micromégas.*

la quinzième grandeur dans l'ordre de visibilité. Cent millions d'astres comparables à notre soleil et, selon toute vraisemblance, escortés comme lui de planètes et de satellites dont le total dépasserait des milliards, voilà non le bilan, mais un simple aperçu, peut-être fort insuffisant, de l'univers. Que pèse la terre, chétif atome, dans l'autre plateau de la balance, et n'est-il pas bien osé de faire décider, sur un aussi petit théâtre, de si glorieux destins ? C'est pourtant dans cet infini, dont la grandeur nous accable, que notre imagination présomptueuse va promener son « rêve étoilé ».

Alors même qu'un de ces mondes serait assigné comme séjour aux âmes terrestres, quel moyen auraient-elles de s'y transporter à travers l'effroyable distance qui les en sépare, distance telle que la lumière, avec sa vitesse de 300,000 kilomètres par seconde, met des années, des siècles, des myriades de siècles à la franchir ? On croit pouvoir aller aux étoiles en un clin d'œil, comme fait la pensée ; mais autre chose est un voyage *in abstracto*, qui se réduit à l'évocation simultanée de deux idées dans le cerveau, et le voyage effectif d'un être qui aurait à transporter avec lui un corps ou un semblant de corps. Quelle force servirait de véhicule aux âmes errantes perdues dans l'immense éther ? Qui leur tracerait la route et les maintiendrait dans la direction voulue ? Un mathématicien dont Fontenelle a écrit l'éloge, Ozanam, disait plaisamment que les géomètres iraient au ciel « par la perpendiculaire » ; mais ils courraient alors le risque de se trouver dispersés à tous les confins de l'étendue.

Supposons néanmoins ce hardi voyage heureusement accompli et les morts installés dans un autre monde : s'il ressemble au nôtre, qu'aura-t-on gagné au change ? S'il diffère beaucoup, sera-t-il mieux adapté à une existence béatifique ? Nous sommes faits pour vivre sur terre, et sur terre seulement. Tout en nous se rapporte à cet habitat :

la substance de nos corps, leurs dimensions, leur poids, leur structure, leurs besoins, leurs satisfactions..., et même les impressions de nos sens, les objets de nos désirs, les conceptions de nos esprits, notre pouvoir d'activité, l'ensemble de nos rapports. Tout nous rattache à ce milieu spécial, aux forces qui s'y exercent, aux phénomènes qui s'y produisent, car la genèse des êtres vivants s'est opérée sous ces influences. Nous sommes vraiment les enfants de la terre, la *Terre-Mère*, divinisée dans les *Védas* (1) et par la mythologie grecque. Nés *Telluriens*, nous serions déplacés partout ailleurs. Si, par exemple, nous étions transportés dans un astre de masse moindre ou plus grande, de température inférieure ou supérieure, obscur ou différemment éclairé..., si quelques éléments chimiques en plus ou en moins déterminaient des combinaisons imprévues ou en empêchaient de nécessaires; si, par suite, la vie devait revêtir d'autres formes et s'acquitter d'autres fonctions..., nous ne pourrions plus vivre tels que nous sommes dans ce milieu étranger, et, pour se plier à des conditions nouvelles, l'organisme humain devrait subir une refonte totale où notre identité se perdrait non moins sûrement que dans la métempsycose d'autrefois. Partout où la vie est possible, la nature a sans doute fait surgir, comme sur la Terre, des créations appropriées, et sa fécondité se montre à en réaliser d'originales plutôt qu'à en éterniser de particulières.

Quel monde serait en outre assez vaste pour contenir la foule sans cesse accrue des morts? Si une génération tient assez au large sur notre globe, — non sans s'y disputer parfois la place, — quelle étendue ne faudrait-il pas pour loger la suite sans fin des générations? Et, bien plus encore, si l'on voulait faire renaître avec elles tout ce qui a existé sur terre? Tant d'êtres successifs dans la durée,

---

(1) *Prithivi-mâtar*, la Δημήτηρ des Grecs, γῆ πάντων μήτηρ.

rappelés ensemble à la vie, seraient partout à l'étroit, à moins que, comme les diables élastiques de Milton, assemblés dans le *Pandémonium* (1), ils n'eussent le pouvoir de se resserrer à volonté pour occuper moins de place.

Ce n'est pas encore tout. Une existence immortelle exigerait un milieu constant (2). Où le rencontrer dans l'univers? Les anciens croyaient le ciel incorruptible et la nature éternelle; mais la science nous enseigne que les astres sont, comme toute chose, sujets à changer et voués à périr, après des cycles de durée, non moins fatalement que ces insectes dont la vie s'écoule en un jour. La lune est un astre mort, la terre un soleil éteint, le soleil un astre en ignition qui, à son tour, s'éteindra. Le même sort attend toutes les étoiles qui scintillent dans le ciel. Quelques-unes, jadis observées, en ont déjà disparu; d'autres, sur le point de défaillir, ne jettent plus, par intervalles, que de mourantes lueurs. Celles même qui brillent d'un vif éclat marquent, par leur couleur propre, le stade où elles sont parvenues entre l'incandescence initiale et le refroidissement final. L'astre où l'on irait chercher un bonheur sans terme verrait donc aussi survenir son déclin et sa ruine. Que deviendraient alors les âmes qui y auraient pris séjour? Leur faudrait-il passer dans un autre monde, également périssable, et vaguer ainsi d'astre en astre, à la recherche d'une permanence qu'elles ne trouveraient nulle part?

Il serait sans doute agréable, pour ceux qui aiment les voyages, d'aller d'étoile en étoile et de les toutes visiter durant une éternité; mais on voit moins de nomades occupés à courir le monde que de sédentaires qui se plaisent à rester chez eux. Loin de pouvoir passer pour un indice de bonheur, l'inquiétude et l'envie de changer de place témoignent plutôt qu'on se trouve mal où l'on est, et l'es-

---

(1) *Paradis perdu*, I, fin.
(2) Saint Paul parle d'une cité permanente dans le ciel, d'un « royaume immobile », *regnum immobile* (*Hébreux*, XII, 28).

poir d'être mieux ailleurs est souvent déçu (1). Parmi les hôtelleries de passage que nous offrirait le ciel, beaucoup peut-être feraient regretter la terre, qu'il n'y a aucun motif de croire traitée avec défaveur dans la répartition des avantages cosmiques (2). Qui sait si, au moment où nous nous plaignons d'y être et souhaitons d'en sortir, quelque habitant de telle étoile, où nous rêvons la béatitude, ne la rêve pas dans notre planète, dont le doux rayonnement semble lui promettre un sort plus heureux. « Les étoiles du ciel, dit Henri Heine, ne nous apparaissent peut-être si belles et si pures que parce qu'elles sont éloignées et que nous ignorons leur vie privée (3). » A quoi bon, d'ailleurs, pour la foule insouciante des êtres humains, ces promenades à travers les astres ? La plupart y trouveraient plus de trouble que de plaisir. S'ils étaient capables de sentir et avides d'admirer les beautés de la création universelle, qui les empêche de jouir dès maintenant des grands aspects de la nature sidérale ? Le spectacle convoité est sous nos yeux : nous sommes en plein ciel ! Mais combien peu s'intéressent à ces splendeurs et seraient dignes de les contempler de plus près ! Ils sont destinés à ne pas quitter la terre, les indifférents qui vivent courbés sur elle, oublieux des choses du ciel !

9. — Malgré leur multitude, les astres réels n'ont pas suffi aux exigences d'une imagination si difficile à contenter. Afin d'être mieux chez elle, elle a voulu se faire des mondes qui n'existent pas. Le P. Gratry s'est plu à rêver un monde

---

(1) *Imaginatio locorum decipit multos*, dit l'auteur de l'*Imitation*, à qui une cellule suffit : *Cellula assueta dulcescit*.
(2) « On ne saurait, remarque Leibniz, dire si notre soleil, parmi le grand nombre d'autres, en a plus au-dessus qu'au-dessous de lui, et nous sommes bien placés dans son système, car la terre tient le milieu entre les planètes, et sa distance paraît bien choisie pour un animal contemplatif » (*Nouveaux Essais sur l'entendement humain*, IV, 3, § 23).
(3) *De l'Allemagne*, t. II, p. 66.

futur bizarrement disposé en forme de boule creuse, de sorte qu'on habiterait non plus sa superficie, mais sa face intérieure et que la lumière rayonnerait de son centre (1). Non moins aventureux, un autre théoricien, partant de cette hypothèse que l'univers doit avoir un centre de gravitation proportionné à la grandeur de l'ensemble, a proposé d'y colloquer un astre immense, qui serait la capitale du royaume des cieux, séjour des élus et principal siège de la gloire de Dieu (2). Toutefois, quelques dimensions qu'on lui prête, cet astre n'a pas encore été entrevu dans le champ des télescopes, et il attend son Le Verrier.

D'autres ont préféré placer leur ciel idéal dans l'espace indéfini qui s'étend au delà de notre univers visible. Des philosophes anciens et des Pères de l'Église donnaient pour séjour aux âmes le *Ciel empyrée* (3), le plus élevé des cieux concentriques qui, dans l'*Almageste* de Ptolémée, enveloppe tous les autres. Saint Thomas exprime la même idée (4), et Leibniz incline à l'admettre : « Ne se peut-il pas dit-il, qu'il y ait un grand espace au delà de la région des étoiles ? Que ce soit le ciel empyrée ou non, toujours cet espace immense pourra être rempli de bonheur et de gloire. Il pourra être conçu comme l'Océan où se rendent les fleuves de toutes les créatures bienheureuses, quand elles seront venues à leur perfection dans le système des étoiles (5). » Mais l'esprit flotte ici en plein irréel et se perd dans le vide de cet espace indéterminé, *per domus vacuas et inania regna*, où s'évanouit toute apparence sensible. Les conditions d'existence y sont même plus malaisées à concevoir que partout ailleurs, parce qu'il

---

(1) Gratry, *la Connaissance de l'âme*, V.
(2) De La Codre, *le Ciel*, Ire partie, *Astronomie spéculative et religieuse* ; Paris, 1846.
(3) Origène, *des Principes*, II, 3 ; saint Basile, *sur l'Œuvre des six jours*, III, 3.
(4) *Summa theologiæ*, II, cc.
(5) *Essais de Théodicée*, Ire partie, 19.

faudrait imaginer et construire de toutes pièces un autre univers, sans aucune donnée pour en établir les fondements.

Il ne restait plus qu'à sortir de la notion même d'espace, contenant de toute réalité, et à s'installer dans le monde inétendu de l'abstraction métaphysique. Ce dernier pas a aussi été franchi. Suivant saint Grégoire de Nazianze, l'autre monde ne serait pas un lieu, mais « un certain état d'esprit invisible et incorporel (1) ». Pour Malebranche, « le vrai lieu des intelligences, c'est le monde intelligible, comme le vrai lieu des corps, c'est le monde matériel » (2). Les mystiques aiment à se réfugier dans ce monde sans dimensions de la spiritualité pure, qui se dérobe au contrôle de la science. « Fuyons, s'écrie Plotin, dans notre véritable patrie !... Nos pieds sont impuissants pour nous y conduire ; ils ne sauraient que nous transporter d'un coin de terre à l'autre. Ce ne sont pas non plus des navires qu'il nous faut ni des chars traînés par des chevaux rapides. Laissons de côté ces inutiles secours. Pour revoir notre chère patrie, il n'est besoin que d'ouvrir les yeux de l'esprit en fermant ceux du corps (3). » Mais ce monde, qui n'existe que pour la pensée, est tout au-dedans de nous. Il a pour équateur la circonférence de notre tête.

10. — On voit combien de difficultés on soulève, à quelles incohérences logiques on se heurte, quand on cherche à déterminer le séjour illusoire d'une vie future. Impossible de marquer sa place dans l'univers. L'autre monde est conçu comme une région idéale, une terre de songes où tout est vaporeux et imaginaire. Dès qu'on y regarde de près, cette contrée fantastique se dissipe comme un vain

---

(1) *De l'Ame et de la Résurrection.*
(2) *Deuxième Entretien sur la mort.*
(3) *Ennéades,* I, vi, 8.

mirage. Nul n'en peut rien dire (1). Aussi, à mesure que, par le progrès de ses explorations, la science portait plus avant sa prise de possession de l'étendue, l'imagination était obligée de reculer plus au loin dans l'inconnu ces mystérieuses régions, car les fables ne sont à l'aise qu'où la connaissance n'a pas d'accès. « De sorte, conclut Herbert Spencer, que la prétendue résidence des morts, d'abord identique à celle des vivants, s'éloigna peu à peu dans la pensée ; la distance qui l'en sépare et la direction qui y mène deviennent de plus en plus vagues, et, à la fin, l'esprit cesse de lui assigner un lieu dans l'espace »... On est allé ainsi, par étapes successives, « d'un lieu tout à fait voisin à un *quelque part* dont on ne sait rien et qu'on n'imagine point (2) ». Ce quelque part, situé on ne sait où, ressemble beaucoup au pays d'*Utopie*, qu'a décrit Thomas More, et dont le nom ironique signifie *nulle part* (3).

(1) Confucius, interrogé par un disciple sur l'autre monde, répond sensément : « Je n'y suis pas allé, je n'en sais rien. »
(2) *Principes de sociologie*, t. I, ch. xv.
(3) De οὐ, non, et τόπος, lieu.

CHAPITRE IX

CONDITIONS DE DURÉE D'UNE EXISTENCE FUTURE

1. — Comme l'existence doit être située dans l'espace, elle doit aussi être datée dans le temps, rattachée à des intervalles précis de durée. Simplement affirmée sans limitation d'époques, elle se perdrait dans le vague indistinct de l'éternité comme la barque d'un naufragé sur un océan sans rivages. Des points de repère fixes, empruntés à une chronologie positive, marquent le commencement, les phases et le terme de l'existence réelle. On voudrait pouvoir déterminer de même la mesure de l'existence idéale, connaître son point de départ dans le passé, ses cycles éventuels dans l'avenir, savoir si elle doit cesser d'être ou durer toujours, en un mot quelle place elle a occupé ou occupera dans l'ordre de succession des choses. Voyons ce qu'ont d'acceptable pour la raison les conjectures émises à ce sujet.

2. — L'idée de survivance impliquait comme corollaire celle de préexistence. Si, en effet, il y avait dans l'homme un esprit distinct du corps et que la mort n'atteignait pas, il était logique de penser que, n'ayant pas la même nature, il avait une autre origine, et que, venu d'ailleurs, il existait avant le corps comme il devait lui survivre. La métempsycose, qui faisait animer successivement par un même esprit des formes diverses, induisait à regarder les âmes des vivants comme celles des morts en cours de transmigration. La naissance était moins l'apparition d'un esprit nouveau que le retour à la vie d'un esprit qui continuait dans l'existence présente, anneau d'une chaîne sans fin, la série de ses existences écoulées. Le bouddhisme admet l'éternité des êtres dans le passé, car il ne s'occupe pas de leur origine et n'en propose aucune explication. De même le brahmanisme, en déclarant les âmes individuelles émanées de l'âme universelle, en qui elles se résorberont un jour, les fait participer à son éternelle durée. Enfin, la doctrine de l'immortalité de l'âme, fondée sur sa spiritualité et sa simplicité, voit en elle une monade pensante, indestructible au même titre que les atomes de la matière. Or ce qui ne peut périr ne doit pas avoir été créé, et, si l'âme est immortelle, il faut croire qu'elle a existé de tout temps. Platon ne lui attribue pas une existence moins infinie dans le passé que dans l'avenir, et dit qu'avant d'entrer dans le cycle des vies passagères, elle faisait partie des essences pures, mêlée au chœur des dieux (1). L'absence de souvenirs relatifs à ses états antérieurs, était une objection embarrassante. Pour y répondre, Platon imagina sa théorie de la réminiscence, sorte de mémoire vague, exclusive de tout souvenir particulier. D'après lui, les notions que conçoivent nos esprits sont l'évocation partielle d'un savoir plus étendu qu'ils auraient possédé dans des existences tombées en oubli. « Apprendre, disait-il, c'est se ressouvenir », et les idées que nous croyons avoir pour la première fois « se réveillent en nous comme dans un songe (2) ». La théologie chrétienne, après avoir hésité entre le traducianisme, qui faisait émaner l'âme du père, et le créationisme, qui faisait créer les âmes par Dieu, soit toutes ensemble dès le début, soit une à une, dans le cours des temps, s'est ran-

---

(1) *Phédon, Timée, Phèdre.*
(2) *Menon.*

gée, depuis le xiiie siècle, à l'opinion qu'elles sont créées pendant que se forment les corps, ce qui supprime, pour les orthodoxes, toute idée de préexistence.

3. — Laissons ce ténébreux passé, sur lequel aucun indice n'autorise de présomptions justifiées ; considérons l'avenir, qui importe davantage, et dans l'obscurité duquel se réfugient tant de grandes espérances. L'idée que l'homme ne meurt pas tout entier, que quelque chose de sa personnalité survit, soulevait une foule de problèmes concernant la durée du corps et celle de l'esprit, qu'ils fussent désormais séparés ou destinés à être unis de nouveau. Pour les hommes des premiers temps, la mort se bornant à opérer la disjonction de l'âme et du corps, ces deux parties du moi continuaient de subsister chacune à part, dans des conditions distinctes, bien que conservant l'une avec l'autre des relations mal définies. Suivons les conséquences de ce dédoublement de l'être humain qui mène à l'avenir deux vies, propres l'une au cadavre, l'autre à l'esprit.

Dans le principe, lorsque la mort était assimilée au sommeil, on dut croire que le corps, d'où l'esprit venait de sortir, conservait une vie latente et que le retour de l'esprit, après un temps d'absence, suffirait à le ranimer, comme cela était arrivé si souvent. Mais, quand on l'eut vu se corrompre ; l'illusion d'un réveil prochain ne fut plus possible, et il fallut y renoncer. Néanmoins, tant que le corps gardait quelque chose de sa forme et de sa substance, il semblait retenir un vestige de sa vitalité passée, et quelque espoir de survivance pouvait encore se rattacher à ces tristes restes. Leur conservation, en vue d'une réanimation éventuelle, intéressait l'existence du défunt, et l'on s'efforça de les préserver des risques de destruction, en empêchant qu'ils ne fussent dévorés par les animaux ou défaits par l'action des éléments. Afin de prévenir ce double danger, on cacha les cadavres dans des abris clos, grottes, cavernes, cryptes, hypogées, mastabas..., on les enfouit dans des fosses, on les recouvrit d'amas de pierres ou de terre, dont les *tumuli* d'Europe et d'Asie, les *mounds* d'Amérique, les *galgals, dolmens, pyramides*, etc., offrent des modèles divers, et dont nos tombes perpétuent la tradition (1). Pour faire comprendre l'importance et la généralité de ce genre de monuments, il suffit de dire que ce sont les plus nombreux, souvent les seuls, qui nous soient parvenus de la haute antiquité.

Partout des rites funéraires et les soins donnés à leur accomplissement attestent la croyance qu'un reste de vie persistait dans le cadavre. Tout lien n'était pas brisé entre le corps et l'esprit. Comme jadis, une solidarité mystérieuse les unissait. Lorsque le premier, laissé sans sépulture, se trouvait exposé à une prompte destruction, l'âme en peine, irritée par cet abandon, animée de sentiments de haine et de vengeance contre les vivants sans piété, cherchait à leur nuire par tous les moyens. Les héros d'Homère expriment souvent l'horreur qu'inspirait l'idée d'être livré en proie aux animaux dévorants (2). « On ne peut, dit Platon, estimer heureux le mortel, même comblé de tous les dons, qu'après qu'il a obtenu la sépulture, parce qu'alors on sera sûr que son ombre n'erre pas, inquiète et malheureuse, comme celles à qui les derniers honneurs n'ont pas été rendus (3). » Virgile fait gémir cent ans sur les bords du Styx les ombres inconsolées dont le corps est resté sans sépulture (4). Aussi le fait de ne pas ensevelir les morts ou de les troubler dans leur repos passait-il pour

---

(1) Chez divers peuples, l'idée de charger de pierres ou d'amas de terre les cadavres ensevelis a pu être aussi suggérée par le désir d'empêcher les morts de revenir en tenant leurs ombres oppressées et captives (V. Letourneau, *l'Évolution religieuse*, p. 191).
(2) *Iliade*, début et XXI, 334; Eschyle, *les Sept devant Thèbes*; Sophocle, *Antigone*, sc. 1ʳᵉ.
(3) *Hippias major*.
(4) *Énéide*, VI, 329; *Odyssée*, XI, 73.

un crime capital. Être jeté à la voirie ou avoir ses cendres dispersées par le vent était le plus terrible châtiment dont on pût menacer les grands coupables.

Afin d'obvier à la putréfaction des cadavres, plusieurs peuples ont eu recours à des artifices de préservation, sans se demander, avec A. de Musset :

Est-on plus ou moins mort quand on est embaumé?

En vue d'assurer la longue conservation des cadavres, les Égyptiens pratiquèrent des procédés compliqués d'embaumement, car ils croyaient qu'après un terme de trois mille ans, l'âme viendrait ranimer son corps et vivre avec lui une existence nouvelle. Les personnages de marque, momifiés à grand renfort d'aromates et enveloppés de bandelettes, étaient déposés dans les profondeurs inviolables des syringes et des mastabas. On enfouissait dans le sable les morts vulgaires, simplement imprégnés de bitume. Au Pérou, les momies (*malquis, munaos*), desséchées dans l'air froid des hauts plateaux de la Cordillère, étaient ensuite pieusement conservées. Celles des Incas trônaient sur des sièges d'or dans le temple de Cuzco. Les autres, contenues dans un sac, un panier ou une jarre, étaient mises en sûreté dans des cachettes de difficile accès. Chez les peuples civilisés modernes, divers procédés d'embaumement continuent d'être usités, mais ne sont appliqués que par exception. A Palerme, de longues files de morts, après avoir subi au four une dessiccation préalable, sont étalées dans la crypte d'un couvent de capucins. On y compte environ 8,000 cadavres dont les attitudes et le costume grimacent la vie, mais qui servent de pâture aux rats (1). A Rome, un couvent de franciscains conserve les cadavres des religieux revêtus de leur robe, avec un chapelet ou un livre de prières à la main.

(1) V. *le Tour du Monde*, 1894, t. I, pp. 15, 16.

Parfois, on fit du cadavre deux parts : la plus corruptible, la chair et les viscères, fut détachée et enfouie, tandis que la plus durable, le squelette, était conservée comme représentation du défunt. En France, au moyen âge, on décharnait souvent le corps des princes. La corporation des *Hanouards* ou porteurs de sel avait pour privilège de faire bouillir et de saler les rois. Louis le Débonnaire, Charles le Chauve, Saint-Louis, etc., furent préparés de cette façon (1). Parfois encore on garde embaumé le cœur de personnages notables.

Chez plusieurs peuples, anciens ou modernes, les morts devaient être mangés par les membres de la famille ou de la tribu, genre de sépulture jugé le plus honorable et qui semblait assurer le mieux la survivance du défunt parmi les siens. Hérodote raconte que les Callatiens de l'Inde, qui consommaient ainsi leurs morts, refusèrent à Darius les avantages qu'il leur offrait pour les faire renoncer à cette coutume, abhorrée des Perses (2). Strabon mentionne un usage pareil en Irlande : « Les Irlandais, dit-il, plus sauvages que les Bretons, sont anthropophages. Ils se font honneur de manger leurs parents lorsque ceux-ci viennent à mourir (3). » Suivant ce que rapporte Garcilaso de la Vega, les Acumas, tribu des bords du Maragnon, mangeaient les parents qu'ils avaient perdus, après les avoir fait bouillir ou rôtir. Aux îles Sandwich, la coutume était de manger « par amour » les chefs dignes d'être honorés de la sorte. On signale encore cette forme funéraire de cannibalisme chez divers peuples sauvages, tels que les Bengas au Gabon, dans le Manyéma en Afrique, à la Nouvelle Zélande (4), dans le Queensland en Australie, etc. Sur les côtes du nord et de l'est du continent austral, les morts

---

(1) Legrand d'Aussy, *les Sépultures des rois de France.*
(2) *Histoires*, III, 38.
(3) *Géographie*, IV, 5, § 4.
(4) Mœrenhout, *Voyage aux îles du grand Océan*, t. II, p. 187.

sont communément dévorés. Au dire des indigènes, un cadavre enterré depuis trois jours est encore mangeable (1). Dans les îles Mariannes ou des Larrons, on brûlait les parties molles des cadavres, et l'on avalait les cendres délayées dans du vin de coco (2).

On ne se contentait pas toujours de donner ainsi la sépulture aux morts ; parfois on la procurait par anticipation aux vivants, s'ils tombaient malades ou quand ils devenaient vieux. « Lorsqu'un des leurs est malade, raconte Hérodote des Padéens de l'Inde, si c'est un homme, ses proches parents ou ses amis le tuent, alléguant que, s'ils le laissaient se consumer par le mal, ses chairs seraient perdues pour eux. S'avise-t-il de nier qu'il soit malade, ses amis, qui sont d'un avis contraire, le tuent et en font un festin. Si c'est une femme qui est malade, ses amies la traitent de la même manière (3). » Des usages analogues existaient chez les Massagètes, peuple scythique de l'Europe orientale, et chez les Issédons, situés plus à l'Est. « La mort réputée la plus enviable parmi eux, dit Strabon, c'est d'être, au terme de la vieillesse, haché menu avec d'autres viandes et mangé par les siens ; tout homme qui meurt de maladie est tenu pour un impie, bon seulement à servir de proie aux bêtes féroces (4). » — « Si le malade est condamné, rapporte Marco-Polo des indigènes de Java, les parents lui mettent quelque chose sur la bouche et l'étouffent, puis, quand il est mort, ils le font cuire ; et puis tous les parents du mort viennent le manger, et ils mangent même la moelle qui est dans les os, afin qu'il n'en reste rien (5). » En Australie, dit un voyageur, il n'y a guère de tombes de femmes ; « on les dépêche généralement avant

---

(1) R. Salvado, *Mémoires historiques sur l'Australie.*
(2) Alvar de Mindana, dans *Hist. univers. des voyages*, t. I.
(3) *Histoires*, III, 99, et I, 216.
(4) *Géographie*, XI, 8, § 6 ; et Hérodote, IV, 26.
(5) *Relation de ses voyages ; du Royaume de Dagraian.*

qu'elles ne deviennent vieilles et maigres, de peur de laisser perdre tant de bonne nourriture (1) ». Chez les Battas de Sumatra, les enfants qui voient leurs parents vieux ou malades les tuent et les mangent, de préférence dans la saison où les citrons abondent et où le sel est à bas prix. Au jour fixé, le vieillard monte sur un arbre que secouent les parents et les amis. La victime, tombée ou descendue, est ensuite assommée, accommodée et mangée avec recueillement. Un de ces convives, à qui l'on exprimait l'horreur que de tels usages inspirent aux Européens, répondit que c'était là un acte méritoire de piété et qu'il était préférable d'être mangé en cérémonie par les siens que de devenir la proie des vers (2).

On a plus fréquemment remis à des animaux le soin d'accomplir la tâche funèbre de dévorer les cadavres. Strabon dit que, chez les Bactriens, tous ceux qui, accablés par l'âge ou la maladie, devenaient impotents ou incurables, étaient jetés vivants à des chiens dressés et entretenus exprès qu'on appelait « chiens fossoyeurs » (3). Au Thibet, rapporte un missionnaire contemporain, « la plus flatteuse sépulture consiste à couper les cadavres par morceaux et à les faire manger aux chiens... Les pauvres ont tout simplement les chiens des faubourgs : mais, pour les personnes distinguées, on y met plus de façon ; il y a des lamaseries où l'on nourrit *ad hoc* des chiens sacrés, et c'est là que les riches Thibétains vont se faire enterrer » (4). Les Kamtchakadales faisaient aussi manger par leurs chiens les cadavres des morts (5). Afin d'éviter de souiller par le contact impur d'un cadavre soit la terre, nourrice des vivants, soit le feu, élément divin, le mazdéisme inter-

---

(1) Oldfield, cité par Lubbock, *Origines de la civilisation*.
(2) *Asiatic Researches*, X, 202.
(3) *Géographie*, XI, 11, § 3 ; Cicéron, *Tusculanes*, I, 45.
(4) Le P. Huc, *Voyage au Thibet et dans la Tartarie chinoise*, t II, p. 351.
(5) Steller, *Hist. du Kamtchatka*, II, 212 et 213.

disait l'inhumation et l'incinération (1). Les morts étaient livrés à l'avidité des vautours et des corbeaux dans les sinistres monuments appelés *Dakmas* ou *Tours du silence*, comme on en voit encore à Téhéran et à Bombay, où ils servent de cimetière aux Parsis. Ailleurs, on expose le cadavre, dans un hamac chez les Caraïbes, sur un échafaudage chez les Assiniboines et diverses autres tribus de l'Amérique du Nord, dans une pirogue élevée sur des piquets en Polynésie..., et on le laisse se décomposer à l'air libre, où les insectes le dévorent. Certaines tribus des bords de l'Orénoque, les Guaranis, submergent le cadavre, maintenu par une amarre au fond du fleuve, et les poissons le nettoient en quelques jours (2). Les riverains du Gange confient leurs morts au fleuve sacré. Les marins ou passagers qui meurent en mer y sont glissés un boulet aux pieds, et vont dormir debout dans ses profondeurs, préservés de la corruption par la pression du milieu.

En général, après la consomption des parties les plus altérables, on gardait avec soin les ossements, vestige le plus persistant du corps. Selon les prescriptions du *Zend-Avesta*, lorsque les oiseaux nécrophages avaient réduit les cadavres à l'état de squelettes, ces débris étaient déposés dans des ossuaires, « d'où ils se lèveront au jour du jugement ». Beaucoup de peuples sauvages recueillent les os de leurs morts, les vernissent, les empaquettent, puis les enfouissent ou les cachent. Quelques-uns les conservent dans leurs demeures et les emportent quand ils changent de résidence. Il en est qui font de ces restes des ornements et des parures. « Les Andamanites en toilette portent autour du cou un grand collier formé avec les crânes de leurs parents (3) ». A la Nouvelle-Guinée, les Papous, après avoir laissé con-

---

(1) Hérodote, III, 16; Strabon, XV, 3, § 20; *Vendidad*, fargard V-VIII.
(2) Mollien, dans *Hist. univers. des voyages*, t. XLII, p. 419.
(3) Bertillon, *les Races sauvages*, p. 285.

sumer le corps en terre, « exhument la tête et les deux vertèbres supérieures. Le crâne, soigneusement nettoyé, est placé au sommet du toit de la maison ; la mâchoire inférieure est portée au bras en guise de bracelet, et les deux vertèbres, enfilées sur une queue de cochon, servent de breloques (1) ». Parfois, on a transformé les crânes en vases à boire. Les Australiens utilisent ainsi ceux de leurs plus proches parents, comme faisaient les Scythes (2), les Aryas primitifs (3) et les Gaulois (4). Au Boutan, les lamas débitent aux fidèles des tasses de thé découpées dans les crânes de personnages vénérés (5). Rappelons enfin le culte des reliques, répandu chez les bouddhistes d'Asie comme parmi les catholiques d'Europe. « Lorsque le Bouddha fut mort et son corps brûlé, on fit, dit-on, quatre-vingt-quatre mille parts de ses ossements et des cendres du bûcher. Ces reliques, distribuées aux assistants, furent disséminées par eux dans toute l'Asie orientale, où un nombre égal de temples construits à cet effet durent les recevoir (6) ». La vénération des reliques, si importante au moyen âge chez les nations chrétiennes, admettait que quelque chose du pouvoir miraculeux des saints reste attaché au moindre débris de leur corps, même à des objets qui leur ont appartenu ou qu'ils ont touché. « Les corps saints, écrit pieusement Pascal, sont habités par le Saint-Esprit jusqu'à la résurrection (7). »

Plusieurs peuples, pour prévenir la putréfaction des cadavres, comme pour éviter des risques d'infection aux vivants, ont fait consumer les morts par le feu, et l'on tente de nos jours de revenir à ce vieil usage. Bien qu'il ne

(1) Bertillon, *les Races sauvages*, p. 263.
(2) Hérodote, *Histoires*, VI, 65 ; Pline, *Hist. nat.*, VII, 2.
(3) Fr. Lenormant, *Hist. anc. de l'Orient*, t. V, p. 359.
(4) Tite-Live, *Annales*, XXIII, 24.
(5) Huc, *Voyage dans la Tartarie*, I, 141.
(6) De Milloué, *Hist. des religions de l'Inde*, p. 195.
(7) *Lettre sur la mort de son père*.

restât plus alors qu'un peu de cendres, on ne laissa pas de les recueillir. Les Romains les conservaient dans des urnes qu'on déposait soit dans des tombes séparées, soit dans les niches d'un *Columbarium* de famille. En Tartarie, elles sont pétries et modelées en formes de figurines ou de disques qu'on superpose en pyramides (1).

Mais, quelque soin que l'on prenne pour préserver la dépouille humaine de la destruction, la nature se refuse à son éternelle durée, et, dans les conditions communes, la dispersion des éléments de l'organisme s'effectue d'ordinaire dans un temps très court.

4. — Considérons maintenant jusqu'où avait chance de s'étendre l'existence de l'esprit séparé du corps. On dut la croire d'abord extrêmement limitée, car les non civilisés, incapables d'évaluer avec précision de longs espaces de temps, parfois même de mesurer exactement la durée de la vie présente, et pour qui l'avenir, comme le passé, se perd si vite dans un vague indistinct, ne pouvaient guère concevoir l'idée abstraite d'immortalité. L'apparition des morts en songe étant l'unique indice qu'on eût de leur existence, ceux-là seuls furent censés subsister encore dont le souvenir des vivants pouvait évoquer l'image. Les générations antérieures, tombées en oubli, avaient péri sans retour. Quand on demande à un nègre du Gabon où est l'esprit de son père ou de son frère mort depuis peu, il est saisi de terreur, dans la pensée que cet esprit est là, dans le voisinage du lieu où le corps a été enseveli ; mais demandez-lui où est l'esprit de son arrière-grand'père, il vous répond avec insouciance qu'il n'en sait rien, qu'il est fini (2).

Chez la plupart des peuples anciens, l'esprit des morts

---

(1) Huc, *Voyage dans la Tartarie*, t. I, p. 114.
(2) Du Chaillu, *Trans. Ethn. Soc.*, I, 309.

était censé vivre un temps mal déterminé, mais non indéfini. Seuls les dieux, semblables aux hommes en tout le reste, avaient le privilège de ne pas mourir (1) et recevaient le nom d'*Immortels* par opposition à celui de *mortels*, que se donnaient eux-mêmes les êtres humains (2). Pourtant divers mythes faisaient aussi les dieux sujets à la mort. Les Égyptiens célébraient le trépas d'Osiris, et les Syriens celui d'Adonis, double symbole du soleil que chaque jour voit mourir. Eschyle fait prophétiser par Prométhée la fin du règne de Jupiter (3). Un dogme pareil était formulé avec une énergie singulière par la mythologie scandinave : « Tous les Dieux doivent mourir (4). » Cela paraît surtout vrai quand on considère que les personnifications divines, expression de l'état mental d'un groupe durant un cycle donné, passent avec eux. Sous Tibère, au déclin de la civilisation antique, on avait entendu retentir le cri funèbre : « Le grand Pan est mort ! (5) » Lucrèce montre la nature brisant le joug de ses oppresseurs divins et, libre, gouvernant sans eux son immortel empire (6). Enfin Gœthe charge un nouveau Prométhée de protester contre la tyrannie des dieux, destitués de leur office désormais inutile entre l'action régulière des forces de la nature et l'initiative intelligente de l'homme, ce qui est proclamer leur commune déchéance et les vouer tous à la mort (7).

Alors que les dieux mêmes étaient exposés à périr, l'homme ne pouvait guère se flatter de vivre toujours.

---

(1) « Les dieux et les hommes sont un même sang, les fils de la même mère ; seulement ceux-ci meurent, et les autres sont immortels » (Pindare, *Néméennes*, VI).
(2) Un des plus anciens noms de l'homme, dans les langues aryennes, se lie au sanscrit *marta*, le mortel, la créature fragile et périssable (Max Müller, *Nouvelles Leçons sur la science du langage*, t. II, p. 30).
(3) *Prométhée enchaîné*, 939-959.
(4) Max Müller, *Essais sur l'histoire des religions*, p. 333.
(5) Plutarque, *De defectu oraculorum*.
(6) *De rerum natura*, II, 1158-1160.
(7) *Prométhée*.

D'après l'opinion la plus répandue, l'autre existence devait aussi prendre fin et n'était qu'un sursis à l'obligation de mourir. On se contentait d'une prolongation temporaire de vie, car l'imminence seule de la mort effraie, et l'on cesse de la craindre pour peu que la fatale échéance soit reculée. Souvent cette seconde mort suivait de près la première. Les peuples qui se représentaient le chemin de l'autre monde comme hérissé d'obstacles et plein de périls, croyaient que les âmes succombaient en foule dans ces épreuves redoutables, victimes de quelque accident ou tuées par des monstres. En Guinée, un dieu farouche leur casse la tête; aux îles Fidji, elles ont à soutenir contre le géant Samu et ses frères, les « tueurs d'âmes », un combat en prévision duquel on munit les hommes d'une massue. Victorieuse, l'âme continue sa route; mais, vaincue, elle devient la proie de Samu, qui l'égorge, la cuit et la mange (1). Ceux même qui atteignaient sains et saufs un monde de si difficile accès n'y étaient pas à l'abri de la mort. Suivant la mythologie mexicaine, les esprits, parvenus dans l'empire de Mictlan passaient quatre années à en parcourir les neuf divisions, puis s'endormaient pour toujours. Après le même laps de temps, les privilégiés, admis dans la *Maison du Soleil*, devaient être transformés en colibris, c'est-à-dire identifiés avec le soleil, dont ces oiseaux sacrés étaient le symbole (2).

Pour les Grecs anciens, une mort définitive anéantissait les ombres quand elles avaient traîné quelque temps dans l'Hadès une vie languissante qui, sujette encore à des besoins matériels, était exposée à s'éteindre si elle cessait d'être entretenue par de périodiques offrandes d'aliments. Les écoles philosophiques de la Grèce, à part celle de Platon, tenaient que l'âme périt avec le corps ou ne lui

---

(1) Williams, *Fiji and Fijians*, t. I, p. 242.
(2) A. Réville, *Hist. des religions*, t. II, pp. 188-190.

survit que peu de temps. Divisés sur cette question, les stoïciens croyaient, les uns, avec Panetius, que l'âme cesse d'exister à la mort (1); les autres, avec Chrysippe, que celles des sages continuaient seules de vivre (2); d'autres enfin, avec Cléanthe, que toutes persistaient jusqu'à la fin du monde, voué lui-même à la destruction (3). Cicéron disait plaisamment que ces âmes vivaient comme les corneilles, non pas toujours, mais longtemps (4).

5. — La croyance à la métempsycose, qui ouvrait sur l'avenir de vastes perspectives, posait, au point de vue des sanctions encourues, des métamorphoses à subir et de la libération finale, une foule de questions de chronologie, auxquelles il fallut chercher des réponses. Afin de concilier l'idée de transmigrations successives, dont chacune entraînait, avec la perte de mémoire, celle de l'identité personnelle, et l'idée de sanction, qui, au contraire, en exigeait le maintien, on fut conduit à intercaler, entre les renouvellements d'existence, des intervalles pendant lesquels l'âme méritante serait récompensée et la coupable punie. Entre l'instant de la mort et une incarnation nouvelle, le brahmanisme et le bouddhisme admettent un laps de durée consacré à la rémunération ou au châtiment, et qui peut comprendre des millions d'années. Platon veut qu'un espace de mille ans sépare l'instant de la mort et le retour à la vie sous une autre forme. Les âmes passent ce temps dans la région des ombres (5). Ce chiffre de mille ans qui, pour Platon, n'était sans doute qu'une expression vague, synonyme de longtemps, devint, grâce à lui, un terme précis, mesurant un cycle formel, dont les rêveurs adoptèrent les limites de

---

(1) Cicéron, *Tusculanes*, I, 72.
(2) Diogène de Laërte, *Zénon*.
(3) Idem, *ibid*.
(4) Cicéron, *Tusculanes*, I, 32, 33.
(5) *République*, X.

confiance. Virgile assigne aussi aux âmes, dans les Champs Élysées, un séjour de mille ans, à l'expiration duquel, après avoir bu l'eau du *Léthé*, le *fleuve d'oubli*, elles vont, selon la loi du destin, animer de nouveaux corps, « tant est vif leur amour pour cette misérable vie » (1).

Comme un avenir de transmigrations sans fin, à travers des formes généralement inférieures, était plus propre à effrayer qu'à séduire, les adeptes de la métempsycose ne voulurent pas croire qu'elles dureraient toujours. On admit qu'après des épreuves suffisamment prolongées, les meilleures âmes mériteraient de sortir du cercle odieux des renaissances soit par leur identification avec l'être absolu (brahmanisme), soit par extinction dans le nirvâna (bouddhisme). Mais le moment où l'être serait enfin libéré de la vie resta dans une obscurité profonde. Empédocle fixait à 30,000 *hores* (ὧραι, on ignore ce qu'il entendait par cet intervalle de temps), la durée totale des transmigrations que devaient accomplir les âmes déchues avant d'être admises au séjour de la félicité (2). De nos jours, Fourier s'est piqué de marquer exactement les stades des métamorphoses qu'auraient à parcourir les fidèles du phalanstère. Il leur promet un cycle de huit cent dix existences, réparties sur une phase de 81,000 ans, dont 27,000 se passeront sur notre globe et 54,000 ailleurs. Au terme de la première période, les âmes individuelles se confondront avec l'âme de la terre; mais, la planète devant aussi périr, son âme cosmique passera dans d'autres astres par voie de « métempsycose sidérale » (3).

Aristote, Averroès et les néoplatoniciens d'Alexandrie croyaient que le retour de l'âme immortelle à l'être absolu s'effectuait aussitôt après la mort, car l'esprit, dégagé du corps périssable et rendu à sa vraie nature, rentrait, par

---

(1) *Énéide*, VI, 721, 748-751.
(2) Φυσικά, 369 et suiv.
(3) *Théorie de l'unité universelle*, t. II, pp. 304-348.

l'évanouissement de la personnalité, dans l'ordre le plus général de l'existence. Le brahmanisme tient, au rebours, que l'absorption en Brahma s'opère par une suite de degrés, au terme lointain où se ferme le cycle des métamorphoses. Les bouddhistes professent de même qu'on arrive par atténuation graduelle de vie au calme suprême du nirvâna. N'importe quand l'un ou l'autre de ces états se réalise, il entraîne toujours, avec l'inconscience du moi, la fin de son immortalité fictive.

6. — Seule, une immortalité consciente, ayant pour complément la résurrection du corps, pouvait suffire à des convoitises insatiables de durée. La substitution d'une vie éternelle à la simple prolongation d'existence, dont on s'était longtemps contenté, marque le plus haut degré de l'abstraction métaphysique, mais aussi le plus complet oubli des lois naturelles. Il y avait encore, dans cette hypothèse, à trancher des questions d'époques, d'abord pour fixer le moment où l'âme et le corps seraient de nouveau réunis, puis pour marquer la durée et le terme des sanctions promises.

Une première difficulté consistait à savoir quand l'âme serait remise en possession de son corps, sa manière d'être restant jusque-là malaisée à concevoir. Les évangélistes ne s'accordent pas sur ce point, car, tandis que saint Luc admet que la résurrection aura lieu dès l'instant de la mort, saint Jean croit qu'elle se fera plus ou moins attendre (1). Afin de ne pas hasarder de prophéties à trop court terme et de rendre le miracle plus solennel, on est convenu d'en retarder le moment jusqu'à celui où la vie aura cessé sur le globe, « à la fin du monde », « à la fin des temps », « après la consommation des siècles », toutes dates qui, pour la chronologie positive, manquent un peu

---

(1) Cf. *Saint Luc*, xvi, 22, et *Saint Jean*, xi, 24.

de précision. Comme l'espèce humaine, la vie et le monde ont derrière eux un passé si vaste qu'il échappe à nos supputations, et, comme nul n'est fondé à fixer dans l'avenir la limite qu'ils ne dépasseront pas, les morts pourraient être exposés à une bien longue attente. Pour leur en éviter l'ennui, la théologie décide qu'en vertu de jugements particuliers, dont le jugement dernier sera la confirmation, la béatitude des élus et le supplice des réprouvés commenceront dès l'instant même de la mort. L'islamisme, au contraire, suspend jusqu'à la fin du monde ses promesses de bonheur et ses menaces de châtiment. D'ici-là, les âmes, endormies et inconscientes, sont enfermées dans le *Berzakh*. Saint Paul regarde la mort comme un sommeil avant le rappel à la vie (1). Au XVIᵉ siècle, quelques protestants soutenaient de même que l'âme, entre l'instant de la mort et celui de la résurrection, reste plongée dans un état de somnolence. Calvin a écrit pour les réfuter son livre *du Sommeil de l'âme* (2).

L'idée que le monde finirait un jour était très répandue chez les anciens, concurremment avec celle que le ciel est incorruptible et la nature éternelle. Le brahmanisme fait se succéder sans fin d'immenses périodes qui amènent tour à tour la destruction et le renouvellement des êtres. A partir de sa création, l'univers doit durer « un jour de Brahma », qui mesure 4,320,000 ans ; puis être détruit par le feu et replongé dans le chaos pendant « une nuit de Brahma », longue aussi de 4,320,000 ans ; ce qui compose un cycle ou *Kalpa* de 8,640,000 années, après lequel se produira une autre création (3), et ainsi de suite à l'infini (4). Le zoroastrisme compte par périodes (*hasars*) qui

---

(1) *Thessaloniciens*, I, IV, 13-17.
(2) *Psychopannychia*, 1542.
(3) De Milloué, *Hist. des relig. de l'Inde*, p. 266.
(4) « Les créations et les destructions des mondes sont innombrables » (Manou, *Lois*).

mesurent des milliers d'années. Le *Boundehesh* fixe à 12.000 ans l'intervalle entre la création et la résurrection, après que tout aura été détruit par un incendie général. La croyance à des mondes successifs dont chacun constituait un être vivant et devait, comme tout ce qui a vie, se résoudre en ses éléments pour servir à constituer d'autres mondes, fut admise en Grèce par Anaximandre et Héraclite. Celui-ci assurait, comme les mages, que l'univers périrait un jour par le feu (1). Les stoïciens adoptèrent la même idée, et les chrétiens s'en firent les actifs propagateurs. « Les cieux passeront, dit saint Pierre, les éléments embrasés se dissoudront, et la Terre sera brûlée avec tout ce quelle contient (2). » Saint Paul parle aussi d'une rénovation qui doit se produire par le feu (3). Ces annonces répétées de conflagration universelle servirent même de prétexte aux accusations d'incendie contre les chrétiens (4). On trouve jusque dans les offices de l'Église des traces de la croyance à un cataclysme igné (5).

Lucrèce annonce la fin du monde pour un temps peu éloigné et en signale à plusieurs reprises des indices précurseurs (6). Lucain (7) et Sénèque (8) formulent de non moins sinistres pronostics. En Judée, aux approches de notre ère, les illuminés croyaient que le monde ne tarderait pas à finir, et le christianisme se fonda sur l'espoir de l'inauguration prochaine d'un « Royaume de Dieu », où tout devait être renouvelé. Daniel (9) et saint Jean-Baptiste (10)

(1) « Le feu viendra partout, jugera et saisira tout » (Héraclite, fragm. 68).
(2) *Epîtres*, II, III, 10.
(3) *Corinthiens*, I, III, 13.
(4) Renan, *les Évangiles*, p. 402.
(5) Messe des morts : « *Solvet sæclum in favillâ... Per eum qui venturus est judicare vivos et mortuos et sæculum per ignem...* »
(6) *De rer. nat.*, II, 1129, et suiv. ; V, 105 ; VI, 42-45.
(7) *Pharsale*, I, 567.
(8) *Thyeste*, 884 ; *Questions naturelles*, III, 27.
(9) *Daniel*, II, 44 ; VII, 13, 14, 22, 27.
(10) *Saint Matthieu*, III, 2.

en avaient déjà prophétisé la venue. Jésus la promet à très court terme, et recommande de faire pénitence parce que « le royaume de Dieu est proche » (1). Il ajoute même que plusieurs de ceux qui l'écoutent en seront témoins « avant d'avoir goûté la mort » (2). C'est l'annonce de cet heureux événement qui fut appelée *la bonne nouvelle* et a servi à désigner les *Évangiles* (3). Saint Paul demande également que toute vie soit suspendue, à cause de la catastrophe imminente (4), et il affirme, non moins imprudemment, que le monde sera détruit avant qu'ait disparu la génération de son temps (5). Pour ceux qui vivaient dans l'anxiété de l'attente, ce fut une première déception lorsque saint Jean, un des derniers survivants de cette génération, mourut centenaire sans qu'on eût vu s'accomplir la prophétie. Néanmoins, les esprits continuèrent à se préoccuper des rêves du *millénarisme*, où s'était complu Jésus, et qui faisaient espérer, avant la résurrection universelle, une résurrection partielle, au profit des saints et des justes, qui régneraient ensemble mille ans (6).

Depuis le commencement de notre ère, des prophètes de malheur ont souvent pronostiqué la fin du monde, lorsque de grandes calamités semblaient en faire pressentir l'approche. L'auteur de l'*Apocalypse* la croit toute voisine et en trace par avance le tableau. Sa vision s'ouvre et se ferme par l'annonce que « le temps est proche » (7). Il assure même qu'on touchera le terme fatal sous « trois ans et demi » (8). Il fallut ensuite le reculer de plus en plus.

---

(1) *Saint Matthieu*, IV, 17.
(2) *Ibid.*, XVI, 28.
(3) Εὐαγγέλιον, bonne nouvelle.
(4) *Corinthiens*, I, VII, 29-31.
(5) *Thessaloniens*, I, IV, 15-18. — Le mot de passe des premiers chrétiens pour se reconnaître était *Maran atha*, en syro-chaldaïque : *Le Seigneur va venir* (Renan, *les Apôtres*, p. 92).
(6) *Apocalypse*, XX, 1-16.
(7) *Apocalypse*, I, 3 ; XXII, 10.
(8) *Ibid.*, XI, 2, 3 ; XII, 14.

Saint Augustin écrit encore sa *Cité de Dieu* sous l'inspiration du millénarisme. Il décrit les signes et calcule les périodes de ce renouvellement. Au vᵉ siècle, saint Jérôme, témoin de l'écroulement de l'empire, croit que le monde va finir (1). Un peu plus tard, saint Grégoire le Grand appréhende comme très prochain le danger d'un cataclysme universel (2). On sait avec quelle épouvante l'Europe chrétienne vit venir et traversa la date fatidique de l'an mille (3), puis, le péril passé, comme on se reprit à vivre. Pour couper court à ces alarmes, qui, malgré les démentis répétés de l'expérience, se reproduisaient de siècle en siècle, le cinquième concile de Latran (1512) interdit, avec une tardive sagesse, de prédire la fin du monde, et une bulle de Léon X, formulant cette décision (1516), dit expressément : « Il ne nous appartient pas de connaître le temps et les moments que le Père a fixés dans sa puissance (4), et il est constant que ceux qui, jusqu'à présent, ont hasardé de semblables assertions, ont menti. » Si ce n'est pas très poli pour les prophètes antérieurs, c'est net et catégorique. Depuis lors, les visionnaires ont été moins affirmatifs ou les auditeurs moins crédules, et le monde, un peu rassuré, a pu dormir tranquille. Seuls quelques sectaires protestants se plaisent encore à trembler. Les congrégations des *Saints du dernier jour* (*Latter Day Saints*), assez nombreuses en Angleterre et aux États-Unis (5), continuent de vivre dans l'appréhension d'une catastrophe qui s'obstine à ne pas venir.

Le moment où arrivera la fin du monde reste donc malaisé à déterminer, ce qui n'empêche pas les théologiens

---

(1) *Ad Agerentium*, 123.
(2) *Dialogues*, III, 38.
(3) Les formules : *Appropinquante mundi termino... Advenante mundi vespera...* et autres semblables sont fréquentes, à la fin du xᵉ siècle, dans les chartes de donation aux monastères.
(4) V. *Saint Matthieu*, xxiv, 36 ; *Saint Marc*, xiii, 32.
(5) Les Mormons se donnaient à eux-mêmes cette qualification.

d'en disserter par avance comme s'ils avaient assisté à l'événement. Ils désignent sous le nom d'eschatologie (de ἔσχατος, dernier), la science de ce qui sera quand le temps aura pris fin, supposé que le temps finisse jamais. Cette science ne serait pas dépourvue d'intérêt ; mais, tout ce qu'on peut dire d'elle, jusqu'à présent, c'est qu'elle a un nom.

7. — Suivons dans son dernier stade l'hypothèse de l'immortalité personnelle : La consommation des siècles est accomplie, n'importe quand, et le jugement final prononcé. Quelle sera la durée des peines et des récompenses assignées ? Auront-elles un terme ou se prolongeront-elles sans fin ? Suivant que les esprits inclinaient à la miséricorde ou à la rigueur, les idées ont beaucoup varié sur ce point. L'écart va d'un temps limité à une éternelle durée, c'est-à-dire de peu ou de presque rien à l'infini.

Les Égyptiens ne croyaient qu'à des châtiments temporaires après la mort. Si l'âme avait encouru une condamnation, elle était livrée aux démons vengeurs, plongée dans des bassins brûlants, puis soumise à de nouvelles épreuves qui lui permettaient de se réhabiliter au cours d'autres existences, et, si sa méchanceté persistait, elle subissait une seconde mort qui l'anéantissait (1). Les fautes rémissibles s'expiaient dans un purgatoire (*Kerneter*), au sortir duquel l'âme, purifiée par un bain de feu, prenait place dans les *Demeures célestes*. « Isis a effacé ses souillures, dit le *Rituel funéraire*, Nephthys a retranché ses péchés (2). » Le *Livre des morts* expose les incidents et les phases du voyage que l'âme devait accomplir pour arriver au pays de la sagesse, où elle participait au labourage mystique dans les champs d'Orisis. Mais, après trois mille ans de béati-

(1) Mariette, *les Tombes de l'ancien empire*.
(2) De Rougé, *Étude sur le Rituel funéraire des anciens Égyptiens* (*Revue archéologique*, 1860).

tude, elle revenait en ce monde pour recommencer à vivre avec son corps momifié ou revêtir telle autre forme qu'elle pouvait désirer. Au terme de cycles pareils, plusieurs fois répétés, elle s'absorbait dans la pure essence divine et parvenait à la perfection absolue.

Ni le brahmanisme ni le bouddhisme n'édictent de supplices éternels. Après un temps d'expiation proportionné à la gravité de ses fautes, l'âme punie rentre dans le cercle des transmigrations et peut toujours se relever en s'améliorant. Le *Zend-Avesta* n'inflige pas non plus de tourments sans fin. Les méchants n'y sont condamnés qu'à trois jours de torture dans un bain de métal en fusion. Ainsi lavés de leurs fautes, devenus égaux aux bons et pourvus comme eux de corps immortels, ils vont partager avec les Izeds la félicité d'Ormuzd (1). « Suivant la doctrine des mages, dit Plutarque, le dieu du bien et le dieu du mal devaient dominer chacun à son tour pendant trois mille ans ; puis se combattre en détruisant l'œuvre l'un de l'autre : à la fin, le dieu de la mort succomberait, et les hommes seraient heureux (2). » Ahriman et ses démons (*Dews*), vaincus par l'armée du bien, reconnaîtraient alors la loi d'Ormuzd et, pardonnés, seraient reçus dans le ciel (3). L'enfer, n'ayant plus de raison d'être, disparaîtrait avec le mal pour faire place à un monde plein de lumière et de joie (4). Platon ne croit ni à la pérennité des peines ni à celle des récompenses. Il tient que les âmes des sages, admises dans le ciel, se lasseront à la longue d'un bonheur trop uniforme et voudront revenir à la vie terrestre, malgré ses épreuves et ses misères (5).

L'éternité des peines n'est pas un dogme biblique. Il n'y

---

(1) *Zend-Avesta*, t. II, p. 414.
(2) *De Isi et Osiri*, p. 370.
(3) *Yaçna*, 30 et 31.
(4) *Zend-Avesta*, t. III, pp. 411-415.
(5) *Phédon*, p. 113 ; *République*, X ; *Gorgias*, p. 556.

en a pas trace dans *l'Ancien Testament*. Au début même du christianisme, les Juifs, peu familiers avec l'idée d'immortalité, ne spéculaient que sur des rétributions d'une durée finie (1). Jésus admet l'anéantissement possible des réprouvés : « Craignez dit-il, celui qui peut détruire le corps et l'âme dans le feu de la Géhenne (2). L'*Apocalypse* fait se consumer dans l'étang de feu « ceux dont le nom n'est pas écrit au livre de vie » (3). Pour les rabbins, le châtiment des méchants doit être leur mort totale et définitive. Le *Talmud* les rejette dans un enfer où, après un supplice de douze mois, le corps est anéanti et l'âme brûlée. « L'homme mauvais, dit Maïmonide, mourra et sera complètement détruit ; il périra avec sa méchanceté comme la brute, d'une mort dont on ne revient pas. La récompense des justes sera de prendre part à la vie future (4) ».

Avec plus d'atrocité que de justice, les docteurs de l'Église ont fait un dogme de la perpétuité des peines et livré les imaginations en proie au plus affreux cauchemar. Toutefois, l'idée de tourments sans fin, difficile à concilier avec la bonté divine, mit longtemps à s'établir. Les Pères étaient en désaccord sur ce point. Origène refuse de croire à un enfer éternel. Il pense que le péché seul s'y consume au feu et que le pécheur, purifié par ce baptême de flamme, absous après son expiation, sera reçu parmi les justes dans le ciel. Satan lui-même, réconcilié avec Dieu comme Ahriman avec Ormuzd, reprendra son rang dans la cohorte des anges (5). Arnobe (6) et saint Irénée n'admettent pas l'immortalité des réprouvés. Saint Justin tient que toutes les âmes sont naturellement mortelles, mais qu'un acte de la volonté divine rendra les saints im-

(1) Renan, *l'Antechrist*, p. 470.
(2) *Saint Matthieu*, x, 28.
(3) *Apocalypse*, xx, 14, 15 ; xxi, 1.
(4) *De la Repentance*, VIII.
(5) *De principiis*, I, 6 ; *Contra Cels.*, VI, 26.
(6) *Adversus gentes*, II, 8, 14, 16.

mortels, tandis que les pervers vivront « aussi longtemps que Dieu jugera convenable de faire durer leur existence et leur châtiment » (1). Saint Basile, saint Grégoire de Nysse, les gnostiques... partageaient la croyance que les âmes et les corps des damnés se consumaient à la longue au feu de l'enfer. Mais l'opinion contraire de l'éternité des peines, soutenue avec ardeur par Tertullien, saint Ambroise, saint Jean Chrysostome, saint Jérôme, Saint Augustin, etc., a fini par l'emporter. Cependant, cette doctrine ne fut érigée en dogme formel qu'au XIIIe siècle, par le quatrième concile de Latran, et eut encore besoin d'être confirmée au XVIe par ceux de Florence et de Trente. Elle est rejetée de nos jours par ceux des protestants et des philosophes qui adhèrent à la théorie du conditionnalisme.

L'idée d'un purgatoire, étrangère au christianisme primitif, n'apparaît ni dans les *Évangiles* ni dans les *Épîtres*. Ce tempérament fut introduit dans la dogmatique au VIe siècle, à l'instigation de Grégoire le Grand. L'institution de cet enfer temporaire, dont plusieurs peuples anciens avaient fourni le modèle, parut opportune quand la thèse de la damnation éternelle, qui aurait risqué de rebuter les pécheurs, commença de prévaloir. La création théologique du purgatoire donna une influence immense à l'Église, qui se réservait le pouvoir d'en racheter par ses prières, et qui finit par le faire à prix d'argent. Les protestants, sauf les anabaptistes, les sociniens et les arminiens, rejettent le purgatoire, préférant être damnés sans rémission. D'après les docteurs de l'Islam, les infidèles sont voués à un enfer éternel ; mais les musulmans n'y passeront que de quatre cents à sept mille ans. Délivrés ensuite par l'intercession de Mahomet, ils iront rejoindre les saints dans le paradis.

(1) *Apologie.*

8. — Ainsi le caprice et la convention marquent seuls, dans la suite des temps à venir, des divisions arbitraires, et y rattachent confusément les phases d'une seconde existence. L'éternité nous échappe par son indétermination absolue. La science émet des prévisions sûres en matière de faits lorsqu'elle en connaît l'ordre et la loi ; mais aucune prévision n'est légitime quand il s'agit de rêves imaginaires et contradictoires. La vie future reste donc hors de la durée comme elle est hors de l'étendue, et, privée de ces deux conditions essentielles de toute réalité, elle ne représente qu'une abstraction de la pensée.

CHAPITRE X

MODES D'ACTIVITÉ DANS UNE EXISTENCE FUTURE

I. — Fonctions physiologiques, semblables ou analogues à celles de la vie présente.

1. — Il nous reste à examiner les modes d'activité que pourrait comporter une existence future. La vie, en effet, se compose de fonctions et ne se comprendrait pas sans elles. De quelle nature seraient celles dont on aurait à s'acquitter après la mort ? Eu égard à son importance, ce problème devait occuper une grande place dans les spéculations.

Toutes les conjectures émises à ce sujet ont forcément emprunté leurs données à la vie présente, car nous ne connaissons qu'elle, et nous n'en pouvons pas sortir, même en songe. Mais l'imagination, qui combine ces éléments au gré de sa fantaisie, ne s'inquiète guère de mettre ses rêves d'accord avec les lois du monde réel, et, plus elle s'en écarte, plus son idéal devient chimérique. Il suffit, pour s'en convaincre, de comparer les exigences strictes de la vie normale et les attributions fictives de la vie surnaturelle. Si diverses que soient parmi les hommes les conceptions qui s'y rapportent, on peut aisément les rapporter à deux types généraux, suivant que la vie future est censée : 1° pareille ou analogue à la vie actuelle, reproduite surtout sous son aspect physiologique, qui prête le moins à l'abstraction ; 2° sensiblement modifiée ou même presque entièrement dissemblable, par suite d'une extension indéfinie de l'activité psychique. Étudions-la sous ces deux aspects, d'abord au point de vue des êtres pris individuellement, puis à celui de leurs rapports sociaux.

2. — La manière la plus simple de se représenter la vie future consistait à la concevoir sur le modèle et comme un prolongement de la vie présente. Ce mode d'existence, le plus aisé à imaginer puisqu'il se borne à transposer une condition bien connue, a été admis par la plupart des peuples non civilisés. Au lieu d'être abolie par l'accident de la mort, la vie est seulement coupée et se continue ailleurs sans changement ou légèrement améliorée.

Dès le début, pourtant, la réflexion dut opérer un partage des fonctions vitales en rapport avec les deux états de sommeil et de veille. D'une part, l'assimilation si naturelle du sommeil et de la mort, de l'autre le désir de revivre en pleine activité, engagèrent les idées dans deux voies distinctes. Tantôt la mort fut comprise comme une somnolence profonde et sans terme, tantôt comme un retour à la vie active menée sans interruption. Mais, par cela même qu'on séparait ces deux états de vie qui, régulièrement, se suivent par alternance, on les rendait inconciliables avec les lois de la réalité, car ni le sommeil sans réveil, ni l'activité sans repos ne sont de la vie. Une inconséquence plus grande encore a fait admettre à la fois, chez une foule de peuples, ces deux conceptions qui se contredisent et s'excluent.

Les populations sauvages croient en général que les morts, après une seconde existence d'assez courte durée, tombent dans un sommeil destiné à ne plus finir. Les Mexicains et les Péruviens n'attribuaient aux âmes, dans un autre monde, qu'une survivance de quelques années. Elles s'endormaient ensuite pour toujours. Cette idée de suprême repos a son expression la plus complète dans le nirvâna bouddhique, où, toute activité cessant, l'être est à jamais affranchi des quatre causes de mal inséparables de la vie, la naissance, la vieillesse, la maladie et la mort. Mais partout on retrouve cette conception d'une survivance illusoire sous forme de sommeil. Elle était générale chez les Chaldéo-Assyriens et chez les Hébreux, comme en témoignent la formule usuelle « s'endormir avec ses pères », et l'absence de fonctions actives dévolues aux morts dans le Schéol. L'*Ancien Testament* dépeint l'état de leurs âmes comme tout semblable à celui des cadavres dans le sépulcre. Engourdis par la torpeur d'un sommeil léthargique, ils ne donnent aucun signe de vie, ne voient rien dans ces ténèbres, n'entendent rien dans ce silence, ne sentent rien et n'agissent pas. Pour eux, il n'y a ni plaisir ni peine, et tout est oublié (1). Selon la croyance des Grecs du temps d'Homère, l'existence, à peine consciente et tourmentée de besoins inassouvis, que menaient les ombres dans l'Hadès, se rapprochait plus d'un sommeil agité et inquiet que de la veille lucide, et laisse une impression de cauchemar. Socrate hésite, dans ses prévisions de vie future, entre un sommeil heureux qui supprimerait toute cause de souffrance, et une veille active où l'on goûterait encore les joies de la vie (2).

Les religions qui, comme le christianisme, affirment expressément l'immortalité de l'âme et remplissent l'éternité de sanctions n'ont pourtant pas supprimé l'identification du sommeil et de la mort, qu'en dépit des dogmes reçus on voit reparaître dans des formules d'usage très général. Nous disons toujours « s'endormir du dernier sommeil », « goûter le suprême repos ». Les mots de « repos éternel » se récitent

---

(1) *Genèse*, xxxvii, 35; *Job*, iii, 13; xiv, 12; *Psaumes*, xlviii, 19; lxxxvii, 4-12; *Ecclésiaste*, ix, 4-6.
(2) Platon, *Apologie de Socrate*, fin.

dans les *Offices des morts* (1) et sont communément inscrits comme un vœu sur les tombes (2). Le terme même de *cimetière*, qui nous est venu des premiers chrétiens, a le sens de *dortoir* (3). Ainsi que Socrate, Shakspeare n'ose décider, dans le monologue d'*Hamlet*, si la mort est un sommeil ou un rêve ; mais ailleurs il est plus affirmatif : « Notre vie si courte, dit-il, a pour frontière un sommeil (4). » Le mot de Luther, las et découragé, dans le cimetière de Worms : *Invideo quia quiescunt!* celui du janséniste, infatigable lutteur : « Vous reposer ! Eh ! n'aurez-vous pas l'éternité pour le faire ? » écartent les voiles de la convention dogmatique et montrent toujours vivante au fond des esprits la vieille croyance qui semblait abandonnée.

Néanmoins, la conception d'une existence future sous forme de sommeil sans fin était peu propre à satisfaire les convoitises de vie, car, entre l'idée de torpeur inerte et celle de mort véritable, la différence est si minime qu'elle ne motiverait pas une option. Aussi, à l'état de somnolence inconsciente, a-t-on généralement préféré l'état de veille et d'activité, même au prix de ses charges et de ses périls. C'est en ce sens que les rêves de vie future étaient appelés à prendre les plus larges développements. Chaque système de croyances a exprimé en eux son idéal, en rapport avec le degré de culture et de civilisation du groupe qui l'adoptait. Leur étude offre donc pour l'histoire de l'évolution des idées un grand et sérieux intérêt. On y trouve le tableau le plus exact, quoique imaginaire, des désirs, des aspirations, de l'état intellectuel et moral des peuples : — Dis-moi quel paradis tu rêves, et je te dirai qui tu es.

3. — Aussi longtemps qu'aucune idée de métempsycose

---

(1) « *Requiescat in pace... Requiem æternam dona eis Domine!* »
(2) *Bonæ quieti...* Ici repose... Repose en paix !
(3) Κοιμητήριον, *cœmeterium*, lieu où l'on dort, de κοιμάω, dormir.
(4) « *Our little life — is rounded with a sleep.* »

ou de sanction ne vint se mêler aux conceptions de survivance, on crut que la vie future continuerait simplement la vie présente, le passage de l'une à l'autre se réduisant à un voyage dans un monde assez semblable au nôtre et seulement un peu meilleur. Le mort, assujetti aux mêmes besoins, devait y trouver les mêmes ressources, s'adonner aux mêmes occupations, poursuivre les mêmes plaisirs, sauf qu'il serait moins exposé aux privations, à la satiété et à la douleur. Dans un séjour fortuné où abondent les facilités de vie, les chasseurs ne cesseront pas de rechercher le gibier, les pasteurs d'entretenir des troupeaux, les agriculteurs de semer et de récolter, les trafiqueurs de s'enrichir, les belliqueux de se battre et les pillards de conquérir du butin. Comme, pour les sauvages, toujours en proie à la faim, la grande affaire est de se repaître, le paradis consiste surtout en interminables ripailles. On mange, on boit, on s'enivre, et l'on fait l'amour à plaisir. C'est la glorification de l'existence dans ce qu'elle a de matériel. Des appétits assouvis, une volupté grossière et de frivoles passe-temps, il ne faut pas plus au commun des hommes pour se croire heureux.

Les Peaux-Rouges de l'Amérique du Nord espèrent revivre dans une vaste prairie peuplée de buffles et de chevreuils. « Il est admis ordinairement que le pays des morts tient en réserve de plus belles chasses et des pêches plus abondantes que celles de la vie actuelle, qu'on y danse et qu'on y fume tant qu'on veut (1). » Telle est la confiance des Indiens dans ce riant avenir qu'elle leur ôte toute appréhension de la mort. « Ils ne craignent pas de se rendre dans un lieu qui, d'après ce qu'ils ont entendu dire, abonde en jouissances continuelles sans aucune peine (2). » Les Esquimaux rêvent, dans les entrailles de la terre ou sous

---

(1) A. Réville, *Histoire des religions*, t. I, p. 256.
(2) Schoolcraft, *Tribus indiennes*, t. II, p. 68.

les abîmes de l'océan, un pays des âmes (*Torngarsuk*) où les chasseurs adroits et les gens heureux trouveront la douceur d'un été constant, un soleil qui ne se couche jamais, de l'eau potable, des oiseaux aquatiques, des poissons, des phoques et des rennes qui mettront de la complaisance à se laisser prendre, dont plusieurs même iront spontanément cuire dans une grande marmite (1). Au rapport du Dr Crevaux, les Roucouyennes croient que les esprits « vont très au-dessus des nuages. Ils trouvent là de jolies femmes, on danse toutes les nuits, on boit du *cachiri*, on chasse et on ne travaille pas (2) ». Pour les Patagons, la félicité suprême sera de jouir d'une ivresse perpétuelle, dans un monde souterrain où règnent les esprits des boissons enivrantes (3). Les Australiens souhaitent surtout de pouvoir, après cette vie, fumer du tabac à discrétion. Aux îles Tonga, il est reçu que les morts vont dans l'île de *Bolotoo*, où toutes sortes de plantes utiles donnent des fleurs admirables et des fruits délicieux, qui se reproduisent dès qu'on les cueille. On y rencontre à chaque pas des oiseaux magnifiques et des troupeaux de porcs immortels, sauf quand on les tue pour la nourriture des dieux ; mais ils sont alors aussitôt remplacés par d'autres (4). Les Taïtiens avaient un *paradis parfumé* (*Rohotou noa noa*) où abondaient des fleurs toujours fraîches, des fruits toujours mûrs. La vie, exempte de vieillesse, de maladie et d'ennui, se passait en banquets, danses et fêtes sans fin. Une grande place était réservée aux plaisirs de l'amour, avec des femmes éternellement jeunes et belles (5). Les Néo-Zélandais faisaient de la vie future un long festin. Un de leurs chefs, entendant un missionnaire wesleyen décrire

---

(1) Cranz, *Groenland*, p. 258 ; Rink, *Tales and Traditions of the Eskimaux*.
(2) *De Cayenne aux Andes*, dans le *Tour du monde*, 1881, t. I, p. 130.
(3) A. d'Orbigny, *l'Homme américain*, t. II, pp. 73, 74.
(4) Mariner, *Tonga-Island*, t. II, pp. 107 et 108.
(5) Moerenhout, *Voyage aux îles du grand Océan*, t. I, pp. 454.

le paradis des chrétiens, déclara qu'il n'en voulait pas, qu'il n'y avait rien à manger, et qu'il préférait aller dans le *Po* se régaler de poissons et de patates douces avec ses amis (1). Les Mexicains se promettaient dans le paradis de *Tlalocan* des jardins où croissaient à profusion le maïs, les courges, les tomates et le piment, où les arbres étaient chargés de fruits savoureux... Enfin, des chasses giboyeuses alternaient avec des combats simulés (2). Comme les Mexicains, les Scandinaves, peuple belliqueux, avaient pour passe-temps, dans la *Walhalla*, des simulacres de guerre suivis de copieux festins. Chaque jour, les braves allaient se livrer, dans la plaine d'Odin, de furieux combats ; puis, vainqueurs et vaincus, vivants et tués se retrouvaient à l'heure du repas et banquetaient ensemble en buvant à longs traits l'hydromel que leur versaient les Valkyries (3). Au rebours, les lâches étaient retenus en enfer par Hela, déesse à la face austère et livide, ayant la faim pour plat, la famine pour couteau, l'inquiétude pour lit, la misère pour rideau... En Étrurie, les scènes funèbres des hypogées représentent le plus souvent des banquets. « On y voit des personnages en vêtements éclatants, couchés sur des lits de repos, tandis que des échansons remplissent les coupes ou que des familiers battent la mesure à la musique des joueurs de flûte (4). »

4. — L'assimilation de la vie future à la vie présente, au double point de vue de la matérialité de l'être et de sa condition d'existence, ressort non moins clairement de la croyance, autrefois si générale, que les morts, exposés comme les vivants à la faim et à la soif, ont aussi besoin de soutenir par des aliments leur existence défaillante, et

---

(1) *Missionary Register for 1826*, p. 164.
(2) Tylor, *Civilisation primitive*, t. II, p. 79.
(3) *Edda, Gylfaginning*, 53-55.
(4) Rawlinson, *les Religions de l'ancien monde*, p. 199.

courraient risque de périr d'inanition si les offrandes qu'on leur fait venaient à manquer. De là l'usage presque universel de déposer des mets à portée des morts, de leur faire des libations, d'immoler pour eux des victimes et d'instituer des repas funèbres auxquels ils sont censés prendre part.

Durant quelques jours après le décès, les habitants de l'île d'Alsou remplissent d'aliments la bouche des morts (1). Au Congo, l'on introduit chaque mois, par un conduit qui aboutit à la bouche du défunt, des aliments et des boissons (2). Lucien mentionne un usage pareil dans l'ancienne Grèce (3). Les Péruviens avaient soin de mettre auprès du cadavre des vases pleins de maïs, de pommes de terre, de bananes desséchées et de bière de maïs (4). Dans l'Inde, les *Lois* de Manou promettent du bonheur à qui fait aux mânes de ses ancêtres des offrandes d'aliments (5). Rama, offrant à boire et à manger à l'ombre de son père, dit : « Grand roi, mange avec plaisir ces aliments que nous mangeons nous-mêmes, car, sans doute, la nourriture de l'homme est aussi celle des mânes et des dieux (6). » Jusqu'aux approches de notre ère, les Grecs attachèrent à des rites analogues une importance extrême. Homère décrit les pâles ombres qui se traînent dans l'Hadès, comme des larves affamées et languissantes, avides de boire le sang qu'on leur offre, et accourant de loin pour s'en repaître, afin de recouvrer quelques lueurs d'intelligence avec le souvenir. Quand Ulysse va les visiter, elles ne sont en état de le reconnaître et de lui répondre qu'après avoir humé une mixture réparatrice où entrent le sang d'un bélier et d'une brebis, du vin, de l'eau, du miel et de la farine (7). Dans

(1) H. Spencer, *Principes de sociologie*, I, 220.
(2) Cavazzi, *Congo*, I, p. 264.
(3) *Charon*, 22.
(4) A. d'Orbigny, *l'Homme américain*, t. I, p. 284.
(5) *Lois de Manou*, liv. III.
(6) *Ramayana*, trad. Fauche, t. I, p. 233.
(7) *Odyssée*, XI.

l'*Hécube* d'Euripide, Néoptolème dit à l'ombre d'Achille :
« Fils de Pélée, ô mon père, reçois ce breuvage qui plaît
aux morts. Viens et bois ce sang (1) ». Eschyle fait également dire par Oreste : « O mon père ! si je vis, tu recevras
de riches banquets ; mais, si je meurs, tu n'auras pas ta
part des repas fumeux dont les morts se nourrissent (2). »
Le désir d'avoir de la postérité était même rendu plus vif
par celui de ne pas manquer de pourvoyeurs quand on serait dans la tombe. « Tous ceux qui pensent à la mort, dit
Isée, le maître de Démosthènes, veulent laisser derrière
eux qui apporte à leurs mânes des offrandes funéraires (3). »

La coutume d'offrir des repas aux morts s'est perpétuée
jusqu'à nous. En France, le cérémonial de l'ancienne cour
en fournit un curieux exemple : pendant les quarante jours
qui précédaient les funérailles du roi, son effigie en cire
était exposée, et on lui servait les mêmes repas que de son
vivant. Les officiers de la table faisaient le service, le seigneur du rang le plus élevé présentait la serviette ; un
prélat bénissait la table, et, le repas achevé, disait les
grâces en y ajoutant un *de Profundis* (4). Maintenant
encore, les Chinois, dont on doute s'ils admettent une vie
future, ne laissent pas d'offrir aux ancêtres des banquets
où ils étalent les recherches et les friandises de leur cuisine raffinée. « Dans les villages albanais de l'Épire, raconte
M. G. Perrot, j'ai vu les femmes, à la sortie des offices du
dimanche, déposer sur les pierres tombales des gâteaux
faits de miel, de farine et de grains de pavot. Je leur demandais pourquoi elles les mettaient là et à qui elles les

---

(1) *Hécube*, 536. — La croyance aux vampires, très répandue en
Afrique et en Amérique, se retrouve dans les *Rakchasas* de l'Inde,
les *Goules* de la Perse, les *Brucolaques* de la Grèce, les *Lémures* et
les *Lamies* des Romains, les *Lilith* des Hébreux, etc. Elle persiste
par tradition dans l'Europe orientale.
(2) *Choéphores*, 482-484.
(3) *De l'Héritage d'Apollodore*.
(4) Poullain de Saint-Foix, *Essais sur Paris*, 1754, dans *Œuvres*,
t. IV, p. 147.

destinaient : « C'est pour les morts, » me répondit-on (1). En Russie et en Galice, les paysans déposent aussi des aliments sur les tombes. Les Russes ont des repas de funérailles qui se renouvellent le neuvième, le vingtième et le quarantième jour après le décès (2). Dans quelques cantons de l'Allemagne, on laisse sur la table, la veille du jour des morts, un dîner servi pour eux. En Bretagne, un repas nocturne est mis de même à la disposition des trépassés, et l'on a soin de faire du feu pour que les pauvres âmes, transies et grelottantes, puissent se réchauffer un moment (3). Enfin, on pourrait regarder l'usage de boire à la santé des vivants et de porter des toasts comme dérivé de la coutume antique de répandre des libations destinées aux morts (4).

5. — Une autre preuve, non moins significative, de l'identification des deux vies, résulte de la coutume, également générale, de déposer près des morts des objets de toute nature, armes de chasse ou de guerre, outils professionnels, ustensiles de ménage, vêtements, meubles, vases, bijoux, parures, articles de toilette pour les femmes, jouets pour les enfants, etc. Cet usage, suivi par tous les peuples anciens, a fait de leurs sépultures, cachettes préservatrices, les plus riches dépôts où viennent puiser à l'envi, sans scrupules de sacrilège, la curiosité des archéologues et l'avidité des chercheurs de trésors. La tombe antique, souvent aménagée comme une demeure, réunissait autour du défunt tout ce qui, durant sa vie, lui avait été utile ou agréable et pouvait encore assurer ses aises. Les Égyptiens ensevelissaient avec le mort, dans sa *demeure éternelle*, ce qu'il avait le plus aimé dans sa maison *de dessus terre*,

---

(1) *La Religion de la mort en Grèce*, dans la *Revue des deux mondes* 1ᵉʳ novembre 1895.
(2) Tylor, *Civilisation primitive*, t. II, p. 46.
(3) Idem, *ibid.*, t. II, p. 50.
(4) Tylor, *Civilis. primit.*, t. I, pp. 112-114.

mettant à sa portée, outre des provisions de bouche, un trousseau et un mobilier complets, des coffrets à linge, des perruques de rechange, un lit, un fauteuil, des livres et des jeux pour distraire ses longs loisirs. Mêmes usages en Grèce et en Étrurie. Les épigrammes de l'*Anthologie* mentionnent une foule d'offrandes ainsi faites aux morts. Au Pérou, « ce qui domine, c'est l'idée d'une survivance qui n'est guère que la continuation de la vie actuelle. On enterre avec le cadavre des vêtements, des vases, des armes, des parures, pour qu'il puisse s'en servir dans sa nouvelle existence » (1). On déposait même, à côté de la momie d'une femme, l'ouvrage qu'elle n'avait pas eu le temps de terminer, afin qu'elle pût l'achever dans l'autre monde.

De nos jours encore, les Sioux mettent auprès de leurs morts une pipe, du tabac et divers articles dont ils pourront avoir besoin (2). « Chez les Esthoniens de l'Europe septentrionale, les morts partent convenablement équipés pour leur voyage au delà de la tombe, avec du fil et des aiguilles, une brosse à cheveux, du savon, du pain, de l'eau, du vin et une pièce de monnaie (3). » En prévision d'une longue étape, les Indiens de Californie chaussent les cadavres de solides mocassins. En Allemagne, les Souabes les munissent de sabots. Les paysans de l'Erzebirge et du Voigtland placent dans la bière des galoches en caoutchouc et un parapluie (4), car il est bon de prévoir aussi le mauvais temps. Chez les peuples les plus avancés d'Europe, il n'est pas rare de voir déposer dans le cercueil des objets chers au défunt et qui pourront encore lui faire plaisir. La pompe même de nos obsèques continue les traditions en étalant, à la suite du mort, son costume d'apparat, ses armes, ses décorations...

---

(1) A. Réville, *Hist. des religions*, t. II, p. 391.
(2) *Le Tour du monde*, 1864, t. I, p. 53.
(3) Tylor, *Civilisation primitive*, t. I, p. 568.
(4) Girard de Rialle, *Mythologie comparée*.

Sous l'empire des mêmes croyances, on immola et l'on ensevelit avec les personnages de marque des animaux pour leur prêter assistance, des esclaves pour les servir, des femmes à titre de compagnes. Au Borgou, l'on tue le chien et le cheval du défunt afin que leurs ombres suivent celle de leur maître (1). Homère nous montre Achille sacrifiant aux mânes de Patrocle quatre chevaux, deux chiens et douze jeunes Troyens (2). Dans l'*Énéide*, Énée « saisit tout vivants huit jeunes captifs... et les réserve pour être immolés aux mânes de Pallas (3) ». Hérodote rapporte que, dans la fosse où les Scythes du Borysthème enterraient leur roi, on mettait « une de ses concubines, son échanson, son cuisinier, son ministre, un de ses serviteurs, des chevaux, en un mot les prémices de toutes choses à son usage » ; puis l'année révolue, cinquante serviteurs étaient égorgés et placés sur autant de chevaux empaillés pour lui composer une garde de cavalerie (4). César mentionne des coutumes analogues chez les Gaulois. Ils brûlaient, dit-il, à la mort d'un chef, ses animaux, ses esclaves et ses clients préférés (5). A Rome même, les combats funéraires, donnés d'abord auprès du tombeau, puis dans l'amphithéâtre, semblent rappeler les sacrifices humains antérieurement usités pour procurer au mort une suite honorifique. Dans la Gaule franque et déjà chrétienne, on voit la reine Austréchilde, femme de Gontran, exiger de son mari, par serment, qu'à son décès deux médecins soient immolés comme compagnons de mort (6).

Les sacrifices d'animaux ont persisté plus longtemps en Europe, presque jusqu'à nos jours. Ils étaient usuels

---

(1) Clapperton, dans *Histoire universelle des voyages*, t. XXX, p. 173.
(2) *Iliade*, XXIII, 166-176.
(3) *Énéide*, X, 518-520.
(4) *Histoires*, IV, 71 et 72.
(5) *Guerre des Gaules*, VI, 19.
(6) Grégoire de Tours, *Hist. ecclésiastique des Francs*, V, 36.

chez les Scandinaves (1). Au moyen âge, on ensevelissait souvent avec le mort des chevaux, des chiens, des faucons. A Paris, en 1672, aux funérailles de Jean Casimir, roi de Pologne, mort abbé de Saint-Germain-des-Prés, son cheval de guerre fut solennellement égorgé. En 1781, à Trèves, le cheval d'un général de cavalerie, Frédérik Kasimir, inhumé suivant les rites de l'ordre teutonique, fut conduit aux obsèques de son maître, puis abattu et enterré avec lui (2). Un vestige de cette coutume est l'habitude de faire suivre le cercueil des hommes de guerre par leur cheval de bataille. Chez les Arabes, on sacrifiait un chameau sur la tombe du mort, pour l'aider à traverser les déserts de l'autre monde (3).

L'esprit s'épouvante au spectacle des sanglantes hécatombes faites en tant de lieux à l'occasion des funérailles, et des milliers d'êtres humains sacrifiés à l'idée, partout répandue, qu'une escorte d'honneur était nécessaire aux morts importants. Au IIIe siècle avant notre ère, l'empereur chinois Thsin-Chi-Hoang-Ti ordonna qu'à sa mort on enterrât avec lui tous ses serviteurs, dont le nombre était très grand, et Marco-Polo rapporte que, chez les Tartares, des funérailles royales pouvaient coûter la vie à plus de 20,000 personnes (4). Au Pérou, l'on immolait à la mort d'un Inca des centaines et quelquefois des milliers de victimes, choisies parmi ses esclaves et ses concubines (5). Quand mourait un grand seigneur au Mexique, on égorgeait des esclaves, des femmes, des prisonniers de guerre, des artisans de diverses professions pour le servir, enfin un chapelain ou un prêtre de rang inférieur pour l'assister de ses prières et de ses conjurations (6). Plus prévoyants encore,

(1) Edda, *Voyage de Gylfe*, 77.
(2) Kemble, *Horæferales*, p. 66.
(3) Palgrave, *Arabia*, t. I, p. 10.
(4) *Relation de ses voyages*, I, xiv.
(5) Prescott, *Hist. de la conquête du Pérou*, I, 46.
(6) Bancroft, *Natives Races of the Pacific States of North America*, II, 537.

les indigènes du Guatemala, lorsqu'un de leurs chefs était en danger de périr, envoyaient des esclaves par avance, afin qu'ils pussent tout préparer dans la nouvelle habitation de leur maître (1). Pour rendre à un parent ou à un ami mort un service signalé, les Osages tuaient quelque ennemi et en suspendaient le scalp sur la tombe, persuadés que l'ombre de la victime servirait d'esclave au défunt (2). Les Dayacs de Bornéo, qui font avec ardeur la chasse aux têtes, sont convaincus que chaque victime équivaut à l'acquisition d'un esclave pour la vie future. Chez eux, un jeune homme trouverait difficilement à se marier avant de s'être ainsi assuré un serviteur, et l'on est d'autant plus estimé qu'on a commis plus de meurtres, le rang d'un homme dans l'autre monde devant être proportionné à leur nombre dans celui-ci (3). Dans l'Ashanti, à la mort du roi, ses parents, pris d'une sorte de folie furieuse, parcourent les rues en tuant à coups de fusil tous ceux qu'ils rencontrent. Puis on immole un millier d'esclaves (4). Au Dahomey, l'usage était d'égorger, à la célébration des funérailles du roi, cent soldats pour lui faire escorte, cinquante porteurs de provisions, huit danseuses de son harem, des femmes, des eunuques, des chanteurs, des joueurs de tambourin, des dignitaires, des courtisans... Lorsque, ensuite, le roi vivant voulait donner de ses nouvelles à son père, lui annoncer quelque événement ou l'informer que sa mémoire était honorée, il lui expédiait à cette fin des messagers, munis pour frais de route, d'une piastre et d'une bouteille de tafia (5).

Dans la plupart des pays où se faisaient ces immolations, les victimes s'offraient en foule au sacrifice, heureuses de

---

(1) Ximénès, *Las Historias del origen de los Indios de Guatemala*, 1857, p. 212.
(2) Coy, *History of Baptist Indian Missions*, 360.
(3) Tylor, *Civilisation primitive*, t. I, p. 533.
(4) Bowdich, dans *Hist. univers. des voyages*, XXVII, 428.
(5) Tylor, *ibid.*, t. I, p. 537. Cfr. Hérodote, IV, 94.

profiter de l'occasion pour s'introduire à la suite d'un grand chef dans un paradis d'où l'humilité de leur condition les aurait exclues. Chez les Natchez, où ces massacres étaient en usage, nombre de parents, d'amis et de serviteurs du grand chef se tuaient volontairement pour accompagner leur dieu terrestre dans l'autre monde (1). Au Pérou, à la mort de l'Inca Huacu-Capac, plus de mille personnes se dévouèrent pour l'escorter (2). Marco-Polo a vu dans l'Inde, au XIIIe siècle, le suicide volontaire des gardes du roi de Maabar, désireux de le suivre et de partager sa fortune (3). Chez les Dahoméens, après les hécatombes de rigueur, la sépulture du roi restait ouverte trois jours, et qui voulait venait s'y tuer. Aux funérailles de la mère de Tchaka, roi des Zoulous, 7,000 personnes se massacrèrent à l'envi pour accompagner la défunte (4). En Amérique, les Chibchas enterraient avec le mort « les femmes et les enfants qui le désiraient le plus » (5). On sait quelle peine ont eue les Anglais à interdire les *sutties* dans l'Inde et à empêcher les veuves de se brûler vives sur le bûcher de leur époux. Cette coutume paraît avoir été assez répandue autrefois, car on la constate chez les Thraces, les Gètes et les Scythes (6). Dans la mythologie germanique, Brynhild s'immole sur le bûcher de Sigurd (7). Pareil usage existait encore chez les Russes au Xe siècle. Un écrivain du temps, le géographe arabe Mas'udi, le constate dans ses *Prairies d'or* : « Les Rús, dit-il, brûlent leurs morts avec leur bétail, leurs ustensiles, leurs armes et leurs vêtements. Quand un homme vient à mourir, sa femme est brûlée avec lui... Si c'est un célibataire, on le marie après sa mort.

---

(1) Charlevoix, *Histoire de la Nouvelle France*, t. VI, p. 178.
(2) Velasco, *Histoire du royaume de Quito*, t. I, p. 234.
(3) *Relation*, III, 20.
(4) Letourneau, *Évolution de la morale*, 214, 215.
(5) Kingsborough, *Antiquities of Mexico*, 1830, t. VIII, p. 258.
(6) Jacob Grimm, *Essai sur les différents modes de sépulture*.
(7) Max Müller, *Essais de mythologie comparée*, p. 306.

Les femmes se font brûler avec joie, car, seules, elles ne pourraient entrer en paradis. » On peut remarquer, à ce propos, que les femmes ont été bien souvent sacrifiées aux mânes du mari, mais qu'il n'y a guère d'exemple de la réciproque.

6. — Il a même été reçu, chez divers peuples, que la monnaie avait cours au pays des ombres et y conservait son pouvoir d'échange. En Grèce, on mettait dans la bouche du mort l'argent du péage perçu par Charon pour la traversée du Styx (1). L'usage de placer quelque pièce de monnaie dans la bouche ou la main du mort existait autrefois en Prusse et est signalée de nos jours parmi des paysans d'Allemagne et d'Irlande, ainsi que dans plusieurs cantons du Jura et du Morvan (2). Telle était l'assurance des Gaulois, qu'ils prêtaient des sommes remboursables dans l'autre monde, sur engagement *post obitum* (quel heureux temps pour les emprunteurs !). Ils envoyaient aussi au défunt, par la voie du bûcher funèbre, les créances qu'il avait laissées, ce qui libérait pour le présent les débiteurs (3).

On ne pourrait guère citer de preuve plus forte de la foi en la vie future et en sa parfaite ressemblance avec la vie actuelle. De nos jours, les Chinois, dans l'idée que le mort aura peut-être besoin d'argent, lui en donnent s'ils peuvent ; mais, le plus souvent, ils se contentent de lui remettre des valeurs fictives, qui consistent en imitations d'écus de carton couverts d'une feuille d'étain pour simuler l'argent ou colorés en jaune pour paraître d'or. La fabrication de cette monnaie, essentiellement fiduciaire, suffit à occuper toute une industrie (4). Les Célestes figurent

---

(1) Lucien, *Dialogues des morts*, 22.
(2) Tylor, *Civilis. primit.*, t. I, p. 595 ; Maury, *la Magie,* p. 158.
(3) Pomponius Mela, *De situ orbis*, III, 2 ; Valère Maxime, II, 6 ; Diodore de Sicile, V, 28.
(4) Tylor, *loc. cit.*, t. I, p. 574.

encore en papier une foule d'objets, chevaux, chars, palanquins, selles, porteurs, etc., qu'ils veulent faire parvenir au mort, et lui expédient, en les brûlant, ces simulacres, persuadés qu'ils se changeront en réalités au profit du destinataire (1).

7. — La théorie qui faisait de la vie future une simple continuation de la vie présente et comme son décalque légèrement modifié, ne pouvait satisfaire que des esprits peu réfléchis et des désirs très bornés. La mort devenait ainsi un complet non-sens, car il serait illogique que l'existence nous fût ôtée pour nous être aussitôt rendue dans la même condition. Si, en effet, les lois de la vie se prêtent à sa prolongation dans un autre monde, semblable ou peu différent, on ne voit pas pourquoi la nature lui assignerait un terme dans celui-ci ; et, si ces lois se refusent à la faire durer davantage, c'est l'homme qui est déraisonnable de l'espérer. Pendant une phase plus avancée de développement mental, on crut expliquer mieux les choses en présentant la vie actuelle comme une épreuve, et la vie future comme un système de sanctions. Suivant qu'on avait mérité ou démérité, les conditions d'existence durent alors changer, et l'uniformité primitive de traitement fit place à deux états bien tranchés où l'on réunit à plaisir, d'une part les éléments de jouissance, de l'autre les causes d'affliction. L'institution des paradis et des enfers mit entre les morts une disparité profonde, résultant du partage idéal, entre deux séjours contraires, des biens et des maux de la vie. Néanmoins, le côté matériel domina longtemps dans ces conceptions, qui, par suite, ne s'écartèrent pas trop des données de la vie réelle, dont elles se bornaient à séparer les éléments.

(1) A. Réville, *Hist. des religions*, III, 528 ; Astley, *Collection of voyages*, IV, 94.

En général, les enfers présentent de frappantes similitudes, parce que les hommes ressentent de même et craignent également les douleurs physiques ; les paradis sont plus divers, parce qu'ils combinent, avec des satisfactions communes de besoins, des plaisirs qui varient selon les personnes, les goûts et les temps.

D'après la croyance des Égyptiens, lorsque Thot avait pesé les âmes dans sa balance, celles dont les fautes l'emportaient étaient vouées à de cruels supplices, hachées à coups de glaive par des démons, pendues la tête en bas, décapitées, cuites dans des chaudières, piquées par des serpents ou des scorpions, condamnées à traîner leur cœur arraché... Mais après un temps d'expiation, elles étaient anéanties. Les meilleures, munies comme talisman de la plume d'autruche, symbole de justice qui avait servi à les peser, allaient dans le champ des fèves (*Sokhit-Ialou*), qu'elles labouraient et moissonnaient. Le reste du temps se passait en festins, chants, causeries et jeux (1). Les âmes des justes parcouraient ensuite les demeures célestes, se mêlaient au chœur des dieux, et, finalement, devenues intelligences pures, se confondaient avec Osiris.

Le paradis des Aryas de l'Inde védique est assez sommaire ; le *Véda* se contente de dire que « la satisfaction y naît avec le désir » (2). « Donne-moi l'immortalité, dit un des hymnes du *Rig-Véda*, là où se trouvent le bonheur et les délices, là où résident la joie et les jouissances, là où s'accomplissent les désirs de nos désirs (3). » Le paradis brahmanique se compose de plusieurs mondes superposés. Dans les inférieurs s'étendent des mers de lait, de beurre fondu, de miel et de jus de canne à sucre (4). Le plus élevé

---

(1) Champollion, *Lettres sur l'Égypte*, p. 233; Maspéro, *Lectures historiques*, pp. 157-160.
(2) E. Burnouf, *Essais sur le Véda*, p. 433.
(3) Max Müller, *Chips from a German Workshop*, t. I, p. 40.
(4) J. Vinson, *les Religions actuelles*, p. 89.

est le *Swarga*, où, sous la présidence d'Indra, les bienheureux goûtent toutes sortes de plaisirs, charmés par des chœurs de musiciens célestes (*Gandhavas*), de danseuses et de chanteuses (*Apsaras*). Les uns reviennent ensuite par la métempsycose à la vie. Les plus purs s'absorbent en Brahma et entrent par la cessation de l'existence personnelle dans la béatitude du *Mokhsa* (1). — Les vingt et un enfers (*Narakas*) décrits dans les *lois* de Manou, sont affectés au châtiment de diverses catégories de coupables. Ainsi les voleurs, les incendiaires, les empoisonneurs sont livrés aux chiens, aux porcs, aux vautours ; les simples malintentionnés sont persécutés par des mouches et de la vermine ; les menteurs se voient arracher une langue qui repousse toujours... Mais le crime le plus sévèrement puni est le mépris des brahmanes. Il expose à rester trois mille cinq cents ans plongé dans un bain de métal fondu, la tête serrée entre des pinces ardentes.

Le bouddhisme accumule dans l'heureuse contrée de *Soukhavâti* tous les genres de délices. Il y a des lacs d'eau pure et fraîche, des jardins, des ombrages ; les fleurs de lotus flottant sur les eaux servent de siège aux élus, que ravissent des concerts et des danses... Mais ces plaisirs durent peu, à peine quelques millions d'années, après quoi il faut revenir sur terre, continuer les épreuves de la transmigration. Les sages, plus élevés en perfection, sont admis dans un ciel supérieur, où le plaisir sensible fait place aux pures jouissances de la vie intellectuelle. Enfin s'ouvre un ciel suprême où le saint entre sans conscience dans le repos du nirvâna et réalise, par l'évanouissement de son moi, la béatitude absolue. Le paradis plus enfantin des bouddhistes chinois (*Ni-Pan*, corruption du mot *nirvâna*) est un séjour enchanteur où des pavillons construits en joyaux multicolores invitent à la retraite ; des eaux de cris-

---

(1) De Milloué, *Hist. des religions de l'Inde*, pp. 73 et 74.

tal coulent sur un lit de sable d'or et pierres précieuses; trois fois par jour tombent des pluies de fleurs, tandis que les faisans, les aras et d'autres oiseaux superbes célèbrent en chœur les beautés de la religion et la gloire du Bouddha, de concert avec le murmure des arbres et le bruit de sonnettes agitées par le vent (1). — L'enfer bouddhique (*Rorava*) comprend dix-huit sections principales, où sévit soit un froid atroce, soit une intolérable chaleur. Il y a des fleuves d'excréments, des chaudières d'huile bouillante, des fouets de flammes, un enfer de sang et de reptiles, un de cuivre en fusion, etc. Le génie tortionnaire des Chinois s'est plu à faire infliger, dans ces sombres geôles, tous les modes imaginables de supplices, peints sur les parois des pagodes afin de maintenir les pécheurs dans un salutaire effroi. Mais de mystérieuses formules, dont les bonzes ont le secret, tirent à juste prix les coupables de ces enfers (2).

8. — Le mazdéisme présentait un tableau moins terrible de l'autre vie. A l'épreuve du pont *Tchinwat*, l'ange Serosh, « l'heureux, le beau, le grand Serosh allait à la rencontre du voyageur fatigué, soutenait sa marche comme il avançait sur le passage difficile et aidait l'âme pieuse à traverser le pont. Les prières de ses amis dans ce monde étaient bien utiles au défunt et le fortifiaient singulièrement dans sa course. Jugé par Mithra et reconnu digne du séjour céleste, l'ange Vohu-Mano se levait de son trône et le saluait en ces termes : — « Que tu es heureux, toi qui es venu vers nous, échangeant la mortalité contre l'immortalité ! » — Alors l'âme pieuse s'avançait joyeusement vers Ahura-Mazda, vers les saints immortels, vers le trône d'or, vers le paradis. » Dès l'instant de sa mort l'homme bon éprouvait « autant de joie qu'en possède le

---

(1) A. Réville, *Hist. des religions*, t. III, p. 524.
(2) Idem, *ibid.*

monde entier ». Quant aux méchants, ils étaient rejetés dans les ténèbres du dehors et tombaient dans le royaume d'*Angro-Mainyous*, où ils étaient tourmentés par les démons, nourris de mets vénéneux, de serpents et de scorpions. Mais, après une purification par le feu, ils allaient partager les joies des élus (1).

Le Tartare et les champs Élysées des Grecs reproduisent les douleurs et les peines de la vie réelle. Quoique le premier contienne un marais, le Styx, et des fleuves de feu (*Phlégéton, Périphlégéton*), les simples infractions à la loi morale n'y sont pas punies de châtiments collectifs. Il n'est infligé de supplices spéciaux qu'aux impies coupables d'offenses personnelles envers les dieux (Titans, Prométhée, Ixion, Tantale, Sisyphe...). Pleins d'aversion pour les idées tristes et les images cruelles, les anciens ont en général peu insisté sur la description des supplices infernaux. Ils se sont étendus avec plus de complaisance sur celle du bonheur élyséen. Hésiode dépeint les héros du quatrième âge, vivant sans travail et sans soucis dans les *Iles Fortunées* où, trois fois par an, ils cueillent des fruits aussi doux que le miel (2). Homère mentionne également une *Ile des Bienheureux*, « où il n'y a point d'hiver, point de neige, jamais de pluie, où l'haleine des Zéphyrs répand une douce et constante fraîcheur » (3). Pindare expose avec plus de détails la béatitude des champs Élysées : « Pour les bons, le soleil éclaire des jours que n'obscurcissent jamais les ombres de nos nuits ; dans des prairies empourprées de roses, ombragées par l'arbre qui produit l'encens, ils voient des bosquets se charger de fruits d'or. Les chevaux et les exercices du gymnase, les dés, la lyre, se partagent leurs goûts et leurs joies. Rien ne manque à l'état de leurs flo-

---

(1) V. Rawlinson, *les Religions de l'ancien monde*, p. 113 ; *Vendidad* XIX, 30-32.
(2) *Œuvres et Jours*, 109-120, 165.
(3) *Odyssée*, IV, 563-569.

rissante félicité. Dans ce séjour de délices s'exhale sans cesse l'odeur des parfums de toute sorte qu'ils jettent sur la flamme au loin rayonnante des autels (1). » Platon ne s'élève guère au-dessus de cet idéal : « Musée et son fils conduisent les justes dans l'Hadès et les font asseoir au banquet des saints, où, couronnés de fleurs, ils passeront leur existence dans une éternelle ivresse (2). »

La description de la vie future, telle que la conçoit Virgile, est de beaucoup supérieure. Il ne dit qu'un mot des supplices du Tartare, alléguant que cent langues avec une voix de fer ne suffiraient pas à les décrire. Sa belle imagination se déploie plus volontiers à retracer les joies des champs Élysées. Là, dans une atmosphère pure et tranquille, sous la douce lumière d'un soleil autre que le nôtre, les ombres heureuses se promènent dans des lieux charmants, s'exercent à des luttes innocentes, aux armes, à la chasse, aux courses de chars, se promènent en conversant par groupes d'amis, prennent place à des festins, jouent de la lyre, dansent et chantent des hymnes en chœur... Mais l'âme tendre du poète fait une part aux jouissances affectives et ménage des dédommagements aux malheurs immérités de la vie (3). Dante et Fénelon se sont inspirés de ces poétiques tableaux.

Ceux des Juifs qui admettaient la résurrection croyaient à une autre vie assez semblable à celle-ci, où l'on pouvait manger, boire et se marier. Le psalmiste promet aux enfants des hommes qu' « ils seront enivrés de l'abondance qui est dans la maison du Seigneur, et qu'il les fera boire au torrent de ses délices (4) ». Jésus parle d'une pâque nouvelle et d'un vin nouveau, mais il écarte l'idée de mariage. Son paradis est un séjour de bonheur où les élus, vêtus de lumière, festineront en compagnie d'Abraham,

---

(1) *Olympiques*, II, antistr. 4.
(2) *République*, p. 363.
(3) *Énéide*, VI, 642-658.
(4) *Psaumes*, XXXV, 8.

des patriarches et des prophètes (1). Il représente la *Géhenne* (originairement une vallée, cloaque d'immondices, à l'ouest de Jérusalem), comme « une ténébreuse fournaise de feu où il y aura des pleurs et des grincements de dents ». Les réprouvés y seront brûlés, rongés par les vers, ainsi que Satan et les autres anges rebelles (2). L'auteur de l'*Apocalypse* décrit la Jérusalem céleste comme une cité construite en pierres précieuses, avec des perles pour portes, arrosée par un fleuve d'eau vive, et contenant l'arbre de vie qui donne un fruit chaque mois (3). Par contre, il plonge dans un étang de soufre et de feu les criminels, les timides et les incrédules (4).

Les populations du moyen âge, partagées entre l'espoir du paradis et la crainte de l'enfer, ont vécu sous l'obsession des peintures qu'en retraçaient à l'envi les théologiens, les sermonnaires, les poètes et les artistes. L'âme sombre de Tertullien fait de l'enfer un hideux champ de carnage (*æterna occisio*), où les damnés souffrent des douleurs mortelles sans pouvoir espérer le soulagement de la mort. Saint Augustin les voit plongés dans des chaudières de plomb fondu, dans des marais infects où ils sont livrés aux morsures d'affreux reptiles. Le doux auteur de l'*Imitation* lui-même condamne les voluptueux à recevoir des affusions de poix brûlante et de soufre puant (5). En preuve d'authentique réalité, les annalistes rapportent les récits d'excursions, faites par des visionnaires en état d'extase ou de léthargie, dans ces mystérieuses régions de l'enfer et du paradis (6). Dante a consacré son génie à nous dépeindre

---

(1) *Saint Matthieu*, VIII, 11; XIII, 43; XXVI, 29; *Saint Luc*, XXII, 30.
(2) *Saint Matthieu*, XIII, 42; XXV, 41; VIII, 12; *Saint Marc*, IX, 43.
(3) *Apocalypse*, XXI, XXII.
(4) *Ibid.*, XXI, 8.
(5) *Imitation*, I, 24.
(6) V. Saint Grégoire le Grand, *Dial.* IV; Mathieu Pâris, An. 1196 et 1206; Guibert de Nogent, *De vitâ suâ*, III, 20; Grégoire de Tours, VII, 1; Hincmar, II, p. 805.

ces rêves dans un poème, la plus belle création littéraire du moyen âge, où il a su exprimer avec une égale puissance le double idéal de l'horreur et de la suavité. Au rebours de Virgile, son guide, il se plaît à exposer les supplices des damnés et reste peu explicite sur la félicité des justes. Les tourments physiques et variés de son enfer contrastent avec les joies éthérées, mais uniformes et vagues, de son paradis, dont tous les traits sont empruntés au plus immatériel des phénomènes, la lumière, et l'œuvre s'achève par un hymne éblouissant à de célestes clartés.

Aux derniers temps du moyen âge, l'enfer semble reproduire l'image des cachots de l'inquisition, et la dureté des cœurs y fait prodiguer toutes sortes de tortures. Bossuet montre encore les damnés : « Toujours vivants et toujours mourants, immortels pour leurs peines, trop forts pour mourir, trop faibles pour supporter, ils gémiront éternellement sur des lits de flammes, outrés de furieuses et irrémédiables douleurs (1). » Les paradis, que se sont plu à rêver des imaginations monacales, figurent un ciel disposé comme un chœur d'église, où les élus psalmodient sans fin des cantiques, au bruit des orgues et au balancement des encensoirs. Quelques jésuites, mal inspirés par un mysticisme sensuel, ont imaginé, pour mettre en goût les gens du monde, des plaisirs dont la puérilité le dispute aux conceptions des sauvages. Le P. Gabriel Henao prétend qu' « il y aura une musique dans le ciel, avec des instruments comme les nôtres », qu'on s'y livrera au divertissement de la danse, etc. (2). Plus précis encore, le P. Louis Henriquez assure qu' « il y aura de suprêmes délices à baiser et embrasser les corps des bienheureux ; qu'ils se baigneront à la vue les uns des autres ; qu'il y aura pour cela des bains très agréables où ils nageront comme des poissons ; qu'ils chanteront comme

---

(1) *Sermon sur les fondements de la justice divine.*
(2) *Empyrologia seu Philosophia christiana de empyreo cœlo*; Salamanque, 1652.

les calandres et les rossignols ; que les anges s'habilleront en femmes et qu'ils paraîtront aux saints avec des habits de dames, les cheveux frisés, des jupes à vertugadin et du linge le plus riche ; que les hommes et les femmes se réjouiront avec des mascarades, des festins et des ballets ; que les femmes chanteront plus agréablement que les hommes, afin que le plaisir soit plus grand ; qu'elles ressusciteront avec les cheveux plus longs et qu'elles se pareront avec des rubans et des coiffures, comme on fait dans le monde ; que les gens mariés se baiseront comme en cette vie... (1) ». Au milieu du XVIIIe siècle, en plein règne de Voltaire, Swedenborg pouvait encore publier un ouvrage sous ce titre : *les Merveilles du ciel et de l'enfer, d'après le témoignage de ses yeux et de ses oreilles* (2). Il y rend compte de ce qu'il a vu dans l'autre monde et de ses conversations avec les anges et les diables.

L'enfer et le paradis des musulmans sont tout matériels. Le Coran ne parle que de peines et de plaisirs physiques. Les maudits sont condamnés à souffrir la faim, la soif, la chaleur, à se repaître d'aliments immondes et de fruits amers, à boire de l'eau bouillante ou du pus, à être écorchés vifs, meurtris avec des gourdins de fer... (3). Les élus, dont les facultés de jouissance seront portées au centuple, trouveront dans le paradis (*Djanna*) des jardins arrosés d'eaux vives, de frais ombrages, des fontaines jaillissantes, chose la plus agréable que puissent rêver des nomades habitués à l'aridité du désert ; des kiosques d'or et de pierreries, des meubles somptueux, des tapis, des vêtements de soie et de brocart ; des fruits exquis, partout à portée de la main et qui se détacheront d'eux-mêmes, des mets et des breuvages délicieux dont ils ne sentiront ni la satiété ni

---

(1) *Occupation des saints dans le ciel* (V. Bayle, *Diction. hist.*, art. Loyola, note U).
(2) *De cœlo et inferno, ex auditis et visis*, 1758.
(3) *Coran*, XIV, 50, 51 ; XV, 49-53 ; XXII, 20, 21 ; LII, 13-16 ; LV et LVI.

l'ivresse ; de jeunes et beaux esclaves pour les servir ; et surtout les voluptés inépuisables du harem, avec polygamie illimitée parmi un nombre prodigieux des vierges célestes (*Houris*), « au regard modeste, aux grands yeux noirs, à la peau blanche comme un œuf d'autruche, au teint éclatant comme celui d'une perle dans sa conque (1) », odalisques idéales, exemptes des souillures des mortelles (2) et douées du privilège d'une virginité toujours renaissante (3). Enfin, le Prophète, craignant d'avoir oublié quelque chose, conclut en disant que chacun pourra demander ce qu'il désire : ses souhaits, quels qu'ils soient, seront aussitôt exaucés (4).

De nos jours, où l'esprit critique prévaut sur la foi naïve, les descriptions de la vie future ne sont plus guère prises au sérieux. Quelque effort d'imagination que l'on fasse pour rendre les peintures de l'autre monde effroyables ou attrayantes, on n'arrive qu'à représenter des enfers qui font sourire ou des paradis qui font bâiller, et les gens d'esprit sont enclins à faire des choix contraires au but de l'institution. Machiavel disait qu'il aimerait mieux aller en enfer qu'en paradis parce qu'il y serait en meilleure compagnie et verrait de plus beau monde : dans l'un, en effet, il n'aurait chance de rencontrer que des apôtres, des ermites, des moines, de vieilles dévotes et des mendiants, toutes gens d'un commerce peu récréatif, tandis que, dans l'autre, il aurait l'agrément de vivre avec de grands seigneurs, des princes, des rois, des cardinaux et des papes... Renan, également dégoûté d'un paradis maussade et d'un enfer odieux, ne juge habitable que le purgatoire, « lieu mélancolique et charmant (5) », où de longs espoirs font prendre en patience des maux passagers, ce qui ressemble

---

(1) *Coran*, XXXVII, 47 ; LII, 20 ; LV et LVI.
(2) *Ibid.*, II, 23.
(3) *Ibid.*, LVI, 34 et 35.
(4) *Ibid.*, XXXVI, 57.
(5) *Feuilles détachées*, préf., p. XVI.

assez à la condition présente. Mais des théologiens charitables ont fait récemment l'heureuse découverte que l'enfer ne méritait pas sa mauvaise réputation, établie par des gens mal informés. Ils le dépeignent libre de rigueurs et de supplices, comme une sorte de paradis moindre, assez confortable encore pour qu'on puisse s'en accommoder et y jouir d'un bonheur relatif (4).

(4) Voy. G. Mivart, *Happiness in Hell*, dans *Nineteenth Century*, déc. 1892, et le Rév. Oxenham, *Eschatologie*.

CHAPITRE XI

MODES D'ACTIVITÉ DANS UNE EXISTENCE FUTURE

II. — Fonctions psychiques, différentes de celles de la vie actuelle.

1. — Une existence trop semblable à la nôtre ou simplement bornée à un triage de ses éléments, ne pouvait pas contenter toujours des convoitises en rapport avec les exigences d'une civilisation accrue et les aspirations d'un spiritualisme exalté. Comme la vie présente est pénible pour la plupart des êtres humains, fastidieuse pour beaucoup, insuffisante pour tous, on devait désirer une vie nouvelle, différente et supérieure. Peu d'hommes, en effet, consentiraient à revivre dans des conditions pareilles à celles où ils ont vécu, puisque aucun d'eux n'y a trouvé le bonheur (1). L'imagination réclame autre chose et mieux. On se plaît alors à rêver une existence idéale, surnaturelle, où les matériaux empruntés à la vie réelle seront, non plus seulement, comme dans les conceptions qui précèdent, choisis et combinés à plaisir, mais amplifiés et transfigurés. On souhaite une activité affranchie de l'effort et de la peine, des facultés élevées à la plus haute puissance, des plaisirs sans privation et sans dégoût, une félicité sans trouble, la

(1) *Nemo vitam acciperet si daretur scientibus* (Sénèque, *Consolatio ad Marciam*, 22).

beauté sans mélange de laideur, l'omniscience sans étude, la perfection sans épreuves, l'association sans conflits... Dans cette voie de l'abstraction transcendante, on arrive à croire possible un état de vie en dehors de toutes les lois connues et que, par conséquent, on ne peut ni décrire ni concevoir clairement. Saint Paul promet aux fidèles, dans le ciel, « ce que l'œil n'a pas vu, ce que l'oreille n'a pas entendu, ce qui n'a pas pénétré dans l'esprit de l'homme (1) ». Il est assez malaisé de dire ce que ce sera. Les Allemands ont un mot, *sehnsucht*, pour exprimer le vague désir de quelque chose dont on ne se fait pas idée. C'est cela même que promet saint Paul. On est en plein dans le monde de l'irréel et de l'incompréhensible. Il suffit de jeter un regard sur ces rêves pour en reconnaître l'inanité et les réduire à des propositions inconcevables ou irrationnelles, c'est-à-dire effectuer leur réfutation par l'absurde : « On ne peut, dit Kant, se faire une idée précise de l'autre monde qu'en perdant une certaine partie de cette raison qui est nécessaire pour ce monde-ci. »

2. — La vie matérielle, sans cesse aux prises avec le besoin, astreinte à de longs labeurs pour se procurer de courtes jouissances, sujette au mal et à la douleur, vouée au déclin de la vieillesse, aux infirmités et à la mort, était manifestement trop défectueuse et devait faire souhaiter une transformation profonde. Plusieurs même, regardant la corporéité comme humiliante pour la raison, voudraient être libérés de ses servitudes, et s'écrieraient volontiers, avec l'apôtre : « Qui me délivrera de ce corps de mort ? (2) » On désirerait avoir un organisme sain et robuste, non assujetti à des nécessités animales, exempt de souffrance et soustrait aux lois d'évolution qui assignent un terme à sa

---

(1) *Corinthiens*, I, II, 9.
(2) *Romains*, VII, 24.

durée. On espère donc qu'appelés à revivre dans des conditions meilleures, les corps seront dégagés, sinon en tout, du moins en partie, des chaînes de la matérialité. Mais, ou ces corps idéalisés à plaisir participeront encore, dans une mesure quelconque, de la nature des nôtres, et ils continueront de subir les mêmes lois de dépendance physique, ou ils différeront entièrement par un caractère de spiritualité pure, et leur existence échappe à toute compréhension.

Un corps doit toujours, par définition, être matériel, en rapport avec un milieu également matériel, subordonné à son influence, obligé de réagir contre lui et astreint à s'acquitter de fonctions déterminées. La conception d'un corps qui subsisterait par lui-même, sans changements d'aucune sorte, sans dépendre en rien de ce qui l'entoure, sans pertes à réparer ni forces à entretenir, sans obstacles à vaincre ni périls à éviter, est hors des données de la science et des possibilités naturelles. Si ce corps imaginaire, placé dans un milieu réel, reste soumis aux lois générales de la matière, cette condition entraînera forcément pour lui des sujétions de besoins, des recherches de satisfactions, une dépense d'efforts, des risques d'accident, de privation et de douleur. Si, par exemple, à raison de l'activité vitale qui se résout en phénomènes chimiques, la substance du corps s'use, se dénature et s'écoule, le voilà tenu de la renouveler, c'est-à-dire contraint, par des exigences de nutrition, à se procurer des aliments, à les apprêter, à s'en repaître... Sans insister sur ce point, il suffit d'indiquer tout ce qu'implique le détail de la fonction pour faire entrevoir une longue série de conséquences, non moins inévitables que gênantes pour l'idéalisation. Les autres ordres de besoins venant réclamer à leur tour, il faudrait encore confectionner des vêtements, dont la pudeur seule imposerait la convenance, construire et meubler des habitations, établir des moyens de transport, etc., en un mot reconstituer, pour des nécessités analogues à celles qui nous pressent, nos plus laborieuses industries. Enfin, malgré tous les soins qu'on en pourrait prendre, la vie serait toujours précaire, exposée à des chances de destruction ; et, si même elle réussissait à s'en préserver, elle n'éviterait pas le terme fatal où l'évolution conduit tout organisme vivant, parce que l'équilibre instable des forces qui le maintiennent, sans cesse compromis et de moins en moins résistant, doit aboutir, dans un temps donné, à un effondrement final. Les objections de ce genre, qui surgissent en foule dès qu'on veut discuter ces rêves, sont d'ordinaire passées discrètement sous silence par les théoriciens de la vie future, car, s'ils essayaient d'y répondre, ils seraient vite acculés à des conséquences inconciliables, soit avec la vraisemblance si on les écarte, soit avec l'idéal si on les admet.

On a cru éviter ces difficultés, mais on n'a fait que leur en substituer d'autres, plus inextricables encore, en imaginant qu'au lieu de renaître dans leur condition matérielle, les corps transfigurés se composeraient d'une substance idéale, abstraite, exempte de « l'étendue de quantité » qui caractérise la matière concrète, et entraîne ses imperfections. Le mazdéisme donnait aux bons, après le triomphe d'Ormuzd, des corps « qui seraient soustraits à la nécessité de manger et n'auraient plus d'ombre » (1). Saint Paul attribue de même aux élus, dans le royaume de Dieu, des corps « glorieux » ou « spirituels », qui, au lieu d'être inertes, pleins de besoins et de misères, rebelles à l'âme et périssables, seraient libres et actifs comme l'esprit, dociles à ses ordres et incorruptibles (2). Le Père Lescœur nous assure (3), d'après les théologiens les plus autorisés, que les corps des justes ressuscités seront *impassibles*, c'est-à-dire exempts de souffrance quoique sensibles au plaisir ;

---

(1) Plutarque, *De Isi et Osiri*, p. 370.
(2) *Corinthiens*, I, xv, 43 et 44 ; 50 et 52.
(3) *Le Dogme de la vie future*, pp. 357-359.

subtils, comme Jésus, qui pénètre dans le cénacle « toutes portes fermées (1) »; *agiles*, c'est-à-dire capables de franchir en un instant les plus vastes espaces; enfin *lumineux* et resplendissants comme les étoiles, au dire de saint Paul (2). On souscrirait volontiers à l'acquisition de pareils avantages; seulement on ne voit pas bien comment ils pourraient se réaliser.

De quoi se composeraient des corps ainsi transfigurés? Origène et Tertullien les croient faits, comme les anges et les démons, d'une substance vaporeuse (3); saint Augustin les façonne avec de la lumière, qu'il prend pour une essence réelle; d'après dom Calmet, les âmes des trépassés sont, ainsi que les anges et les diables, des esprits immatériels; mais, lorsque ces esprits veulent apparaître, parler ou agir, ils se procurent un corps visible et tangible, soit en condensant l'air autour d'eux, soit en revêtant quelque apparence terrestre (4). Leibniz a proposé sa « matière subtile », Gœrres des formes éthérées, pareilles à des spectres lumineux (5); les spirites modernes ont imaginé le « périsprit », une « substance aromale » ou « astrale », etc. Mais la fantaisie a beau s'évertuer sur ce thème chimérique, elle ne peut toujours que matérialiser l'esprit ou spiritualiser la matière, c'est-à-dire associer ce qui s'exclut. De quelque façon qu'on s'y prenne, une matière immatérielle est impossible à concevoir, parce que ces termes sont contradictoires, et que, en voulant les unir, on ne fait pas moins violence à la nature des choses qu'à la raison. Si cette substance ambiguë, qui tiendrait de l'esprit par son essence et de la matière par ses propriétés, est soumise à l'empire des forces physiques, elle subira des lois de contingence,

---

(1) *Januis clausis* (*Saint Jean*, xx, 26).
(2) *Corinthiens*, I, xv, 41 et 42; et *Saint Matthieu*, xiii, 43.
(3) Origène, *Des Principes*, I, 7; Tertullien, *De carne Christi*, VI, 5; *Adv. Marcion*, II.
(4) *Dissertation sur les esprits*, t. I, ch. xlvi.
(5) *Mystique chrétienne*.

ou, si elle leur échappe par une incorporéité absolue, elle sera bannie du monde réel, sans relation avec lui. Quelle vie pourraient mener, quelles fonctions remplir des corps qui ne seraient pas des corps, mais des idéalités abstraites? Auraient-ils une forme arrêtée sans pouvoir de cohésion et de résistance, des mouvements sans force motrice, une activité sans rapports? Une forme quelconque devient même incompréhensible pour des corps spirituels, car la structure organique ne répond qu'à des besoins matériels. Aucun de nos organes n'aurait de sens pour un être immatériel. Aussi les gnostiques pensaient-ils que, dans la vie future, les corps ne ressembleraient pas aux nôtres (1). Origène tient qu'ils n'auront ni bras ni jambes, et que, ramassés sur eux-mêmes, ils prendront une forme sphérique, la plus parfaite de toutes, puisqu'elle est celle des astres (2). Mais cette forme même des mondes, résultante dynamique de leur matérialité, ne conviendrait pas à des corps sans pesanteur.

Il n'y a donc aucun moyen de comprendre l'existence des corps après qu'on les a vidés de matière, et, si l'on ne conserve d'eux qu'une vaine apparence de figuration, à quoi peut-elle servir, sinon à tromper l'esprit par un faux semblant de réalité? Élevée à ce degré, la spiritualité pure, étrangère au monde physique, perd tout contact avec lui et se perd elle-même en se séparant de lui. Comment se représenter, en effet, l'activité de l'esprit sans organes des sens, alors que toutes nos idées proviennent de sensations perçues et que nous ne pouvons connaître le général que par le particulier, l'abstrait que par le concret? Que serait la passion sans objet, l'idéal sans le réel, la science sans phénomènes, la volonté sans pouvoir d'action, la société sans modes de communication avec les autres êtres? L'exis-

---

(1) Saint Épiphane, *Contre les hérésies*, 67.
(2) *De la Prière*, 31 ; *des Principes*, II, 3, 8, 11.

tence d'un pur esprit est inconcevable, et la perte de sa corporéité, entraînant celle de ses facultés actives, le réduirait à un état d'inertie proche de l'anéantissement. « Les créatures affranchies de la matière seraient, dit Leibniz, les déserteurs de l'ordre général... Cet ordre demande la matière, le mouvement et ses lois (1). »

3. — Pour tous les hommes, le désir de vivre se confond avec celui d'être heureux, et, s'ils souhaitent de revivre, c'est pour le devenir davantage. Comme ils ne jouissent, en cette vie, que d'un bonheur incomplet et passager, ils rêvent dans l'autre une félicité parfaite et durable. Mais elle ne nous échappe pas moins dans l'avenir que dans le présent. C'est un aphorisme banal que « le bonheur n'est pas de ce monde ». Il serait plus exact de dire qu'il n'est d'aucun monde, et c'est folie de le croire possible, n'importe où, dans les conditions de plénitude et de constance où nous le voudrions.

Notre sensibilité est l'attribut normal d'êtres contingents et bornés, dans un monde où se rencontrent des biens assez rares qu'il faut poursuivre et des maux sans nombre qu'il faut éviter. Au sein d'un ordre inégal, variable, troublé par de continuels accidents, nous ne pouvons prétendre qu'à des satisfactions partielles et précaires, à une possession sans sécurité, à des plaisirs fugitifs, plus ou moins mêlés de peines. « Un peu de bien saisi rapidement et dont la jouissance est toujours de courte durée, est tout ce dont on peut flatter la nature humaine (2). »

Rien ne nous procure un peu de joie que ce qui a été ardemment désiré ; or le désir est par lui-même un état pénible, un indice de misère, l'expression d'un besoin senti. Sans désir, pas de jouissance, et, sans privation, pas

---

(1) *Œuvres*, édit. Erdmann, 432, 7.
(2) Talleyrand, *Mémoires*, t. I.

de désir. Veut-on supposer les désirs satisfaits aussitôt que ressentis, ou mieux satisfaits par anticipation tous ensemble ? Mais le désir d'être sans désir est illogique et contradictoire ; c'est vouloir être à la fois affamé et repu. Le désir doit être irrité par des obstacles et s'exalter en passion pour aviver la jouissance. Le satisfaire sur tous les points serait d'ailleurs difficile, tant il a d'exigences et met de conditions à son parfait contentement. On lui donnerait le possible qu'il réclamerait l'impossible. Une omnipotence divine échouerait dans l'entreprise de combler tous nos désirs, parce qu'ils sont inconciliables et se démentent l'un l'autre. La loi de notre activité est donc de tendre sans cesse au bonheur, mais de ne l'atteindre jamais, parce que, en parvenant à le posséder, l'activité n'aurait plus de but.

Si le monde futur doit offrir encore des motifs de désirer et de craindre, d'aimer et de haïr, on connaîtra de nouveau le tourment de la privation, l'impatience de l'attente, l'appréhension du danger, l'inquiétude de la possession, les regrets de la perte. Si les désirs, successifs et changeants, ne visent qu'à des satisfactions restreintes, on n'ignorera pas la versatilité de la passion qui s'éprend et se déprend tour à tour, attestant ainsi son impuissance à goûter un bonheur qui dure, et condamnée, comme les Danaïdes de la fable, à remplir un tonneau sans fond. A voir combien ce que nous avons le plus désiré nous contente peu, et comment, à peine en possession d'un bien dont nous attendions le bonheur, nous en découvrons vite l'insuffisance et cherchons ailleurs une félicité qui ne s'y trouvera pas davantage, il apparaît clairement que notre faculté de jouissance n'est pas en rapport avec notre latitude d'appétition, car la première a des bornes, tandis que la seconde est infinie. Le sort de la passion est donc de désirer beaucoup, d'obtenir peu et de n'être jamais satisfaite. Comme elle ne saurait tout avoir et qu'elle est moins heureuse de ce qu'elle possède que malheureuse de ce qui lui manque, le bonheur est impossible. La seule manière de le goûter, c'est d'y renoncer. Au lieu de se fatiguer à le poursuivre en donnant un libre essor aux désirs, il faut le demander à la modération du désir même, au contentement de ce qu'on a, au renoncement à ce que la fortune refuse ou vendrait trop cher, à la tranquillité de cœur et d'esprit, et l'on mérite alors d'être relativement heureux, parce qu'on ne se tourmente pas à le devenir. Le bonheur, qui fuit tant qu'on le pourchasse, vient de lui-même quand on ne le cherche plus.

Quelques-uns rêvent la jouissance d'un bien suprême qui tiendrait à lui seul lieu de tous les autres ; mais l'embarras est de dire en quoi il consisterait. Après avoir longtemps débattu ce problème oiseux, les philosophes, ne pouvant tomber d'accord, ont renoncé à le résoudre. Il y a autant de manières de comprendre le bonheur que de manières de sentir. En disputer serait chose vaine ; chacun décide à son gré. On sait combien il est malaisé de décrire des paradis qui plaisent à tous. Les plus grands poètes y ont échoué, tandis que plusieurs ont dépeint des enfers assez réussis comme rêves de tortionnaires (1). Les tableaux où des rêveurs bien intentionnés ont voulu retracer la félicité des justes ne contenteraient longtemps personne. S'asseoir à de célestes banquets, se promener sous de frais ombrages, s'entretenir avec des amis, chanter des cantiques ou danser en rond, comme les anges de Fra Angelico dans une peinture de l'*Académie* de Florence (2), cela serait bon un moment ; mais on se lasse de tout, et l'éternité est bien longue ! Quelles délices inventer qui puissent charmer tous les goûts et ne s'épuiser jamais ? L'imagina-

(1) Lorsque Dante, si fertile en inventions de supplices dans son enfer, est introduit dans le paradis, au lieu d'en décrire les béatitudes pour notre édification, il se dérobe et nous entretient de ses ancêtres, de Béatrix et de divers saints.
(2) *Le Jugement dernier*, côté du Paradis.

tion reste à court. Semblables aux nôtres, ces plaisirs passeront comme eux; différents, nous ne les comprenons plus.

Suivant Leibnitz, le bonheur éternel « ne doit point consister dans une pleine jouissance où il n'y aurait plus rien à désirer, et qui rendrait notre esprit stupide, mais dans un progrès perpétuel à de nouveaux plaisirs et à de nouvelles perfections ». Une félicité pareille ne serait jamais parfaite, car il lui manquerait toujours ce que lui réserverait l'avenir, et elle ne nous contenterait pas plus que la condition présente puisque la privation et le désir précéderaient encore la jouissance. D'autre part, une béatitude qui ne pourrait ni croître, ni diminuer, serait vouée par sa permanence à la plus accablante monotonie. La loi fondamentale de nos émotions est leur affaiblissement à raison de leur durée. « La continuité, dit Pascal, dégoûte de tout. » Incapable de se maintenir toujours égale, la jouissance n'est sentie qu'à condition de se raviver par le changement. La nature nous interdit de fonder un bonheur stable sur la possession de biens dont la valeur, dès qu'ils sont à nous, décroît par degrés et bientôt se réduit à rien. Quand on voit avec quelle rapidité s'éteignent les feux de paille qu'allume en nous la passion, qui oserait se flatter de les entretenir éternellement? Transportés dans une durée sans terme, tous les plaisirs qui nous ravissent un moment laisseraient vite reconnaître le néant de chacun d'eux. Si un morne ennui nous accable alors que le cours de la vie nous promène d'âge en âge à travers des aspects qui diffèrent sans cesse, que serait-ce dans un état fixe, d'une invariable uniformité? Les hommes sur le retour rêvent volontiers le bonheur dans une constante jeunesse; mais, outre que la jeunesse ne donne pas le bonheur, puisqu'on ne l'y trouve pas lorsqu'on jouit de cet âge dans sa plus riante nouveauté, que deviendrait une jeunesse âgée seulement de quelques millions de siècles? Aurait-elle encore beaucoup d'illusions ? S'il n'y a rien de plus triste qu'une pensée de vieillard sur les lèvres d'un enfant, que serait une immortelle jeunesse portant au cœur, sous de mensongères apparences, le doute, l'expérience amère, le désenchantement et le désespoir ?

Ainsi le bonheur qu'on rêve non moins vainement dans une existence future que dans la vie présente, ne pourrait ni se composer de plaisirs variés, tous insuffisants, ni se réduire à un bien unique, dont la jouissance s'épuiserait par sa durée même et s'achèverait dans un éternel ennui. Quant à souhaiter la béatitude dans des conditions inconnues, parmi des plaisirs qui ne passent ni ne lassent, que ne troublent ni craintes ni regrets, et qui ne laissent rien à désirer, l'impuissance où nous sommes de comprendre un pareil état montre la déraison de l'espérer. La nature des choses et notre propre nature se refusent à une félicité sans mesure et sans fin.

4. — Mieux que les joies inquiètes et fugitives de la passion, les jouissances du goût, plus calmes et moins précaires, sembleraient devoir suffire à remplir une éternité d'ineffables délices. Pour Platon, la félicité suprême consisterait à percevoir le beau dans sa pure essence. — « O mon cher Socrate, fait-il dire à Diotime dans le *Banquet*, ce qui peut donner du prix et du charme à cette vie, c'est le spectacle de l'éternelle beauté »; et il ajoute que, s'il nous était donné de la contempler sans voiles, elle exciterait en nous d'incroyables amours. Wagner ne trouve de même la vie supportable pour l'homme que dans un état idéal où « l'art constitue la fonction la plus haute ». L'esthétique a donc pris dans les rêves d'existence future une place qui lui convenait d'autant mieux qu'ils étaient eux-mêmes une œuvre d'imagination. Mais, dans ces conceptions où la fantaisie s'exerce sur les conditions de vie, on n'a pas eu soin d'observer la grande loi de l'art, qui est de

ne jamais perdre la réalité de vue et de faire que des créations supérieures à la nature ne cessent pas de paraître naturelles. A force d'abstraction et d'outrance, ces rêves oublient le monde réel et contredisent ses lois au lieu d'en exprimer l'ordre.

On ne peut se faire aucune idée du beau absolu ni de l'état d'âme nécessaire pour en jouir éternellement. Le beau, chose relative, implique l'existence du laid et n'est tel que par opposition à lui. L'idéal a ainsi pour fonction de suppléer aux défectuosités du réel (1). Parmi les éléments, de valeur très inégale, où la nature se joue à produire tous les possibles, la raison choisit ceux qui lui paraissent offrir des conditions de beauté, les combine, les dispose et s'applique à montrer, dans des œuvres d'art, non ce qui est, mais ce qui devrait être. Pour que le goût pût se livrer, dans un autre monde, au même travail de sélection et d'arrangement, il faudrait que, comme dans le monde actuel, la laideur fût la règle et la beauté l'exception, ce qui entraînerait toujours plus de dégoûts que de plaisirs. Quant à espérer un état de choses où tout serait beau en perfection, il n'y faut pas trop compter, puisque la nature semble n'avoir pour idéal qu'une infinie diversité, que nos goûts sont également très divers, et qu'enfin, la beauté n'étant telle que par contraste, à vouloir la mettre partout elle ne serait plus nulle part.

Mais, si l'on doit travailler encore à dégager l'idéal d'un réel insuffisant, s'acquittera-t-on mieux de cette tâche où, par l'effet même de la variabilité des goûts, les insuccès sont aussi nombreux que les réussites rares ? Nous ne pouvons guère concevoir d'autres manières d'exprimer la beauté que celles de nos arts traditionnels, poésie, architecture, sculpture, peinture et musique. Faudrait-il em-

(1) « La réalité est le sol nourricier dans lequel s'épanouit la merveilleuse plante de l'art, dont la racine doit plonger dans le réel, mais dont la tige doit fleurir dans l'idéal » (Gœthe).

ployer aussi leurs moyens d'exécution plus ou moins défectueux, et s'appliquer à produire des œuvres dont chacune, même parmi les plus accomplies, ne montre qu'un aspect particulier de la beauté. C'est pourquoi l'art n'avance qu'à condition d'innover sans cesse, car il a pour mission de révéler successivement le beau sous la multitude de ses aspects. Le goût se modifie de siècle en siècle, les inspirations des artistes diffèrent, les écoles se suivent, de brillantes renaissances viennent après d'affligeants déclins, et les conceptions esthétiques, toujours changeantes suivant les lieux et les temps, obéissent à la loi d'un perpétuel devenir. En serait-il de même dans une autre vie? Les poètes et les artistes, exceptionnellement doués ou qui se croient tels, chercheraient-ils à traduire leur idéal personnel dans des œuvres discutables que des critiques tranchants jugeraient avec plus de présomption que de compétence, et auxquelles un public obtus prodiguerait sans discernement ses admirations ou ses dédains ? Si chacun a le droit d'exiger que son idéal se réalise, que de confusion ! Si le même idéal s'impose à tous, quel sera-t-il ? Pour rallier tous les suffrages, il devrait résumer les aspects multiples et disparates de la beauté, ceux mêmes qui s'excluent, comme la force et la grâce, la simplicité et la complexité, la sobriété et la richesse. Un idéal fixe, unique, immuable, n'impliquerait pas seulement une transformation du goût ; il serait la mort de l'imagination, incapable désormais de concevoir autre chose, la mort de l'art, dont la fécondité serait tarie, la mort de l'admiration elle-même, qui se blase comme la passion se désenchante et qui a besoin d'être périodiquement ranimée par la jouissance de beautés nouvelles.

5. — A meilleur titre, semble-t-il, que les amants de l'idéal, embarrassés par les variations et les contradictions du goût, les penseurs mettent leur espoir de béatitude dans

une extension illimitée de la connaissance et la possession sereine de la vérité. Aristote célèbre avec enthousiasme les plaisirs de la vie méditative et loue ces heureux moments où l'âme se donne tout entière à la compréhension du vrai. Il juge une telle occupation seule digne des dieux, « si l'on ne veut qu'ils dorment », après qu'à son exemple on les a déchargés du tracas de la vie active (1). « Vivre, dit Cicéron, c'est penser » (2), et Virgile, interrogé sur le plaisir dont on se lasse le moins, répond : *Intelligere*. Saint Thomas fait consister l'essence du bonheur dans l'activité intellectuelle (3). Bossuet reconnaît dans les opérations de l'esprit « un principe de vie éternellement heureuse ». Enfin Montesquieu proclame la raison « le plus parfait, le plus noble, le plus exquis de tous les sens » (4).

On se plaît donc à supposer que, dans une autre existence, l'esprit, libre des servitudes du corps et des distractions de la passion, doué d'aptitudes supérieures, plus clairvoyant et moins sujet à l'erreur, pourra se donner sans réserve à l'étude de la vérité, « la désirée » d'Aristote, et, perçant le mystère des choses, jouir du calme rayonnement de ces clartés dont, au sein de notre nuit, nous ne percevons que des lueurs ou des éclairs. Platon espère que l'âme du sage mourant s'ouvrira aux vérités les plus sublimes. Saint Thomas d'Aquin veut que la vie future procure à l'esprit « le vrai universel, la connaissance du fond et de l'essence des choses ». — « Le temps de cette vie, dit Nicole, est proprement un temps de stupidité ; toutes nos connaissances y sont obscures, sombres, languissantes, si on les compare à ce qu'elles seront au moment de notre mort. » Au lieu d'acquérir, lentement et à grand'peine, des fragments de connaissance, la raison saisirait alors, par

---

(1) *Éthique*, X, 7; *des Animaux*, I, 5 ; *Politique*, VII, 1.
(2) *Vivere est cogitare* (*Tusculanes*, V, 38).
(3) *Essentia beatitudinis in actu intellectūs consistit*.
(4) *Esprit des lois*, XX, introduction.

une illumination soudaine, la vérité totale, et y trouverait, selon le vœu de Joubert, « le repos dans la lumière ».

C'est là un beau rêve, mais ce n'est qu'un rêve. Quoiqu'on ait prêté aux morts des clartés surnaturelles, la prévision de l'avenir et la participation aux secrets des dieux, les descriptions de la vie future, qui d'ordinaire ne sont pas l'œuvre de savants, s'abstiennent prudemment de rien dire sur les notions dont s'enrichirait alors l'intelligence agrandie. Si elle doit s'exercer encore sur un monde de phénomènes patiemment observés et interprétés, il lui faudra étendre par degrés sa connaissance des choses, constituer des méthodes d'investigation et de preuve, agiter et résoudre une suite sans fin de problèmes. Une condition si semblable à la nôtre impliquerait aussi l'inquiétude du désir d'apprendre, le tourment du doute, les méprises de l'erreur, les contradictions d'opinions dont chacune ne reflète qu'une parcelle de vérité. La curiosité de l'esprit ne serait donc jamais satisfaite, et même elle s'irriterait toujours davantage, parce que, chaque solution acquise soulevant de nouveaux problèmes, on mesure mieux, par l'étendue de ce qu'on sait, l'immensité de ce qu'on ignore.

Pour contenter l'esprit humain, avide de tout connaître, il ne faudrait pas moins que l'omniscience absolue. Mais l'illusion d'y pouvoir atteindre se dissipe vite à la réflexion. La connaissance intégrale des choses et de leurs rapports, présents, passés et futurs, supposerait une intelligence capable d'embrasser tous les ordres de vérités dans une vérité générale dont les déductions par séries permettraient de suivre, à travers le double infini de l'espace et de la durée, l'enchaînement universel des causes et de leurs effets. Une vérité de ce genre dépasse manifestement l'aptitude d'esprits bornés, réduits à ne saisir que des notions particulières, pleines de lacunes et sans unité. Nous devons nous résigner à une ignorance savante, qui a bien le pouvoir de reculer ses limites, mais non de les supprimer. L'omniscience, dont la possession nous rendrait maîtres de l'univers, — car qui saurait tout pourrait tout, — n'est pas plus faite pour notre intelligence que la beauté suprême pour notre goût ou la félicité parfaite pour notre cœur. Il faut poursuivre ces biens enviés, heureux d'en obtenir des parcelles, sans prétendre jamais épuiser leur infinité. Ainsi que notre vue, nos esprits ne supportent qu'une lumière atténuée, une sorte de pénombre, et seraient aveuglés par de fulgurantes clartés, comme le sont nos yeux débiles quand ils fixent le soleil. L'omniscience couperait court à tout mouvement d'idées, à toute activité d'esprit. Elle supprimerait le plaisir d'apprendre, récompense de l'étude, et celui de découvrir, plus grand encore. Pour goûter tout le charme de la vérité, il faut l'avoir longuement cherchée. Elle perdrait beaucoup de son prix si on l'acquérait sans effort. C'est le lièvre dont parle Pascal, qui ne vaut que parce qu'on le court, et dont on ne voudrait pas s'il était offert. A la pensée de tout savoir sans nulle peine, Lessing se dit rempli de trouble et d'angoisse : « Si l'être tout-puissant, tenant dans une main la vérité, et dans l'autre la recherche de la vérité, me disait : Choisis ! je lui répondrais : O Dieu tout-puissant, garde pour toi la vérité et laisse-moi la recherche de la vérité ! »

6. — Il ne semble pas y avoir, dans les rêves d'existence future, place pour le développement moral, car peu de théoriciens ont pris soin d'en exposer les conditions et les modes. La vie réelle nous contraint à l'action par les multiples exigences de notre nature, besoins du corps, sollicitations du désir, attrait de l'idéal, curiosité du vrai, aspiration au bien, rapports sociaux, et elle engage notre initiative par l'option et la pratique de tant de devoirs. Notre volonté s'applique à remplir ces tâches au sein d'un ordre variable qui tantôt cède, tantôt résiste à notre ingérence.

Selon la virile réflexion de Vauvenargues, « le monde est ce qu'il doit être pour un être actif, c'est-à-dire fertile en obstacles ». Mais, si l'on transporte ce même être, sans besoins et sans devoirs, dans un monde soustrait aux lois de l'universelle contingence, son activité s'arrête aussitôt et, dispensée du vouloir et de l'épreuve, comme frappée de paralysie, tombe dans un état d'impuissance inerte où elle s'anéantit.

Notre paresse toujours encline à regarder le travail comme une malédiction (1), ne demande qu'à être affranchie de l'obligation d'agir. L'effort nous lasse, la responsabilité nous inquiète, le sacrifice nous coûte. La lutte est pénible de soi, même quand elle a pour prix la victoire, et particulièrement accablante quand elle aboutit à la défaite. Libres de rêver des conditions agréables d'existence, nous voudrions pouvoir en exclure, avec les nécessités qui nous pressent, les contraintes qu'elles imposent, les incertitudes de la délibération, la tension de la volonté, les risques de l'exécution, l'immolation de l'intérêt au devoir, les tentations de l'épreuve, l'humiliation de la défaillance, les tortures du remords. L'unique moyen est de supprimer l'action même. On se réfugie alors dans l'espoir de biens gratuits, dans un état fixe et assuré de béatitude où, sans bonheur à poursuivre, sans idéal à réaliser, sans vérités à mettre en lumière, sans vertus à rendre moins imparfaites, on n'aurait plus, au sein d'une quiétude passive, qu'à jouir, comme les dieux d'Épicure, d'une indolente félicité.

Mais, en supprimant l'action, on supprime aussi la vie, qui est une activité continue. Hippocrate la définit « une force toujours en effort ». De même, pour Leibniz, « vivre c'est agir ». La puissance qui anime l'univers nous donne l'exemple, et ne s'est pas bornée, comme le démiurge de la *Genèse*, à l'œuvre de quelques jours, pour rentrer aussitôt

---

(1) *Genèse*, III, 19.

après dans un éternel repos. Elle ne s'arrête jamais parce qu'elle n'est jamais lasse et que sa tâche n'a pas de fin (1). La petite dose d'énergie dont nous disposons, parcelle individualisée de l'énergie universelle, doit suivre les mêmes lois. L'action est la vie de l'agent moral. « Point de vertu sans combat, dit J.-J. Rousseau. Le mot de vertu vient de force. La vertu n'appartient qu'à un être faible par nature et fort par sa volonté. C'est en cela que consiste le mérite de l'homme juste. » Être vertueux, c'est tendre par un effort constant vers le bien, pour se rapprocher de la perfection qui, octroyée et non conquise, perdrait toute sa valeur, puisque, avec les épreuves et les périls de l'action, seraient retranchés les mâles plaisirs de la lutte contre les résistances des choses, la joie d'en triompher la fierté du but atteint, la volupté même du sacrifice, l'approbation de la conscience, c'est-à-dire les plus nobles jouissances qu'il soit donné à l'homme de goûter. Inactive, la vertu cesserait d'y avoir droit, et, réduite à la satisfaction de ses mérites passés, ne serait qu'un stérile orgueil consacrant l'éternité à se congratuler lui-même pour le peu de bien qu'il a pu faire durant une courte vie. Il ne saurait y avoir de sainteté oisive, car le repos est amoral quand il n'est pas immoral. Croire la perfection réalisée par l'homme alors qu'il n'aura plus rien à faire est une étrange méprise. Déchu de ce pouvoir d'action et, pour parler comme Pascal, de cette « dignité de la causalité » qui est son titre le plus glorieux, il tomberait au rang des choses passives, asservies à ce qui les meut du dehors, et ne relevant plus d'elles-mêmes. N'est-il pas contradictoire de donner pour récompense à la vertu ce qui lui convient le moins, l'inaction, et d'ériger en mérite dans la vie future cette même oisiveté taxée à juste titre de vice capital dans

---

(1) « Dieu, dit un rabbin, n'observe pas la loi du sabbat, puisque le monde marche le samedi » (Renan, *les Évangiles*, p. 310).

la vie présente. Un éternel désœuvrement devrait effrayer tous ceux qui savent combien l'activité est nécessaire à l'homme, non seulement pour son amélioration, mais aussi pour son bonheur.

Si, au rebours, on veut que la vie future comporte une activité quelconque, il est malaisé de comprendre comment il lui serait possible de s'exercer. Il y faudrait d'abord un monde d'éventualités et de contingences dont une initiative personnelle pourrait modifier le cours à son gré, hypothèse peu conciliable avec l'immutabilité d'un ordre de choses réglé pour une éternelle durée. En outre, la liberté d'agir implique une responsabilité, et l'attribution de sanctions ferait varier de nouveau la condition de l'agent moral, suivant qu'il aurait mérité ou démérité. M. Renouvier imagine l'existence d'astres infernaux et d'astres paradisiaques où, d'une part, les méchants deviendraient pires, avec un pouvoir croissant de malfaisance, le mal commis par eux étant leur propre châtiment, tandis que, de l'autre, les bons deviendraient meilleurs, évoluant par degrés vers la perfection absolue (1). Le catholicisme borne l'activité des saints dans le ciel à un rôle d'assistance ou d'intercession en faveur des vivants qui les implorent, occupation provisoire qui prendrait fin une fois les vivants morts et jugés. Quelques théologiens représentent le repos béatifique comme un mouvement délicieux, et, suivant saint Thomas d'Aquin, « une opération généreuse, continuelle, toujours grandissante, de nos plus belles facultés » (2). Mais est-il possible d'unir, dans un inconciliable accord, l'activité et l'infaillibilité ? Un être assez parfait pour choisir toujours le mieux et triompher sans effort, ne serait plus qu'une force aveugle, dominée par une nécessité fatale.

En somme, l'être humain ne pourrait ni tomber dans

---

(1) *Esquisse d'une classification systématique des doctrines philosophiques*, t. II, pp. 338, 339.
(2) Thomassin, *Dogmata theologica*, t. I, de Deo, xv, 15.

l'inaction sans subir une déchéance morale et perdre sa dignité d'agent, ni continuer d'agir, à ses risques et périls, sans encourir des responsabilités suivies de sanctions nouvelles, ni enfin être gratifié, sans cesser d'être libre, du privilège d'impeccabilité.

CHAPITRE XII

MODES D'ACTIVITÉ DANS UNE EXISTENCE FUTURE

III. — Fonctions sociales.

1. — Il nous reste à examiner ce que pourraient être, dans l'hypothèse d'une existence future, les relations des êtres humains. On les croit généralement unis par des liens analogues à ceux de la vie actuelle, sans s'apercevoir que la différence des conditions supprime l'opportunité de tels rapports et ne leur laisse aucun sens. Il est également difficile de les écarter et de les admettre. Nos divers modes de groupement par familles, sociétés privées, États politiques, humanité, nature, dérivent en effet de nos besoins et visent à procurer soit la conservation de l'espèce, soit des avantages d'utilité ou d'agrément, soit enfin la garantie de droits respectifs. Mais des êtres sans besoins, en possession d'une parfaite béatitude, n'auraient aucun motif de se rechercher et de s'unir. Pourtant, comme on ne peut laisser l'immense foule des morts dans un état de cohue où ne se produiraient que des rencontres accidentelles et des relations fortuites, un ordre quelconque a toujours paru nécessaire ; or toutes les conjectures émises à cet égard choquent la raison, bien loin de la satisfaire.

2. — Dans un monde peuplé d'immortels, la famille,

dont la fonction est de transmettre la vie à travers des générations périssables, n'aurait plus d'objet, et l'on s'accorde à n'y pas admettre la procréation d'êtres nouveaux, qui se trouveraient partager, sans les avoir méritées ou encourues, les sanctions réservées à ceux qui ont bien ou mal vécu. L'union conjugale, la distinction même des sexes n'auraient que des inconvénients. Plusieurs ont exclu les femmes du ciel. D'autres, au contraire, les y appellent ; mais les Houris, dont Mahomet a fait le plus vif attrait de son paradis, ne méritent pas le titre d'épouses et, inaptes à devenir mères, ne sont que des instruments de volupté.

Il ne se formera donc pas de nouvelles familles dans l'autre monde. On espère du moins que celles d'ici-bas se reconstitueront ailleurs, et que les affections brisées par la mort se retrouveront un jour unies, sans plus avoir à redouter de cruelles séparations. Toutefois, cette restitution de la famille, si ardemment désirée par tous les cœurs aimants, est malaisée à concilier avec la doctrine des transmigrations comme avec celle des sanctions. Plusieurs de ceux dont le bonheur serait de revivre avec des êtres chéris, renonceraient volontiers, pour les rejoindre en enfer, à leur part de béatitude dans le ciel. Les *Actes de saint Benoît* parlent d'un vieux roi de la Frise qui, prêt à se faire chrétien et ayant déjà un pied dans la cuve baptismale, l'en retira et ne voulut plus se convertir quand on lui dit qu'il ne trouverait pas en paradis les rois païens ses ancêtres (1).

Pour des êtres bornés en rapports et en durée, la famille se compose d'un nombre restreint de personnes dont les existences, liées par des affections réciproques, se sont en partie confondues. A raison de la brièveté de la vie, ces relations ne s'étendent guère au delà du quatrième degré. On voudrait en général se retrouver dans le ciel avec son

---

(1) *Acta SS. ord. s. Bened.*, III, 361.

père et sa mère, ses grands parents, sa femme, ses enfants et petits-enfants. Mais comment reconstituer un de ces groupes distincts sans rompre la série continue des générations ? D'autre part, à réunir de proche en proche les ascendants, les descendants et les collatéraux de chaque degré, la famille absolue comprendrait tout le genre humain. Or la famille universelle ne serait plus la famille, car un pareil pêle-mêle d'étrangers et d'indifférents rendrait impossible le charme de l'intimité. Quelque plaisir qu'on pût éprouver à lier connaissance avec ses aïeux de l'âge préhistorique, la rencontre ne donnerait sans doute pas lieu à de bien vifs épanchements.

Il est en outre malaisé de concevoir comment le même être pourrait remplir simultanément, au gré des divers membres de sa famille, les rôles d'enfant, d'époux, de père et d'aïeul qui, durant le cours de l'évolution vitale lui ont été successivement départis, car les époux voudraient se retrouver en pleine force d'âge, tels qu'ils se sont un moment aimés, alors que leurs grands-parents désireraient les revoir tout jeunes, et leurs petits-enfants vieillards. Le retour à un état fixe brouillerait tous les souvenirs et décevrait les affections.

Même si chaque famille pouvait se reformer à part, telle qu'elle a été un moment, y en a-t-il beaucoup d'assez unies pour que la joie de se revoir fût sans mélange ? Combien ils sont rares, les exemples de parfaite harmonie conjugale, d'entente entre pères et enfants, de concorde entre frères ! Les époux désunis sur terre feraient-ils meilleur ménage dans le ciel ? Maris trompés, femmes délaissées, parents dénaturés, enfants ingrats, frères ennemis, reviendraient-ils à de plus louables sentiments ou donneraient-ils de nouveau le scandale de leurs discordes ? On présume que, par miracle, les causes de mésintelligence venant à cesser, tout le monde sera parfait. Peut-être aurait-on alors quelque peine à se reconnaître les uns les autres ; et ne serait-il pas étrange que le bon accord s'établît dans les familles là justement où il serait le moins nécessaire? Car la famille n'est plus qu'une relation superflue dès qu'on supprime sa fonction naturelle.

Enfin, à vouloir prolonger dans un autre monde nos mobiles affections, leurs attachements successifs créeraient bien des situations bizarres et des cas embarrassants. Bornons-nous à citer celui des mariages multiples. L'objection est adressée à Jésus même, dans l'*Évangile*, par un saducéen incrédule qui, posant l'hypothèse où des veuvages successifs auraient, selon la loi de Moïse sur le lévirat (1), obligé une femme d'épouser l'un après l'autre six frères de son mari, demande auquel de ces sept hommes elle appartiendra, puisqu'ils l'ont tous eue. Jésus répond qu'alors « les hommes n'auront point de femmes, ni les femmes de maris; mais ils seront comme des anges dans le ciel » (2). C'est supprimer, avec l'amour, le principe de la famille et son lien le plus fort.

3. — Des relations privées paraissent assez inutiles entre des êtres que ne rapprocherait aucune communauté d'intérêts ou de plaisirs. On ne pourrait pourtant pas vivre isolé dans la foule, ni frayer sans choix avec des gens de toute race, de toute condition et de toute culture. Tant de disparate n'aurait chance de plaire qu'un moment. « Un paradis d'un décillion d'êtres, remarque Renan, n'est pas du tout ce petit paradis en famille, où l'on se connaît, où l'on continue de voisiner, de potiner, d'intriguer ensemble (3). » On ne voudrait de rapports suivis qu'avec une élite d'amis disposés à sympathiser par certaines affinités de sentiments,

---

(1) *Deutéronome*, xxv, 5.
(2) *Saint Matthieu*, xxii, 23-30. — Un spirituel conteur tranche autrement la difficulté : une jeune veuve, réclamée en paradis par deux maris encore épris d'elle, et laissée libre de choisir, donne la préférence à un troisième (Ludovic Halévy, *le Rêve*).
(3) *Feuilles détachées*, *Examen de conscience philosophique*.

de goûts, d'esprit et de caractère. La difficulté serait peut-être de les découvrir entre tant d'indifférents et de se les attacher par des liens particuliers. Peut-être aussi se heurterait-on encore à des préventions d'indigénat, de caste, de classe, de corps, de secte ou de coterie. Ces petits groupes mondains vivraient-ils en meilleur accord que les nôtres ? Seraient-ils plus bienveillants, moins occupés de commérages et de médisances ? Éviteraient-ils mieux les susceptibilités, les froissements, les divisions et les brouilles ?

Des hommes de trop d'esprit, qui regardent la vie humaine comme une comédie jouée par de médiocres acteurs, et qui diraient volontiers avec un personnage de Gresset :

Les sots sont ici-bas pour nos menus plaisirs...
Et se moquer du monde est tout l'art d'en jouir (1),

n'ont pas voulu se priver de la joie suspecte qui s'attache au rire railleur, à la satire et à l'ironie. S'autorisant de l'exemple des dieux de l'Olympe, dont Homère décrit le rire inextinguible (2), et même du rire sardonique de Jéhovah dans la *Bible* (3), ils maintiennent leur droit de faire ainsi justice des travers et des ridicules des hommes. Un humoriste anglais, Jenyns, va jusqu'à prétendre que la félicité des justes dans le ciel doit consister en partie à posséder un sens exquis du comique (4). Mais, à moins que les choses ne changent beaucoup, le paradis des raillés ne pourrait pas être le même que celui des railleurs ; et, si l'on voulait mettre ceux-ci à part, afin qu'ils ne se divertissent qu'entre eux, peut-être y prendraient-ils moins de plai-

---

(1) *Le Méchant*, acte II, scènes 1 et 3.
(2) *Odyssée*, VIII, 267-356.
(3) *In interitu vestro ridebo et subsannabo* (*Proverbes*, I, 26). Il ne répugne pas à J. de Maistre de montrer les esprits célestes « riant comme des fous » de quelque sottise des hommes. S'ils riaient aussi d'eux, entre eux, ce serait complet.
(4) Macaulay, *Essai sur Addison*.

sir; car le trait commun des railleurs est, on le sait, d'aimer beaucoup la raillerie, mais de ne pouvoir pas la souffrir.

Quiconque a goûté le charme de l'amitié serait assurément heureux de rejoindre ailleurs ses amis perdus; mais qu'ils sont rares, les vrais amis ! Aristote déclarait aux siens qu'il n'y en a pas (1). On aurait au rebours le déplaisir inévitable d'être entouré d'ennuyeux et d'importuns, pis encore, de subir la présence de gens antipathiques et détestés, sans plus avoir la ressource de les fuir dans la solitude. « Ce n'est pas, disait Domat, une petite consolation pour quitter ce monde, que de sortir de la foule du grand nombre de sots et de méchants dont on est environné (2). » Quelle déception si on les retrouvait dans l'autre ! Beaucoup s'accommoderaient mal de la compagnie éternelle de ceux qu'il n'ont pas pu supporter sur terre, et ne voudraient pas du ciel à ce prix.

Les hommes se recherchent surtout pour causer. Socrate, grand discoureur, tient que, s'il y a une vie future, la béatitude sera de s'entretenir avec les sages de divers pays (3). « Tous les bienheureux, affirme saint François de Sales, se connaissent les uns les autres, et chacun par leur nom. O Dieu ! quelle consolation recevrons-nous de cette conversation céleste que nous aurons les uns avec les autres ! (4) » Les auteurs de *Dialogues des morts* ont exploité cette donnée, qui prête à de piquants rapprochements de personnages et d'idées; mais ils ont eu soin de ne pas faire converser trop longtemps leurs morts, de peur d'ennuyer les vivants. Des philosophes eux-mêmes ne se lasseraient-ils pas d'un bavardage sempiternel ? Le moment viendrait sans doute où, s'étant tout dit, ils ne pourraient plus que se répéter. Virgile appelle les ombres

---

(1) « O mes amis, il n'y a point d'amis ! »
(2) Domat, *Pensées*.
(3) Platon, *Apologie de Socrate*, fin.
(4) *Sermon sur la transfiguration*.

« silencieuses » (1). Le musulman taciturne n'admet pas de vaines paroles dans le paradis, et le mot « *Paix! Paix!* » doit seul y résonner de tous côtés (2). Ce mutisme obligatoire semblerait peut-être rigoureux aux loquaces Européens. Mais à quoi bon tant parler ? Si les esprits sont également ouverts à la vérité, ils n'auront rien à s'apprendre ; s'ils restent sujets à l'erreur, divisés d'opinion, ils n'arriveront pas à s'entendre et disputeront en vain éternellement. Heureux encore si, dans ces stériles débats, ils savent mieux que nous garder la mesure, et évitent de s'injurier ou de s'anathématiser! Mais, pour peu que les têtes soient chaudes et les amours-propres excités, on ne peut répondre de rien.

En quelle langue se feraient ces entretiens cosmopolites et comment supprimer entre les esprits l'obstacle des diversités linguistiques? On compte plus de mille langues vivantes et cinq ou six fois autant de dialectes. Le nombre des langues mortes, incomparablement supérieur, le deviendra toujours davantage, car une langue, même fixée par une littérature, ne se maintient guère au delà de quelques siècles, et la plupart des autres, instables et flottantes, se transforment en peu de générations. Si chacun ne parle que la langue de son pays et de son temps, il n'y a pas de conversation générale possible : on tombe dans un absolu babélisme. Si tous parlent la même langue, laquelle sera choisie ? Chaque idiome correspond à un état d'esprit, à une manière de penser, et un Hottentot ne pourrait pas plus parler grec qu'un Grec s'exprimer en namaquois. Si enfin tous parlent toutes les langues, comme les Apôtres après la descente du Saint-Esprit (3), c'est un rêve insensé de polyglotte. On ne saurait pourtant échanger d'idées sans mots. Or la parole est un truchement infidèle de la

---

(1) *Umbræque silentes* (*Énéide*, VI, 265).
(2) *Coran*, LVI, 25.
(3) *Actes des Apôtres*, II, 3, 4.

pensée, et l'on ne se comprend que par à peu près. « On ne parlera pas dans le ciel, décide Jules Simon, parce qu'on y entendra tout (1) ». Mais l'omniscience est malaisée à concevoir ; et puis, tant de gens prennent à parler un si grand plaisir, qu'il serait cruel de les en priver.

4. — Une organisation politique et sociale, avec des droits et des devoirs nettement définis, une division, par États, des systèmes de gouvernement, un appareil de lois et de règlements, seraient aussi nécessaires pour mettre et maintenir quelque ordre dans la multitude confuse des groupes de morts. Mais quelles institutions conviendraient à tous et pour l'éternité, alors que dans le monde des vivants elles sont partout diverses et se modifient d'âge en âge ?

Toutes les théologies ont assigné des rangs à leurs dieux, aux ministres de leur puissance et au peuple de leurs sujets. Parmi ses « trente mille » divinités (2), la mythologie distinguait de grands dieux (*dii majores*), de petits dieux (*dii minores*), puis des demi-dieux, des héros et une plèbe de déités subalternes, nymphes, faunes, génies, lares, etc. Le brahmanisme spécialise à l'infini les attributions de ses dieux. Le bouddhisme, après avoir débuté par être, dans l'esprit de son fondateur, une religion athée, est devenu l'une des plus riches en dieux que l'on connaisse. Le mazdéisme subordonnait à Ormuzd des légions d'anges (*Amschaspands, Izeds, Ferouers*), comme à Ahriman des légions de démons (*Dews, Daroudjd, Darwands*). Les Hébreux eurent aussi leurs bons et leurs mauvais anges. Enfin le christianisme, bien qu'en 360 le synode de Laodicée ait réprouvé comme idolâtrique le culte des anges, a toute une hiérarchie céleste : 1° les *Séraphins*, les plus rapprochés de Dieu et embrasés du feu de son amour : 2° les

---

(1) *La Religion naturelle*, 1856, p. 310.
(2) Hésiode, *Théogonie*.

Chérubins, gardes honorifiques de la majesté divine ; 3° les *Trônes,* qui servent à Dieu de support ; 4° les *Dominations,* qui exécutent ses ordres ; 5° les *Puissances,* qui opèrent les miracles ; 6° les *Vertus,* qui écartent les obstacles ; 7° les *Principautés,* qui président aux affaires humaines ; 8° les *Archanges,* messagers célestes ; 9° enfin les *Anges,* gardiens et conseillers des êtres humains (1).

Ceux-ci sont également répartis par classes dans le ciel. Conformément à la distinction des *honestiores* et des *humiliores* établie dans le monde romain quand prévalut le christianisme, et qui a été le point de départ de la division féodale en *nobles* et *roturiers* (2), l'Église vénère des saints, aristocratie privilégiée dont la gloire et le crédit contrastent avec l'obscurité du vulgaire des élus. Il y a même de grands saints, aux mérites éclatants, de petits saints, de moindre vertu, et des bienheureux ou vénérables réduits à la béatification simple. Toutefois, de nombreux dissidents, épris d'égalité, Origène, les cathares, les protestants et les sociniens, ont refusé d'admettre des rangs soit dans le paradis, soit dans l'enfer, et soutenu qu'une même récompense serait assignée à tous les élus, un même châtiment infligé à tous les damnés. Mais au xv° siècle, le concile de Florence déclara cette opinion hérétique, parce qu'il est dit dans l'Évangile : « Dieu rendra à chacun selon ses œuvres » (3), ce qui suppose des degrés aussi nombreux que les mérites sont divers.

Comment distribuer dans un autre monde les groupes ethniques ? Y aurait-il encore des nations égoïstes, jalouses, ambitieuses, poursuivant chacune son avantage aux dé-

---

(1) Cette angélologie, déjà esquissée par saint Paul (*Colossiens*, I, 16), est exposée dans une lettre de saint Grégoire le Grand et rappelée dans la préface de la messe : *Et ideo cum Angelis et Archangelis, cum Thronis et Dominationibus, cumque omni militia cœlestis exercitûs...*
(2) V. le *Mémoire* de Duruy, *Histoire des Romains*, t. V.
(3) *Saint Matthieu*, xvi, 27.

pens des autres? Quel régime politique établir parmi elles ? L'uniformité n'est pas possible, car ni les peuples serviles ne s'accommoderaient de la liberté, ni les peuples libres de la servitude. D'autre part, la diversité des institutions ne serait pas sans dangers, car, fondées sur des principes différents, elles sont naturellement hostiles. En outre, tout gouvernement, fût-il parfait, serait exposé à faire des mécontents par cela seul qu'il serait un gouvernement, parce que gouverner c'est contraindre et, si beaucoup voudraient exercer l'empire, peu consentent à le subir. L'insubordination est dans la nature humaine, la caractéristique d'une raison autonome qui aspire à ne relever que d'elle-même et tient pour tyrannie le moindre assujettissement. On courrait donc le risque de voir, comme de tout temps dans nos histoires, surgir des frondeurs de l'autorité, des partis d'opposants, des fauteurs de troubles, et, par suite, éclater des discussions, des émeutes et des guerres. Quel ami de la paix ne frémirait à l'idée que les mêmes discordes qui mettent les vivants aux prises agiteront aussi les morts? Ceux-ci, sans doute, se tiennent assez tranquilles tant qu'ils restent morts; mais, rappelés à la vie, ils ne manqueraient pas de trouver, ainsi que nous, des raisons ou des prétextes pour se quereller. Le ciel aura-t-il dans l'avenir, comme on le raconte du passé, ses rivalités, ses conflits, ses révolutions? Les mythologies nous retracent les luttes d'Osiris et de Typhon, d'Ormuzd et d'Ahriman, des Titans et des Olympiens, de Jéhovah et de Satan. Les dieux des Fidjiens, non moins sauvages qu'eux, se tuent et se mangent les uns les autres (1). Milton fait livrer des batailles et même tirer le canon dans le ciel, assez inutilement, semble-t-il, puisqu'il est malaisé à des immortels de s'entretuer. Aussi les diables, coupés en deux par les anges, se

---

(1) Erskine, *Cruise among the island of the Western Pacific*, 1853, p. 247.

recollent-ils aussitôt et s'empressent de revoler au combat (1).

La condition générale de la vie est une ardente compétition d'égoïsmes que le principe d'individuation met aux prises, parce qu'il les oblige à être exclusifs pour se conserver. Héraclite faisait de la lutte « la mère et la souveraine de toutes choses, le droit et l'ordre du monde » (2). Empédocle livre le gouvernement de la nature à deux puissances contraires : l'Amour, qui unit et combine, et la Haine, qui oppose et sépare ; « car, si la haine n'était pas, toutes les choses n'en feraient qu'une » (3). Job et Sénèque comparent la vie à un combat (4). Plutarque juge la discorde utile et même nécessaire : « Quand Homère souhaite que la Discorde disparaisse, anéantie du milieu des hommes et des dieux, il ne voit pas que cette imprécation atteint l'origine même de toutes choses, qui naissent de la lutte et de l'antipathie. La guerre est la mère, la reine, la souveraine maîtresse de l'univers (5). » — « L'équilibre des êtres, dit aussi Bernardin de Saint-Pierre, n'est établi que sur leurs combats, et c'est du sein même d'une guerre non interrompue que sortent les harmonies de la nature (6). » Darwin, traduisant ces divers adages en formule scientifique, a proclamé la loi de concurrence vitale, le *struggle for life*. Il est donc peu sensé d'espérer, même dans un monde idéal, un accord parfait entre des êtres vivants. Qui veut jouir d'une paix sans trouble doit la chercher, non dans les agitations de la vie, mais dans le calme ininterrompu de la mort.

5. — Enfin, les mystiques, écartant tous les modes infé-

(1) *Paradis perdu*, VI.
(2) Fragm., 75, v. Aristote, *Éthique à Nicomaque*, II, 1155.
(3) *De la Nature*.
(4) *Job*, VII, 1 ; Sénèque, *Epist.*, 96.
(5) *De Isi et Osiri*, 42.
(6) *Études de la nature*.

rieurs d'association, rêvent l'union avec Dieu même. Les plus modérés se contentent de penser qu'ils s'acquitteront envers lui de leurs devoirs accoutumés, sauf que, le voyant de plus près et moins distraits par d'autres soins, ils pourront s'absorber dans son adoration. Le paradis leur apparaît comme un temple où la vie, toute composée de dimanches, se passerait en exercices pieux. De plus exigeants se flattent qu'ils contracteront avec Dieu une sorte de mariage et que, sans abdiquer leur individualité, ils entreront en partage des attributs divins, ainsi que l'ont passionnément désiré sainte Thérèse, saint François de Sales, etc. Les plus exaltés, comme Plotin et les ascètes du brahmanisme, aspirent à se confondre avec Dieu et à s'absorber dans sa pure essence.

Mais ici s'ouvre le monde, inaccessible pour la pensée, de l'inconnaissable et du mystère. L'idée de Dieu, personnification abstraite de l'infini et de l'absolu, cause première et fin dernière de toutes choses, expression de l'universelle réalité, constitue le plus vague et le plus obscur des concepts. « S'il y a un Dieu, dit Pascal, il est infiniment incompréhensible, puisque, n'ayant ni parties ni bornes, il n'a aucun rapport avec nous : nous sommes donc incapables de connaître ni ce qu'il est ni s'il est (1). » Notre esprit ne peut le définir et le mesurer, car il est hors de limitation et de mesure. Le seul nom qui lui convienne serait *le Caché, le Mystérieux* (2), les gnostiques disaient *l'Abîme*. « Dieu seul peut comprendre Dieu », déclare Krichna dans le *Bagavad-Gîta*. « Si je pouvais dire ce que c'est que Dieu, Dieu ne serait plus ce qu'il est, et je serais Dieu. »

Raisonner sur la nature ou les attributs de cet être

---

(1) *Pensées*, éd. Havet, t. I, p. 149.
(2) Tel était le sens du nom d'*Ammon-Ra*, le plus grand des dieux de l'Égypte (Plutarque, *De Isi et Osiri*, 9). Cfr. le Θεὸς ἄγνωστος des Grecs et le *Deus absconditus* des Latins.

divin et sur ses rapports avec nous, c'est donc proprement déraisonner. Toute proposition autre que « il est », en s'abstenant de dire ce qu'il peut être, est impertinente et caduque. Quoi qu'on infère à son sujet, qu'on le croie personnel ou impersonnel, conscient ou inconscient, un ou multiple, immanent ou transcendant, la spéculation est vaine, car on préjuge ce dont on n'a pas la moindre notion. Le signe de l'erreur en cette matière serait même, selon Malebranche, de se croire ou de paraître intelligible : « Lorsque je vous parle de Dieu et de ses attributs, si vous comprenez ce que je vous dis, si vous en avez une idée claire..., ou c'est que je me trompe alors, ou c'est que vous n'entendez pas ce que je veux dire (1) ». Cela n'empêche pas les théologiens de faire penser, parler et agir la divinité comme si, pour eux, elle n'avait pas de secrets, et les mystiques de disserter par avance sur leur union avec Dieu. Sera-t-elle possession ou contemplation ? La vision béatifique percevra-t-elle Dieu dans ses œuvres ou dans son essence ? S'opérera-t-elle par intuition subite ou par élucidation graduelle ? Saint Paul assure qu'on verra Dieu, non plus *per speculum, in aenigmate*, mais face à face, qu'on le connaîtra comme on est connu de lui (2). Bossuet parle aussi de le connaître « à nu, à découvert, en un mot de le voir face à face, sans ombre, sans voile, sans obscurité » (3). Jules Simon, approuvant cette formule, veut encore que la suprême béatitude consiste à voir Dieu « face à face » (4). Mais on ne peut guère évoquer une telle image, par trop anthropomorphique, sans que revienne à la mémoire le mot de ce peintre du xviiie siècle à qui son confesseur faisait entrevoir le plaisir de contempler éternelle-

---

(1) *Entretiens sur la métaphysique et la religion*, VIII.
(2) Corinthiens, I, XIII, 12. Dans l'*Exode*, Dieu avait parlé à Moïse « face à face, comme quelqu'un parle à son compagnon » (*Exode*, XXXIII, 11).
(3) *Élévations sur les mystères*.
(4) *La Religion naturelle*, 1856, p. 358.

ment Dieu face à face : « Eh quoi, répondit l'artiste désireux de varier la pose, toujours de face et jamais de profil ! »

Les deux extrêmes de grandeur et de petitesse que rapproche une si audacieuse conjecture, l'être infini et l'homme fini, ne pourraient s'unir qu'en se confondant. Si le ravissement de la présence de Dieu devait être aussi complet qu'on le suppose, il entraînerait l'absorption de la personnalité qui, désormais indistincte, s'évanouirait par la suppression de ses limites dans le sein de l'illimité. Ainsi l'ont compris les brahmanes de l'Inde, les néoplatoniciens d'Alexandrie et les mystiques modernes. Pour Plotin, le théoricien de l'extase, cet état (ἔκστασις, changement de place, mise hors de soi) fait sortir l'homme de lui-même, dénoue toutes ses attaches, tant spirituelles que corporelles, supprime la dualité (*dyade*) de l'être particulier et de l'être universel, et détermine leur unification absolue. Alors cesse la distinction de l'objet et du sujet. « Il n'y a plus en présence que ce qui aime et ce qui est aimé ; ils ne sont plus deux, mais tous les deux ne font qu'un (1). » Cette doctrine prit au xviie siècle le nom de *quiétisme*. Dans la condition de béatitude où ses adeptes espéraient parvenir, ils disaient que « l'âme ne se sent plus, ne se voit plus, ne se connaît plus : elle ne voit rien de Dieu, n'en comprend rien, n'en distingue rien : il n'y a plus d'amour, de lumières, ni de connaissances (2). » Ou encore : « Cet état met l'homme hors de soi, le délivre de toutes les créatures, le fait mourir et entrer dans le repos de Dieu... Il est réduit au néant et ne se connaît plus : il vit et ne vit plus ; il est et n'est plus (3). » Saint François de Sales parle de « l'écoulement

---

(1) *Ennéades*, VI, xi, 9.
(2) Mme Guyon, *Torrents spirituels*, cité dans *Dialogues sur le quiétisme*, par la Bruyère (Ellies Dupin, 1699, dial. v, p. 172).
(3) Lacombe, *Analyse de l'oraison mentale* (*ibid.*, dial. vii, p. 281).

ou liquéfaction de l'âme en Dieu » (1). Fénelon tient que l'âme, possédée de l'amour divin, perd conscience d'elle-même et arrive à l'évanouissement de sa personnalité. « Je ne trouve plus de moi, dit-il avec sainte Catherine de Gênes, il n'y a plus d'autre moi que Dieu (2). » Les extatiques appelaient alors l'âme « déifiée »; mais il serait malaisé de dire en quoi une pareille apothéose, qui rappelle le nirvâna, diffère d'un anéantissement.

Et, si l'on veut que le moi persiste, tout en s'abîmant en Dieu, de deux choses l'une : ou sa participation aux attributs divins sera complète (3), et alors Dieu ne sera plus unique, incommunicable, absolu; il y aura autant de dieux que d'êtres distincts, ce qui est contradictoire avec la notion de l'infini; ou la participation à la nature divine restera partielle, bornée, et l'homme continuera d'être en proie aux désirs inassouvis, à l'ambition non satisfaite, à ce que Schelling appelle « la tristesse attachée à toute existence finie » (4). Ce tourment de l'infini, gloire et supplice de la raison, augmenterait même avec la grandeur acquise, puisque, selon une remarque d'Aristote, ce sont parmi nous les plus grands qui sont le plus exposés à le ressentir (5). Pour qui aspire à une vie infinie, toute limitation est pénible à supporter, et l'impuissance de franchir des bornes fatales serait une cause d'éternel désespoir.

6. — En somme, tous les modes imaginables d'activité dans une autre vie la supposent ou analogue à la vie présente, et elle ne vaudrait guère mieux, ou très différente,

---

(1) *Traité de l'amour de Dieu.*
(2) *Explication des maximes des Saints sur la vie intérieure.*
(3) Saint Jean assure qu'on deviendra *semblable à Dieu* (*Épîtres*, I, III, 2); saint Pierre, que notre ressemblance avec lui ira jusqu'à la participation de sa nature: *divinæ consortes naturæ* (*Épîtres*, II, 1, 14); enfin, saint Paul, que Dieu sera *tout en tous* (*Corinthiens*, I, XV, 28).
(4) *Philosophie et religion.*
(5) *Problèmes* I, 30.

et il n'est plus possible de la concevoir clairement. Aucun de ces rêves ne résiste à l'analyse et ne présente de conditions rationnelles. Leur diversité même prouve contre tous, car on ne saurait admettre ni qu'ils se réalisent chacun en particulier, puisqu'il faudrait alors autant de paradis que de rêveurs, ni que le même convienne à tous, et nul n'est fondé à croire que, seul, son idéal prévaudra.

Malgré leur incohérence, ces conceptions si diverses s'accordent à exprimer le désir d'une vie meilleure et l'illusion consiste à vouloir éliminer de la vie réelle les maux qui l'affligent, pour ne retenir que les biens qui la font aimer. On supprime ainsi, par hypothèse, le besoin, la souffrance, la peine, les dégoûts, l'erreur, l'effort, les fautes, les conflits, et l'on n'admet dans une existence imaginaire que le bien-être, la joie, la beauté, la vérité, la perfection, l'harmonie, la paix.... C'est souhaiter cette « vie facile » dont Homère et Pindare font le privilège des dieux (ῥεῖα ζῶντες). Mais les lois de la vie n'autorisent pas le partage arbitraire de ses éléments. Il faut l'accepter et la subir avec son mélange de biens et de maux, condition les uns des autres. Le stoïcien Chrysippe disait que « le comble de l'absurdité est de croire qu'il existe du bien sans qu'il existe aussi du mal. Le bien étant le contraire du mal, il est nécessaire qu'ils existent tous deux, opposés l'un à l'autre et comme appuyés sur leur mutuel contraste... Il est absurde de vouloir séparer le bien du mal, le bonheur du malheur, le plaisir de la souffrance. Ces choses vont nécessairement ensemble » (1). — « J'ai fait plusieurs fois mon possible, remarque Diderot, pour concevoir le monde sans mal, et je n'ai jamais pu y parvenir (2). »

Ce composé de biens et de maux est la conséquence inévitable de la relativité des êtres individuels. Chacun d'eux,

---

(1) Dans Aulu-Gelle, *Nuits attiques*, VI, 1.
(2) *Introduction aux grands principes.*

centre particulier d'action, voudrait tout ramener à soi ; mais leurs prétentions antagonistes se bornent réciproquement. Il n'y aurait ni ordre ni justice si un intérêt personnel pouvait s'imposer à l'universalité des autres et l'emporter constamment sur eux. Le bonheur d'un seul exigerait en effet que le monde entier se pliât à ses désirs. Pour qu'aucun ne soit sacrifié, il faut que tous aient leur limite. Quand Mahomet fait aux croyants la promesse téméraire que tout ce qu'ils pourront souhaiter dans le ciel s'accomplira sur-le-champ, il ne réfléchit pas qu'un pareil pouvoir assujettirait au caprice de chacun, non seulement l'ordre général des choses, mais même les désirs et les caprices des autres, ce qui est une évidente absurdité.

On méconnaît plus encore les lois de la vie quand on suppose qu'un accroissement démesuré d'aptitudes rendra l'être humain capable de goûter une félicité parfaite, de jouir du beau dans sa pure essence, de posséder l'omniscience, de réaliser la perfection absolue... La transformation du fini en infini, du relatif en absolu, de l'éphémère en éternel, est une contradiction logique. Si la mathématique a des méthodes pour mesurer les infiniment petits, quand la grandeur, extrêmement atténuée, se rapproche ou s'écarte peu de zéro, limite où elle commence ou cesse d'être, elle est impuissante à saisir l'infiniment grand, parce que la distance qui sépare une grandeur déterminée, si étendue qu'elle soit, d'une grandeur infinie, reste toujours infinie. De même, notre esprit conçoit sans peine qu'un être fini ait un point de départ, des stades d'évolution et un terme ; mais il se refuse à comprendre qu'un tel être puisse devenir infini, c'est-à-dire que, limité par nature, il arrive à n'avoir pas de limites et, simple parcelle d'un tout, soit aussi grand que ce tout. Supposé même qu'un pareil changement pût s'effectuer, l'homme, atome amplifié aux dimensions de l'univers, subirait en ce cas une telle dilatation de son être que, rien ne subsistant plus de sa condition première, son identité se perdrait mieux encore que dans la métempsycose d'autrefois. Or ce moi, que l'on tient tant à conserver, c'est ce moi restreint qui sent, aime, jouit, comprend et veut d'une certaine façon, qui a ses lacunes, ses imperfections, ses misères, à qui même ses défauts sont souvent plus chers que ses qualités. S'il devient autre, il cesse d'être lui-même, et se transfigurer n'est encore qu'une façon de mourir.

Élevées toutes ensemble à l'infini, nos facultés d'action, qui sont diverses, se feraient mutuellement obstacle. Dans la vie réelle, plusieurs sortes de besoins peuvent réclamer par alternance et prévaloir successivement, parce qu'ils ne visent qu'à des jouissances bornées ; mais rendez-les tous infinis, il ne sera plus possible de les concilier, car chacun d'eux suffirait à remplir l'éternité. Comment goûter à la fois, dans leur plénitude, les délices du bien-être, les joies de la passion heureuse, l'admiration du beau, la compréhension du vrai, les satisfactions de la conscience, les multiples relations de la sociabilité? Quelle mesure établir entre l'amour de soi et l'abnégation pour les autres ? Comment se partager entre la famille et le monde, se donner tout à Dieu et se réserver pour les créatures? Nous avons déjà peine à suffire à tant devoirs; que serait-ce s'ils devenaient sans mesure? Les plaisirs de la vie se goûtent séparément, chacun à son heure, parce que tous sont restreints et arrivent vite à la satiété. S'ils se présentent encore un à un, la félicité, qui consisterait à les posséder tous ensemble, sera toujours imparfaite ; s'ils sont offerts tous à la fois, ils seront d'autant moins sentis, et leur confusion empêchera de jouir d'aucun.

Enfin, sans tenir compte d'une loi essentielle de la vie, on espère que, soustraite à toute cause de mutation, elle se maintiendra, toujours identique, dans une éternelle fixité. On rêve des corps inaltérables, des facultés sans lassitude et sans déclin... Mais, croire à la permanence d'un état donné de vie, c'est unir deux conditions qui s'excluent, l'immobilité et le mouvement. Si, dans un milieu stable, des corps bruts peuvent persister sans terme assignable, les êtres vivants, qui évoluent dans un milieu sans cesse troublé, traversent des phases où ils se modifient sous la loi d'un perpétuel devenir. Héraclite, comparant la vie à un fleuve, disait qu'on ne se baigne pas deux fois dans les mêmes eaux (1). Ce moi, que nous croyons fixe, change continuellement. En lui, tout passe et se renouvelle, la substance de nos corps, la condition de nos esprits, nos sentiments, nos goûts, nos idées, nos actes, nos rapports, et notre vitalité qui croît ou décroît par degrés, et ce flux de phénomènes qui nous entraîne dans son irrésistible cours. En vain, à certains moments où l'on se sent le plus vivre, on voudrait arrêter la fugacité des choses, suspendre le vol du temps, retenir le torrent qui nous emporte ; la vie, dans sa course impérieuse, ne nous laisse pas reposer un instant. Elle nous crie avec Bossuet : « Marche ! Marche ! » comme impatiente de nous mener à son but. — « Nous voguons sur un milieu vaste, toujours incertains et flottants, poussés d'un bout vers l'autre. Quelque terme où nous puissions nous attacher et nous affermir, il branle et nous quitte ; et, si nous le suivons, il échappe à nos prises, nous glisse et fuit d'une fuite éternelle. Rien ne s'arrête pour nous... Nous brûlons du désir de trouver une assiette ferme et une dernière base constante pour y édifier une tour qui s'élève à l'infini. Mais tout notre fondement craque, et la terre s'ouvre jusqu'aux abîmes (2). »

Nulle part la nature n'a établi une permanence sans fin, et aucune de ses créations, même des plus grandes, ne lui paraît mériter d'être toujours. Quand tout change et

---

(1) Aristote, *Métaphysique*, III, 5. Πάντα ῥεῖ (Héraclite, Fragm.).
(2) Pascal, *Pensées*, éd. Havet, t. I, pp. 5 et 6.

passe autour de nous, pourrions-nous prétendre seuls à un état fixe dans l'éternelle durée ? Plus sage que nos désirs, la loi d'évolution, au lieu de nous maintenir dans une languissante uniformité, nous promène, de la naissance à la mort, à travers des aspects dont la diversité offre un attrait toujours nouveau. A ce point de vue même, la vie actuelle, pleine d'imprévu, ouverte à l'illusion et à l'espérance, serait, malgré ses misères, préférable à une vie plus riche de biens, mais vouée à une perpétuelle monotonie. Une condition immuable d'existence représenterait, non plus la vie, mais une pétrification de la vie, c'est-à-dire une forme de la mort. Il faut choisir, d'être et de changer sans cesse, avec les inconvénients que la variation implique, ou de ne pas changer et de n'être plus. Nous avons beau nous évertuer à concevoir autrement la vie, la nature proclame par toutes ses lois l'inexorable arrêt : *Sint ut sunt, aut non sint.*

CHAPITRE XIII

CONCLUSION THÉORIQUE. — LOI DE MORTALITÉ

1. — Il reste à conclure. Le problème de la mort ne comporte que deux solutions, l'une positive, l'autre négative. D'être encore ou de n'être plus après cette vie, lequel s'accorde le mieux avec les données de la science ? Voilà ce qu'il faut enfin décider.

La croyance à une existence future ne repose sur aucun fondement de certitude. Elle n'est pas même étayée par des indices de vraisemblance, pas même par une présomption de possibilité. On ne sait rien de ce qu'il faudrait savoir pour être en droit d'affirmer, en pleine connaissance de cause, ce qu'on préjuge dans la plus entière ignorance du sujet. La distinction dans l'homme de deux êtres différents et séparables, la spiritualité, la persistance de l'âme, legs de l'animisme primitif, sont des conceptions imaginaires que ne confirme pas une étude plus exacte de la réalité. La raison se refuse à comprendre qu'un être continue de vivre quand il a cessé de vivre ; que le moi, dont l'unité à la fois physique et psychique est manifeste pour la conscience, se dédouble, et qu'un moi spirituel, qu'on ne saurait disjoindre du moi matériel, puisqu'il n'apparaît qu'en lui, subsiste néanmoins après lui. Il est plus difficile encore de concevoir comment ces deux moitiés de l'être humain, désunies par la mort, pourraient s'associer de nouveau, soit que, contrairement à la plus constante des lois, le corps détruit se reconstruise, soit qu'un autre lui soit substitué ou qu'une simple apparence en tienne lieu. L'être ainsi rétabli dans une intégrité factice ne saurait entrer en rapport avec le monde physique sans obéir à ses lois, ni échapper à leur empire sans s'exclure de toute réalité. Il n'est possible ni de lui assigner un lieu dans l'espace, ni de marquer ses phases dans la durée, ni de spécifier les fonctions dont aurait à s'acquitter son activité. On ne voit pas enfin comment il pourrait se maintenir dans un état fixe sans cesser de vivre, ou évoluer sans redevenir contingent, et se perpétuer sans terme alors qu'une loi de renouvellement universel condamne à finir tout ce qui naît dans le temps.

Ainsi démentie sur tous les points par la science, la croyance à une vie future n'a pas même la ressource de se réfugier dans le doute, car le doute suppose des arguments de valeur à peu près égale, qui se balancent et laissent l'esprit en suspens, tandis qu'ici les arguments pèsent tous d'un seul côté. Déduite de l'interprétation du rêve, l'idée de survivance n'est elle-même qu'un rêve, sans plus de réalité objective que les visions des fumeurs d'opium. Autant le monde véritable est net, précis, arrêté dans ses modes, déterminé dans ses conditions, autant ce monde fictif, où l'imagination se joue, est vague, indécis, insaisissable à l'analyse. Il ne se fait admettre que par hypothèse, sous forme de songe illusoire, d'espoir incertain, dans l'obscurité, le silence et les prestiges de la grande nuit. Veut-on constater, décrire, suivre des conséquences, tout se dérobe et s'évanouit. C'est une construction idéale, élevée dans le vide, sans base et sans cohésion, où rien ne se lie et ne fait corps. A spéculer de la sorte en dehors de toute donnée positive, on accumule à plaisir les inférences gratuites, les assertions sans preuve, les conjectures invérifiables, et l'on se débat dans un réseau de difficultés, de contradictions, d'impossibilités matérielles, d'incompréhensibilités logiques. A tout moment se dressent devant la pensée des séries de questions auxquelles il n'est pas possible de répondre, ou qui, si l'on tente de le faire, acculent l'esprit à l'irrationnel et à l'absurbe. On imagine un autre monde, des manières d'être incompatibles avec tout ce que l'étude nous apprend de la nature. Pour réaliser tant d'hypothèses en opposition avec les lois connues des choses, on ne peut plus compter sur leur action, puisqu'on se met hors de leur ordre. Force est alors de recourir à l'intervention d'un pouvoir surnaturel, dont on n'a aucune notion, et d'attendre de lui une suite sans fin de miracles. Mais, pour les esprits initiés aux méthodes des sciences, le surnaturel n'existe pas comme objet de connaissance, et la dérogation du miracle, même à titre d'exception, est inadmissible, puisqu'on n'a la preuve d'aucun. Il est donc irrationnel d'en espérer un si grand nombre dans l'avenir, et plus encore de croire à l'éventualité d'un état où, toutes les lois connues étant abrogées, le miracle serait, non plus une anomalie singulière et transitoire, mais la règle générale et constante. C'est feindre un monde à l'envers, où l'unique fin des choses serait la satisfaction de quelques êtres, et où l'ordre universel, au lieu de subordonner chaque partie à l'ensemble, subordonnerait l'ensemble à une partie.

« Rien n'est impossible à Dieu », objectent les théologiens. Cela semble répondre à tout ; mais la difficulté reste entière de savoir ce que veut et ce que fera la toute-puissance dont on invoque le secours. Lorsque la science préjuge les effets d'une loi donnée, elle a pour garantie de la justesse de ses prévisions la suite entière des faits observés que résume cette loi ; mais sur quoi peut se fonder la promesse d'un avenir qui a contre lui tous les faits connus et n'a pour lui que l'intention présumée d'un agent dont on ne sait absolument rien ? Une divinité bénévole se chargera-t-elle d'accomplir ce qu'il nous plaît de rêver, quelles que soient l'incohérence et la diversité de nos rêves ? Quel motif autorise à croire que, pour nous être agréable, elle abolira ces mêmes lois qu'on présente souvent comme l'expression d'une parfaite sagesse, et remplacera leur ordre par un arbitraire qui serait le renversement de cette sagesse ? De deux choses l'une : ou les lois qui actuellement nous régissent sont bonnes, et il est déraisonnable de demander qu'elles changent ; ou elles sont mauvaises, et quelle raison a-t-on de supposer que la puissance qui a failli à les établir fera mieux une autre fois ? Enfin, l'homme ne commet-il pas un sophisme étrange quand, après avoir créé des dieux par une abstraction de sa pensée, pour personnifier les forces actives de la nature, il applique l'omnipotence qu'il leur attribue à produire des miracles contraires à l'ordre de la nature, et attend d'eux la vie idéale qu'ils tiennent de lui ?

2. — Nos rêves d'existence future procèdent du désir, toujours inassouvi, de durée, et d'une imagination qui cherche, dans ces fictions, à contenter sa fantaisie. Cela revient à dire : je voudrais vivre sans fin (1), et voilà les conditions qui m'agréeraient le mieux. Mais la science, loin d'accepter à titre de preuve le penchant qui nous porte à présumer ce qui plaît, l'écarte comme un principe d'erreur. « Le plus grand dérèglement de l'esprit, déclare Bossuet, c'est de croire les choses parce qu'on veut qu'elles soient. » L'expérience devrait nous mieux apprendre quelle distance sépare le désir du fait accompli. Qu'importe que le songe soit agréable, s'il n'est qu'un songe, et si, dupe d'un vain mirage, l'idéal vient briser ses ailes fragiles sur le mur

---

(1) J.-J. Rousseau écrit : « Toutes les subtilités de la métaphysique ne me feront pas douter un moment de l'immortalité de l'âme... Je la sens, je la crois, *je la veux*, je l'espère. » (*Lettre à Voltaire*, 18 août 1756). Ce ne sont pas là des raisons. La question est de savoir si cette immortalité est possible et probable.

d'airain de la réalité? On a dit de l'espérance qu'elle est « le rêve d'un homme éveillé ». Cette définition convient surtout à l'espoir d'une autre vie, *somnia optantis, non probantis*.

La formation de cette croyance et le long empire qu'elle a exercé sur les esprits s'expliquent par la prédominance de l'imagination sur la réflexion, durant une phase de l'évolution mentale qui s'est continuée jusqu'à nous. Autant savoir est difficile, laborieux et lent, autant imaginer est facile, agréable et prompt. Le monde, avant d'être dévoilé avec précision par la science, devait se traduire en hypothèses et en conjectures. On se plut donc à rêver ce qu'on ne pouvait connaître encore, et l'illusion tint lieu de la vérité cachée. La borne incertaine du possible ne permettant même pas d'exclure l'impossible de ces conceptions, le merveilleux et le chimérique s'y étalèrent à plaisir. L'humanité a ainsi vécu longtemps dans un « état de crédulité » analogue à celui des enfants qui, faute de connaissances exactes, croient aveuglément tout ce qu'on leur dit et tiennent pour vrais les contes de fées. Mais, à mesure que s'acquiert un ensemble de notions positives, le merveilleux se dissipe, le surnaturel s'évanouit. Bannie de l'univers réel, dont la science fait peu à peu la conquête, l'illusion se réfugie dans le monde de l'abstraction métaphysique et s'y attarde volontiers, parce que nulle part on ne se trouve aussi bien que dans l'idéal. La science, toutefois, implacable ennemie du rêve, ébranle et ruine tout ce qu'on tente d'édifier en dehors d'elle. Un âge de critique et de réflexion doit rejeter les fables, les mythes, les mondes imaginaires, les existences hypothétiques, voir les choses comme elles sont et renoncer à ce qui plaît pour reconnaître ce qui s'impose. C'est là sans doute un effort pénible dont peu d'esprits sont capables (1) et qui leur mérite

---

(1) « L'incrédulité est le plus grand effort que l'esprit de l'homme puisse faire contre son propre intérêt et son goût. Il s'agit de se

la qualification de *forts*. « L'ignorance la plus honteuse, disait Socrate, consiste à tenir pour vrai ce qu'on ignore, et le plus grand service qu'on puisse rendre à la raison, c'est de la délivrer d'une erreur. »

Si donc, pour se conformer aux prescriptions de la science et ne pas sortir des limites de la certitude, on élimine du problème de la mort tout ce que les théories de vie future ont accumulé de conceptions imaginaires, de prémisses conjecturales, d'assertions gratuites et de merveilleux impossible, on n'a plus à décider qu'entre une loi de mortalité manifeste par elle-même et un désir de survivance que ne justifie aucune probabilité solide. Quoique la foi se fasse un mérite de s'attacher à des dogmes qui rebutent la raison, et qu'on n'ignore pas « l'espèce de volupté avec laquelle l'âme religieuse peut savourer l'absurde, si l'absurde est nécessaire à ses besoins (1) », il n'est plus permis de reprendre les raisonnements de Tertullien : « La chose est croyable parce qu'elle est absurde... » — « Elle est certaine parce qu'elle est impossible (2). » Quiconque tient que ni l'impossible n'est un indice de vraisemblance, ni l'absurde une marque de vérité, doit chercher ailleurs une base plus ferme à sa croyance et ne la trouvera que dans le savoir positif.

3. — Parmi les causes qui ont le plus contribué à faire admettre l'illusion d'une vie future, il faut signaler encore l'orgueil démesuré qui remplit le cœur de l'homme. « La même vanité, dit Pline, nous porte à éterniser notre mémoire et nous fait imaginer au delà du tombeau le mensonge d'une autre vie (3). » Averroès y voit une exagération

---

priver à jamais de tous les plaisirs de l'imagination, de tout son goût pour le merveilleux... » (Galiani, *Lettre* à Mme d'Epinay, 21 septembre 1776).

(1) A. Réville, *Prolégomènes de l'histoire des religions*, p. 22.
(2) *Credibile est quia ineptum est... — Certum est quia impossibile* (*De carne Christi*, v ; V. aussi saint Paul, *Corinthiens*, I, i, 18-25).
(3) *Hist. nat.*, VII, 56.

monstrueuse, l'aberration de l'égoïsme individuel se jugeant digne de vivre éternellement, mais en contradiction avec les lois des choses finies (1). Le moi, qui rapporte tout à lui et se fait centre de l'univers, s'attribue une importance si grande, qu'une fois venu à l'être, il pense mériter d'être toujours et ne peut consentir à n'être plus rien dans un monde où il voudrait être tout. « Notre orgueil nous fait croire que nous sommes un objet assez important pour que l'être suprême renverse pour nous toute la nature... et qu'il fasse des choses dont la plus petite mettrait toute la terre en engourdissement (2). »

Un peu de réflexion suffit pourtant à montrer le rang et la place que nous occupons dans la totalité des choses. Cette place est petite, et ce rang humble. Le temps n'est plus où, sous l'empire des préjugés anthropocentrique et géocentrique, l'homme pouvait se croire le roi de la création, admettre que tout avait été disposé en vue de son avantage, la terre pour le porter, les plantes pour le nourrir, les animaux pour lui prêter assistance, le soleil et la lune pour l'éclairer et lui mesurer le cours du temps (3) ; où une providence attentive veillait sur lui, où un dieu même donnait sa vie pour le racheter de ses fautes... La science, en nous dévoilant la grandeur de l'univers et notre infimité, ne laisse rien subsister de tant d'illusions. L'impassibilité de la nature dans les conflits qui mettent aux prises nos ambitions et ses lois, son indifférence à nos besoins, à nos efforts, à nos douleurs, à notre mort elle-même, disent assez combien peu nous pesons dans la balance de ses prédilections. Maîtresse inexorable et sourde, elle suit l'ordre de ses lois sans jamais condescendre à le modifier dans le sens de nos plaintes ou de nos prières.

Qu'est-ce donc en somme que cette personnalité humaine,

(1) Renan, *Averroès et l'Averroïsme.*
(2) Montesquieu, *Pensées sur la religion.*
(3) *Genèse*, I.

si chétive et si orgueilleuse ? Un simple regard jeté sur son origine fait voir combien l'humilité lui siérait. Elle doit devenir au monde à un accident de génération. Sa conception est l'œuvre inconsciente de deux êtres qui, mus par un instinct aveugle, l'évoquent par aventure à la vie. Dans l'insondable nuit où s'opère le plus mystérieux des phénomènes de la nature, la rencontre et l'union de deux cellules génératrices déterminent la formation d'un être nouveau. Pourquoi cette combinaison plutôt que toute autre entre des myriades de germes également aptes à vivre et qui, fusionnés par couples, auraient produit à sa place un être différent, plus digne peut-être d'exister ? Pourquoi, sauf les deux qu'une imprégnation a fécondés, tous les autres sont-ils arrêtés au seuil de la vie et rejetés, encore indistincts, dans le néant des possibilités avortées ? Pourquoi une partie seulement des germes en cours d'évolution arrive-t-elle au terme d'une gestation normale ? Pourquoi la plupart de ceux qui naissent périssent-ils avant d'atteindre leur plein développement ? Cette multiplicité de vies perdues et de morts prématurées, dont se troublait déjà la mélancolie de Lucrèce [1], nous montre que, comme toute espèce vivante, l'espèce humaine est soumise à la loi de la surabondance des germes, témoignage d'insouciance d'une nature non moins prodigue que féconde, à qui il n'importe guère que tels ou tels êtres vivent, pourvu qu'il y ait de la vie. L'apparition des individus est le résultat d'un hasard ; leur existence se déroule à travers une série de hasards, et la mort qui la termine n'est qu'un dernier hasard. Phénomène accidentel et transitoire au sein de l'universelle et toujours changeante réalité, l'être humain surgit un moment et s'efface bientôt après comme une vague à la surface de l'océan.

---

[1] *Quare mors immatura vagatur ?*

(*De rer. nat.*, V, 222.)

CONCLUSION THÉORIQUE. — LOI DE MORTALITÉ

4. — « Il y a, disait le philosophe Anaximène, une objection très forte contre la croyance à l'immortalité : c'est la mort. » Par son évidence brutale, le fait réel dément le songe illusoire. La mort est le terme, non seulement effectif, mais encore logique de la vie, et quand on écarte, comme entachés d'erreur, les motifs habituels de croire à une survivance imaginaire, l'impulsion du désir, l'attrait de l'idéal et les suggestions de l'orgueil, la froide raison est obligée de reconnaître la nécessité d'une fin. Selon Aristote, « le désir de l'immortalité est le désir d'une chose impossible », et il convient d'ajouter, avec Bias, que « c'est la marque d'un esprit malade de désirer l'impossible (1) ». La croyance ne se concilie, en effet, ni avec la condition, forcément précaire, d'êtres limités et contingents, ni avec celle de l'ensemble, sans cesse en cours de mutation et de renouvellement. Nous sommes ici déçus par ce que Diderot appelle « le sophisme de l'éphémère (2) », l'illusion d'un être passager qui croit à l'éternité possible des choses finies. La permanence absolue ne convient qu'à l'être infini, absolu, doué, comme le veut Spinoza, d'une infinité d'attributs infiniment modifiables et seul capable, par conséquent, de remplir d'une indéfectible activité la double immensité de l'espace et de la durée. Tout être fini porte au contraire en lui un principe d'irrémédiable caducité. Par cela même qu'il a des bornes, il n'est ni capable, ni digne de subsister éternellement. Il faut que ce qui est fini finisse, que ce qui a commencé d'être cesse d'être. La naissance et la mort sont deux termes corrélatifs. La fin de l'homme est même plus nécessaire que son commencement, car il aurait pu ne pas naître, et cela n'a tenu qu'à bien peu de chose, tandis qu'une fois né, rien ne peut le soustraire à l'obligation de mourir (3).

(1) Bias, *Sentences*.
(2) *Le Rêve de d'Alembert*.
(3) *Cui nasci contigit, restat mori* (Sénèque, *Epist.*, 99).

Cette loi de mortalité, à laquelle nous voudrions en vain échapper, est universelle, et tout la subit avec une docilité qui devrait nous servir d'exemple. Ainsi que nous, les animaux et les plantes périssent. Les corps bruts changent de forme ou d'état, se dissolvent ou se décomposent. Rien de ce qui vient à l'être ne persiste sans terme dans la durée. Les individus, leurs séries, les mondes, l'ensemble des mondes, tout a sa limite d'existence, y tend, y arrive, et tombe dans l'abîme de l'éternité (1). L'homme est-il fondé à se plaindre d'être compris où tous sont compris, et, lorsque chacune des créations de la vie, la vie elle-même, la terre et le ciel doivent passer, lui seul, créature d'un moment, peut-il se bercer de l'espoir de durer toujours ? A quel titre serait-il encore lorsque ce globe où son espèce a vécu, simple épisode de la genèse cosmique, aura disparu dans l'espace comme s'évapore au matin une goutte de rosée ?

« S'il y a dit Hume, un dessein clair dans la nature, nous pouvons affirmer que le but et l'intention de la création de l'homme, autant que la raison naturelle nous permet d'en juger, sont limités à la vie présente (2). » Le principe d'existence qui nous anime n'est pas une essence ontologique absolue, mais une résultante de phénomènes dont la fin est marquée d'avance. A peine nés, nous commençons de mourir. Notre vie est un acheminement vers la tombe, « une course à la mort », dit Dante (3). Mourir, c'est arriver au lieu où l'on ne cesse d'aller. Nous mourons en détail, sans nous en apercevoir, dans chaque instant de la durée qui s'écoule, dans l'intégrité de notre corps, dont la substance se dénature, dans l'identité de notre moi qui

---

(1) Πρὸς τέλος αὐτῶν πάντα κινεῖται, disaient les Grecs. Horace appelle la mort *ultima linea rerum* (*Epîtres*, I, 16, fin); de même l'adage espagnol : *La muerte lo acaba todo.*

(2) *Essai sur l'immortalité de l'âme.*

(3) *Del viver ch'è un correre alla morte.*
(*Purgatorio*, XXXIII, 52.)

change et s'altère, dans nos sentiments qui se modifient, nos illusions qui se dissipent, nos idées qui se transforment, nos volontés qui se démentent, nos rapports qui se renouvellent. Nous n'avons pas assez le sentiment de l'irréparable dans la vie. Tout ce que son cours emporte nous est ravi sans retour. « Notre erreur, dit Sénèque, est de ne voir la mort que devant nous ; elle est derrière en grande partie. Tout le temps passé, elle le tient (1). » Que de sensations effacées, d'espérances perdues, de joies et de peines évanouies, d'opinions rejetées, d'actes accomplis en vain, de liens dénoués ou brisés jonchent derrière nous le chemin que nous avons parcouru ! La moindre part de notre existence vécue survit en nous à l'état de souvenirs ; le reste, tombé en oubli, diffère peu de ce qui n'a pas été. Le présent même, qui semble nôtre, n'est qu'un instant fugitif, la porte par laquelle l'avenir se précipite incessamment dans le passé, marquant ainsi l'écoulement de notre être, c'est-à-dire le passage de l'état de vie à l'état de mort. Notre croyance à la persistance du moi nous trompe ; en réalité, nous sommes déjà morts autant de fois que nous avons traversé d'âges et de conditions.

Le principe de l'activité vitale est une somme restreinte d'énergie qui s'épuise par son emploi même. De la conception à la mort, la puissance affectée à construire et à réparer l'organisme va toujours s'affaiblissant. Alors que, durant les neuf mois de la gestation, l'ovule fécondé augmente en poids plus d'un million de fois, le nouveau-né gagne seulement le triple la première année, un sixième la seconde, puis de moins en moins les suivantes. De trente à quarante ans, le corps reste à peu près stationnaire. Il diminue ensuite de poids jusqu'à la fin. La courbe de l'évolution vitale décrit ainsi une sorte de trajectoire. Comme les projectiles mus par une impulsion brusque, les êtres

(1) *Epist.*, I.

lancés dans la vie ont au début leur maximum de force vive. Ils la perdent ensuite peu à peu à surmonter des résistances, et, lorsqu'ils l'ont toute dépensée, leur course finit. La vie tend à la mort comme le mouvement à l'équilibre, et sa durée sans terme ne serait pas moins irrationnelle en biologie que le mouvement perpétuel en mécanique. Bichat définit la vie « l'ensemble des forces qui résistent à la mort » (1). Mais les moyens d'action dont les être disposent pour se défendre sont limités, tandis que la puissance de destruction qui, de toutes parts, les assiège, ne l'est pas. Dans cette lutte inégale, l'univers, conjuré contre nous, doit fatalement l'emporter. La vie est une guerre sans trêve, une conquête toujours disputée. On ne peut pas vaincre et se reposer dans le triomphe ; combattre et se maintenir un temps, c'est vivre ; mourir, c'est être vaincu.

5. — La nature nous prépare à cette inévitable fin en dénouant une à une toutes les attaches qui nous retiennent à la vie. A peine parvenus, vers le milieu de la carrière, à son plein développement, nos forces déclinent, notre activité se lasse, et nous descendons, avec une vitesse croissante, la pente au bas de laquelle se trouve la borne fatale.

Quand arrive la vieillesse, l'organisme, machine usée par un long service, se refuse aux actes les plus naturels. Ses organes sans vigueur remplissent toujours plus mal des fonctions languissantes qui finissent par devenir impossibles. Comme le travail de décomposition l'emporte alors sur celui de recomposition, il ne peut plus réparer ses pertes, et, pareil à un édifice qui tombe en ruines, il se dégrade toujours davantage, jusqu'à ce que survienne l'écroulement général. Les tissus se désorganisent, les articulations s'enkylosent, les sens s'oblitèrent ou se perdent, le système nerveux se détraque, les infirmités s'aggravent, le cercle de la vie se rétrécit chaque jour. Enfin la vie elle-

---

(1) *De la Vie et de la Mort*, p. 2.

même, impuissante à se prolonger davantage, hésite, se trouble, puis brusquement s'arrête et s'évanouit.

Les fonctions psychiques ont aussi leur déclin, qui résulte à la fois de la débilitation de l'organisme et de celle qu'entraîne leur propre activité. « La vieillesse, dit Montaigne, nous attache plus de rides en l'esprit qu'au visage, et ne se voit point d'âmes ou fort peu qui, en vieillissant, ne sentent l'aigre et le moisi (1). »

La passion, si ardente pendant la jeunesse, profonde encore dans l'âge viril, s'amortit ensuite, se calme et s'éteint.

De tout cet incendie, il reste un peu de cendre.

Après tant de désirs déçus, d'espérances vaines, d'affections trompées, d'inutile poursuite d'un bonheur qu'on ne peut atteindre ou retenir, la sensibilité, émoussée par le plaisir et par la peine, se désintéresse des choses et se replie sur elle-même, en proie à la satiété et à l'ennui. Rien ne tente plus un cœur blasé qui, préférant l'apathie de l'indifférence à l'inquiétude du désir, remplace les attachements par des habitudes. Arrivé à cet âge, triste entre tous, « où il n'est plus possible d'être aimé » (2), le vieillard, aussi incapable d'inspirer de la tendresse que d'en ressentir, ne peut plus provoquer que la pitié.

Lorsque l'expérience de la vie a dissipé les illusions de la jeunesse, l'homme, si souvent abusé par le mirage de l'idéal, se renferme, pour n'en plus sortir, dans la froide et morne réalité. Son imagination a vu se tarir la source de l'inspiration et de l'enthousiasme. Il perd jusqu'à la faculté d'admirer et ne trouve partout que laideur. Comme il n'a pu faire entrer dans sa vie aucun des beaux rêves qui enchantaient sa jeunesse, il renonce à la rêverie et, ne voulant plus être dupe de trompeuses chimères, tient pour folie les

---

(1) *Essais*, III, 2.
(2) Vauvenargues, *Dialogue de César et de Brutus*.

songes héroïques de don Quichotte, pour sagesse le plat terre à terre de Sancho Pança. La poésie lui semble un mensonge, la beauté un piège, et, de la vie désormais sans charme, il ne garde que les dégoûts. Ainsi la nature, riante et parée au printemps, n'a plus que dénûment et tristesse aux approches de l'hiver.

L'intelligence, d'abord éveillée et avide de connaître, prompte à recevoir et tenace à retenir, puis pénétrante et lucide, s'assombrit vers le soir dans un crépuscule dont l'obscurité croissante annonce la nuit prochaine. La perception, mal servie par des organes défectueux, ne livre que des données confuses ; l'attention se fatigue, la mémoire se perd, le jugement est sans force et sans netteté. La curiosité même languit, découragée plus que satisfaite. L'incertitude tant de fois constatée des opinions humaines ôte toute confiance en la vérité et dispose au scepticisme. Prêt à disparaître dans les ténèbres qui l'environnent, l'esprit ne jette plus, par intervalles, que de mourantes lueurs, comme un flambeau, qui, sur le point de s'éteindre, répand plus de fumée que de clarté.

Au déclin de l'âge, la volonté, lassée par sa lutte contre des obstacles toujours renaissants, consciente de sa faiblesse et de la force des choses, n'aspire plus, comme jadis, à conquérir et à régenter le monde. Rebutée par d'inutiles efforts, elle restreint ses visées à la mesure de son impuissance. De moins en moins capable d'initiative, d'audace, de résolution et de persévérance, l'activité sénile, réduite à des velléités timides et contradictoires, se résigne à subir les influences qui la dominent et ne tente plus même de corriger des défauts invétérés. Contrainte de renoncer aux ambitions de la force et guérie des témérités de la jeunesse, elle s'abstient d'entreprendre, n'ose plus même projeter, se montre hostile à tout changement, et s'abandonne en proie aux fatalités qui l'accablent.

Enfin, tous les liens qui unissaient l'homme à la société,

à l'État, à l'humanité, se relâchent ou se brisent l'un après l'autre et ne laissent pour refuge au vieillard que la famille, où, enfant, il avait trouvé son berceau, mais dont il ne peut plus attendre autant d'affection et de soins. Impropre désormais à servir utilement ses semblables, il leur est une charge au lieu d'un secours. Ses regrets d'un passé disparu, sa difficulté à s'accommoder du présent, le rendent étranger aux générations nouvelles, dont il ne partage ni l'ardeur, ni les goûts, ni les idées. Morose, pessimiste et misanthrope, il n'apporte plus dans ses relations la confiance et l'agrément d'autrefois. Les exigences de ses besoins, les gênes de ses infirmités, la sécheresse de son cœur, la stérilité de son esprit, tout le retranche de la société, et lui-même se retire du monde, lorsque le monde ne l'a pas déjà délaissé. Une séquestration toujours plus étroite limite ses rapports à une assistance désormais indispensable. La mort, faisant le vide autour de lui, l'a successivement privé de ses affections les plus chères, et, pour peu qu'elle tarde à le prendre, elle le trouve dans un isolement complet et terrible, sans avoir plus personne pour le regretter, que lui-même.

Ainsi la vie s'épuise par son activité même, et c'est d'avoir vécu que l'on meurt. Ce qui reste d'elle vers la fin, la lie au fond de la coupe, ne mérite pas qu'on y tienne, et l'on doit, avec La Bruyère, juger plus opportune la mort qui prévient la caducité que celle qui la termine. En cet état, qui ne dure que pour empirer, lorsque, descendu au plus bas degré de l'existence, on est revenu de tout, las de végéter et de souffrir, inutile aux autres, à charge aux siens, importun à soi-même, que peut-on désirer et faire de mieux, si ce n'est de mourir? Le dernier bienfait de la nature n'est-il pas la fin d'une incurable misère, et de quoi la mort nous prive-t-elle sinon du sentiment de la douleur? Les anciens racontaient que Chiron, le sage centaure, avait refusé l'immortalité quand il connut les conditions qu'y mettait le dieu même de la durée, Saturne son père. La Fable enseignait aussi que l'Aurore, éprise de Tithon, avait obtenu pour lui de Jupiter le privilège de ne pas mourir, mais que, accablé des maux de la vieillesse, devenu le plus malheureux des hommes, il dut implorer de la pitié des dieux la faveur d'être métamorphosé en cigale. Swift s'est inspiré de cette donnée dans sa tragique peinture des *Immortels* (*Struldbrugs*). Pour nous délivrer des afflictions croissantes d'une décrépitude sans remède, tout nous rend souhaitable le terme heureux de la mort.

Lorsque l'existence présente, — qui, lui refusât-on tout autre avantage, a du moins celui de la brièveté, — se passe à geindre ou à bâiller, est-il raisonnable d'en convoiter une autre qui ne finisse jamais ? Si, pour le châtiment de notre folie, nos vœux d'éternelle durée se trouvaient exaucés, nous ne tarderions guère à invoquer la mort comme une grâce. « Quelles plaintes et murmures y aurait-il contre nature s'il n'y avait point de mort, et qu'il fallût demeurer ici, bon gré, mal gré ? Certes l'on la maudirait. Imaginez combien serait moins supportable et plus pénible une vie perdurable que la vie avec la condition de la laisser... Si la mort nous estoit ostée, nous la regretterions beaucoup plus que nous ne la craignons, et si elle n'estoit, nous la souhaiterions plus fort que la vie (1). » Stuart Mill juge consolant de penser qu' « on n'est pas enchaîné pour l'éternité à une existence consciente qu'on ne saurait être sûr de vouloir conserver toujours (2). » Le droit et le désir de vivre tant que la vie paraît bonne ou du moins tolérable, a pour complément le droit ou l'espoir d'en sortir quand elle devient trop cruelle, et d'avoir comme refuge à ses maux l'asile sacré de la mort. C'est là notre meilleure sauvegarde et la plus précieuse de nos libertés. « Quiconque, dit

---

(1) Charron, *de la Sagesse*, II, 11.
(2) *Essais sur la religion*, trad. franç., p. 115.

Strauss, ne s'enfle pas d'orgueil, sait bien apprécier l'humble mesure de ses facultés, est reconnaissant du temps qui lui est donné pour les développer, mais ne manifeste aucune prétention à un accroissement de ce délai au delà de cette vie terrestre, et l'éternité en perspective lui donnerait le frisson (1) ». Bentham appréhende aussi l'immortalité plus qu'il ne la désire (2). « Oui, dit encore Schopenhauer, l'immobilité finie et la limitation essentielle de toute individualité, en tant que telle, finiraient déjà d'elles-mêmes, en se poursuivant sans terme, par engendrer par leur monotonie un si profond dégoût, qu'on préférerait retomber dans le néant, ne fût-ce que pour en être débarrassé (3). » Tôt ou tard, en effet, le moment arrive où l'on en a assez de la vie, où la nausée succède à l'ivresse, où l'on ne sent plus qu'une immense lassitude d'agir et d'être agité, où le repos suprême paraît préférable à tout. Combien inspirerait alors d'horreur et d'effroi l'idée de ne pouvoir mourir, c'est ce qu'exprime avec énergie le mythe populaire du Juif errant, Ahasvérus. Quelle pire misère, en effet, que de traîner l'existence comme un supplice qui ne doit jamais finir et de n'avoir pas ce que Dante refuse aux damnés : « L'espoir de la mort ! (4) »

6. — Si, avec les logiciens, on tient que le criterium de la certitude est l'inconcevabilité du contraire, il serait facile de montrer, par l'absurdité de la négative, la nécessité de la mort. Quand on essaie de se représenter un état de choses d'où elle serait exclue (5), on ne trouve que con-

---

(1) *L'Ancienne et la Nouvelle Foi*, trad. franç., p. 116.
(2) *La Religion naturelle*, p. 8.
(3) *Le Monde comme volonté et représentation*, trad. Burdeau, t. III, p. 303.
(4)   *Questi non hanno speranza di morte*
                                        (*Inferno*, III, 16).
(5) *Novissima inimica destruetur mors* (Saint Paul, *Corinthiens*, I, xv, 26); ... *et mors ultra non erit* (*Apocalypse*, xxi, 4).

séquences irrationnelles. impossibilité pour la vie de se produire et de durer. La vie est si étroitement unie à la mort qu'on ne peut pas les disjoindre, écarter l'une et retenir l'autre ; il faut les accepter ensemble ou tout perdre en les séparant. Le monde est une harmonie où la mort même a sa place, et, loin d'y introduire une dissonance, elle réalise avec la vie un accord parfait.

« La vie, c'est la mort », dit Claude Bernard (1). Les êtres vivants ne subsistent qu'à condition de détruire, car, non seulement ils doivent emprunter à d'autres êtres ce qu'ils ont de matière et de force, mais encore « toute manifestation d'un phénomène dans l'être vivant est nécessairement liée à une destruction organique ». Toutefois, il serait non moins exact de dire : « La mort, c'est la vie », puisqu'elle affranchit l'éternelle substance de ses appropriations passagères pour l'offrir, toujours disponible, à de nouvelles créations. Des êtres indestructibles interrompraient le cours de la vie et seraient un obstacle absolu à ses transformations. Supposez qu'autour de nous rien ne puisse plus périr, ni un être humain, ni un animal, ni une plante, ni un état de la matière inorganique : aussitôt tout s'arrête, et vous n'avez qu'un monde figé dans son immutabilité. « Les anciens disaient que, si la vie est la mère de la mort, la mort à son tour enfante et éternise la vie, c'est-à-dire, en écartant les métaphores, que la matière est sans cesse en mouvement, qu'elle subit des changements continuels. Il n'y a point de mort pour la nature : sa jeunesse est éternelle, comme son activité et sa fécondité ; la mort est une idée relative aux êtres périssables, à ces formes fugitives sur lesquelles luit successivement le rayon de la vie, et ce sont ces transformations ininterrompues qui constituent l'ordre et la marche de l'univers (2). »

(1) *La Science expérimentale, la Définition de la vie.*
(2) Cabanis, *Rapports du physique et du moral de l'homme*, X[e] mémoire.

On se trompe donc lorsque, personnifiant des abstractions, on représente la vie et la mort comme des puissances antagonistes aux prises, l'une infatigable à créer, l'autre acharnée à détruire ; c'est la même puissance vue sous le double aspect de ses manifestations. La trinité hindoue (*trimurti*) fait de Brahma, de Vishnou et de Çiva un seul dieu qui remplit tour à tour le triple rôle de créateur, de conservateur et de destructeur. Pour qui regarde de haut l'ensemble des choses, la vie et la mort se confondent (1). Leur œuvre commune se résout en substitutions d'effets qui posent et suppriment alternativement dans le sein de l'infini les limitations d'où résultent les êtres finis. Les formes changent, le fond reste le même. En d'autres termes, pour employer le langage scientifique, l'énergie universelle est une constante, quoique ses applications varient sans cesse.

> *All forms that perish other form supply,*
> *By turn we catch the vital breath and die,*
> *Like bubbles on the sea of matter born,*
> *They rise, they break and to that sea return* (2).

Outre la perpétuité de la vie, la mort assure aussi ses progrès. Par l'élimination successive des êtres, elle introduit dans leurs séries un principe d'évolution. La mort efface, la vie corrige, et, grâce à cette collaboration continue, l'œuvre s'améliore avec le temps. Que serait l'état du monde si les premiers êtres vivants qui ont occupé sa surface avaient dû ne jamais périr ? La mort, critique impitoyable, a rejeté les ébauches imparfaites, brisé le moule défectueux des espèces disparues, et amené la vie à réaliser, par une suite de retouches, des types supérieurs. Que serait l'humanité même, si les premiers êtres humains, à

---

(1) « Je suis, dit Krichna, l'immortalité et la mort, l'être et le non-être » (*Bhagavad-Gîta*, trad. Burnouf, 117).
(2) Pope, *Essay on Man*, III.

peine distincts des singes anthropoïdes, avaient perpétué sur le globe leur immortelle bestialité ? Grande purificatrice, la mort supprime, avec chaque génération, une part de ses insuffisances et de ses misères. A des êtres que leurs aptitudes restreintes, vite lassées ou épuisées, rendraient réfractaires au progrès, elle substitue, dès qu'ils ont accompli leur tâche, des êtres jeunes, ardents, perfectibles qui, se relayant sans cesse, portent toujours plus avant la civilisation de l'espèce.

Quelle apologie la mort, si on la personnifiait, pourrait faire d'elle-même et de sa mission dans l'univers ! — Je ne suis pas, serait-elle fondée à nous dire, cette puissance néfaste que vous redoutez faute de la bien connaître ; je suis la vie même que vous aimez, car je ne détruis que pour faire vivre. Si vous avez pu venir à l'être, c'est à moi que vous le devez. Pour vous faire place un moment, j'ai retranché une à une toutes les générations antérieures. Je vous ai préparé de loin les conditions de vie dont vous jouissez, et chaque jour je vous conserve, en sacrifiant les êtres dont la mort vous permet de subsister. Vous avez bénéficié des avantages de mon ordre, supportez-en aussi les charges. Lorsque, bientôt, je vous ôterai la vie, ce sera moins pour vous en priver que pour la donner à d'autres, dignes de la posséder à leur tour. Sans mon assistance, au lieu du splendide théâtre où se déploie la fécondité de la nature, il n'y aurait que le morne empire de la permanence dans l'uniformité, c'est-à-dire un mode d'existence à peine distinct du néant.

C'est donc méconnaître la fonction de la mort que de la faire, comme le vieux mythe hébraïque, entrer dans le monde par la voie du péché, à titre de châtiment et de malédiction (1); elle y était dès l'origine des choses, comme la condition nécessaire de leur développement, et son

---

(1) *Genèse*, III, 19-21.

œuvre a commencé en même temps que celle de la vie, pour ne finir qu'avec elle. Mourir n'est pas une peine infligée à quelques êtres ; c'est une loi générale (1), que tout subit à son tour et dont il est aussi déraisonnable que vain de prétendre être excepté.

7. — Pareils à ces enfants, dont parle Socrate (2), qui s'effraient d'un masque enlaidi à plaisir, les hommes redoutent communément la mort moins pour elle-même que pour ce qu'ils supposent l'accompagner ou la suivre. Ils l'entourent d'éventualités funestes et s'épouvantent de leurs chimériques visions. « Peut-être, dit Charron, le spectacle de la mort te déplaît à cause que ceux qui meurent font laide mine. Oui, mais ce n'est pas la mort, ce n'est que son masque. Ce qui est dessoubs caché est très beau (3). » Dans son projet d'*Euthanasie*, Bacon veut qu'on cherche à rendre le terme de la vie acceptable pour la raison, et que l'art y applique toutes ses ressources, comme un poète dramatique consacre les efforts de son génie au dernier acte de sa pièce. On ne peut jouir en paix de la vie que si, loin de se laisser troubler par des appréhensions imaginaires, on envisage sa fin avec sérénité.

Beaucoup diraient volontiers : ce n'est pas la mort, c'est le mourir qui m'inquiète (4). Toute la belle humeur de Mme de Sévigné l'abandonne et se change en horreur tragique lorsqu'elle réfléchit à cette cruelle extrémité : « Je suis embarquée dans la vie sans mon consentement ; il faut que j'en sorte, cela m'assomme ; et comment en sortirai-je ? Par où ? Par quelle porte ? Quand sera-ce, dans quelle disposition ? Souffrirai-je mille et mille douleurs qui me feront

---

(1) *Omnia mors poscit ; lex est, non pœna, morire.*
(2) *Phédon, Criton.*
(3) *De la Sagesse*, II, 2.
(4) « *Emori nolo, sed me mortuum nihil existimo* » (Cicéron, *Tusculanes*, I, 8).

mourir désespérée?... Je m'abîme dans ces pensées, et je trouve la mort si terrible, que je hais plus la vie parce qu'elle y mène que par les épines dont elle est semée (1). »
A se tourmenter de la sorte, on rend l'appareil de la mort plus effrayant que la mort même, et l'on souffre plus à l'appréhender qu'à la subir. « Comme il y a, remarque Buffon, plus de cœurs pusillanimes que d'âmes fortes, l'idée de la mort se trouve toujours exagérée, sa marche précipitée, ses approches trop redoutées et son aspect insoutenable; on ne pense pas que l'on anticipe sur son existence toutes les fois que l'on s'affecte de la destruction de son corps; car cesser d'être n'est rien; mais la crainte est la mort de l'âme (2). »

Sans doute, lorsque, par suite d'accident ou de maladie aiguë, on est abattu en pleine vigueur et comme arraché par violence à la vie, la mort expose à de cruelles souffrances; mais on souffre parfois davantage sans mourir, et la mort qui met fin à d'intolérables tortures ne joue-t-elle pas plutôt le rôle de libératrice? L'air de calme solennel qu'elle répand sur les traits, lorsque son œuvre est achevée, montre qu'elle est la délivrance finale et le suprême apaisement.

Dans le plus grand nombre des cas, la mort est douce, paisible, presque inaperçue. La mort naturelle, au terme de la vieillesse, s'effectue sans peine et sans douleur. Comme une lampe épuisée, la vie s'éteint faute d'aliment. « Dans la mort sénile, le malade n'éprouve que cette difficulté d'être dont le sentiment fut en quelque sorte la seule agonie de Fontenelle. On a besoin de se reposer de la vie comme d'un travail que les forces ne sont plus en état de prolonger. Les erreurs d'une raison défaillante ou d'une sensibilité qu'on égare en la dirigeant vers des objets ima-

---

(1) *Lettre*, 16 mars 1672.
(2) *De la Vieillesse et de la Mort*.

ginaires, peuvent seules, à ce moment, empêcher de goûter la mort comme un doux sommeil (1). » Plusieurs pensent en effet que, dans ces conditions, la mort, à titre de fonction normale, ne s'accomplit pas sans quelque impression de soulagement et de bien-être qui serait la dernière jouissance de la vie. Léopardi parle de la *dolcezza del morir*. « Le vulgaire, embrassant les opinions qui l'effraient, croit que les tourments accompagnent la dissolution de notre être physique ; il est probable, au contraire, qu'en touchant à l'éternel repos, on goûte des sensations analogues à celles d'un homme fatigué qui sent couler dans ses veines le calme et le sommeil (2). » Peut-être aussi, lorsqu'on s'ennuie trop de souffrir, trouve-t-on délicieux de voir approcher la fin du supplice. On peut, du moins, admettre l'indifférence des dernières sensations, car les rapports de ceux qui, après avoir passé pour morts, sont revenus à la vie, témoignent qu'ils ne s'étaient pas sentis finir. Au moment où l'on glisse dans la mort, on n'a sans doute pas plus conscience de soi que lorsqu'on cède à l'assoupissement précurseur du sommeil ou lorsqu'une défaillance détermine la syncope. La vie échoue mollement sur le rivage de la mort. Ce n'est pas un naufrage sur des écueils dans la tempête, mais un abord sur une plage amie, favorisé par une vague propice.

Quant à la mort, qui est embrassée de plein gré, par dévouement, par honneur ou par devoir, celle des héros et des martyrs, on peut dire que cette immolation volontaire de la vie en est l'acte le plus intense et concentre, dans une heure d'exaltation sublime, toutes les joies sacrifiées à un but supérieur, car on vit plus dans un élan d'enthousiasme que durant des années de plate vulgarité.

Enfin, le passage redouté de l'être au non-être, l'instant

---

(1) Cabanis, *Rapports du physique et du moral*, IV⁵ mémoire.
(2) Droz, *Essai sur l'art d'être heureux*.

fatal où le moi s'évanouit, est insaisissable et forcément indistinct. « La mort, dit Montaigne après Épicure, ne vous concerne ni mort, ni vif; vif, puisque vous êtes, mort, puisque vous n'êtes plus (1). »

Je suis, elle n'est pas; elle est, je ne suis plus.

Il est inutile de se préoccuper de la manière dont on mourra. A moins qu'on ne soit condamné à bref délai par un mal incurable ou qu'on ne choisisse soi-même son genre de mort, toute conjecture à cet égard a chance d'être démentie par l'événement, tant la mort revêt de formes variées et peut sortir des occurrences les plus imprévues. Mais soyons sans crainte ; nous nous acquitterons toujours bien de l'obligation de mourir. C'est la seule chose que chacun fasse en perfection sans avoir besoin de l'apprendre. Contentons-nous de souhaiter, avec César (2), une mort prompte et inopinée comme la dernière félicité de la vie.

Serait-ce le sort réservé à nos tristes restes qui vous épouvante, le poids de la terre qui les chargera (3), le froid et l'humidité de la tombe, les ténèbres souterraines, l'abandon final, la morsure des vers, l'horreur de la putréfaction... ? Rien de tout cela ne sera senti, car nulle cause de souffrance ne peut atteindre une sensibilité qui n'est plus. Les maux dont on suppose les morts affligés n'existent que dans l'imagination des vivants qui se mettent à leur place. Lorsque nous aurons cessé de vivre, notre dépouille nous sera non moins étrangère que la pierre qui

---

(1) *Essais*, I, 19; Cfr. Épicure (Diogène de Laërte, X, 15) et Prodicus (dans Platon, *Axiochus*).
(2) Suétone, *Cæsar*, 87.
(3) La formule antique: « *Sit tibi terra levis!* » témoigne de cette appréhension. « O terre, dit un hymne du *Véda*, soulève-toi ; ne blesse pas ses membres, sois pour lui prévenante et douce. O terre, couvre-le, comme une mère son enfant, d'un pan de ta robe. » (V. E. Burnouf, *Essai sur le Véda*, 93.) Une touchante épitaphe latine de petite fille dit : « Terre, ne pèse pas sur elle : elle a si peu pesé sur toi ! » (Martial, *Epigr.*, IX, 30.)

la couvrira. Il est surtout dérisoire d'attacher du prix à la pompe des funérailles, à l'orgueil d'un tombeau. Laissons aux vivants le soin d'enterrer leurs morts. Cela n'intéresse qu'eux, et, s'ils négligent d'y pourvoir, la nature s'en chargera (1).

8. — Considérée en elle-même et en elle seule, la mort n'a rien dont puisse s'alarmer la raison. L'état d'inconscience où elle nous plonge nous ramène à la condition où nous étions avant de naître. Nous sentions-nous malheureux alors ? « Le même passage que tu as fait de la mort, c'est-à-dire du rien à la vie, sans passion, sans frayeur, refais-le de la vie à la mort : *Reverti unde veneris quid grave est ?* (2) » La mort remplira d'un sommeil tranquille cette nuit sur laquelle ne doit pas se lever d'aurore. Le sommeil n'est-il pas, ainsi que l'appelle Plutarque, « le noviciat de la mort » ? (3) Bien des fois déjà nous en avons fait l'épreuve, et nous devrions en mieux connaître la douceur. « Chaque nuit, nous cessons d'être, et dès lors nous ne pouvons plus regarder la vie comme une suite ininterrompue d'existences senties ; ce n'est point une trame continue ; c'est un fil divisé par des nœuds ou plutôt par des coupures qui toutes appartiennent à la mort ; chacune nous rappelle l'idée du dernier coup de ciseau ; chacune représente ce que c'est que de cesser d'être (4). » Un tiers au moins de la vie se passe à dormir. Qui regrette ce temps donné à l'oubli de l'inquiétude et de la peine ? Y a-t-il beaucoup de nos jours qui vaillent une nuit de bon sommeil ? « Ton repos le plus doux est le sommeil, dit Shakspeare ;

(1) *Nec tumulum curo, sepelit natura relictos.*
(Mécène, cité par Sénèque, *Epist.*, 92.)

(2) Charron, *De la sagesse,* II, 2, et Sénèque, *De tranquillitate animi*, II.
(3) *Consolation à Apollonius.*
(4) Buffon, *de la Vieillesse et de la Mort.*

tu l'invoques souvent, et tu es assez stupide pour trembler devant la mort, qui n'est rien de plus (1) ». Après l'agitation et les fatigues de la vie, dormir sans trouble est assurément ce qu'on peut souhaiter de meilleur. « Je n'ai pas besoin de paradis, mais de repos, » fait dire Byron au *Giaour* mourant. Dans sa pièce des *Malheureux*, Mme Ackermann montre les morts refusant de se lever à l'appel de la résurrection, ne voulant pas être trompés une seconde fois par l'illusion de la vie, et demandant à la tombe de les bien garder. Montaigne met à mourir le même nonchaloir qu'à vivre, sans décider lequel vaut le mieux : « Il m'advient souvent d'imaginer avec quelque plaisir les dangiers mortels et de les attendre. Je me plonge teste baissée stupidement dans la mort sans la considérer et recognoistre, comme en une profondeur muette et obscure qui m'engloutit d'un sault et m'estouffe en un instant d'un puissant sommeil, plein d'insipidité et d'indolence (2). »

L'état négatif où nous fait entrer le non-être ne peut avoir rien de funeste et doit être tenu pour indifférent. « La mort, disait le philosophe Arcésilas, est le seul mal qui n'incommode jamais personne et ne chagrine qu'en son absence. » De même Voltaire : « On a vu des gens se trouver bien de mourir ; on n'en a point vu qui se soient plaints d'être morts. » Selon la doctrine d'Épicure, la mort ne peut être un mal ni pour la sensibilité, puisqu'elle nous ôte la possibilité de souffrir, ni pour la raison, puisqu'elle est dans l'ordre et la logique de la nature (3). On objecte que, si la vie est un bien, la mort, qui nous en prive, est un mal ; mais, comme un mal n'a de réalité que senti et que cette privation ne peut l'être, l'objection tombe d'elle-même. En outre, la vie étant un composé de biens et de maux, les hommes, qui se lamentent sans cesse, de-

---

(1) *Mesure pour mesure*, III, 1.
(2) *Essais*, III, 9.
(3) Diogène de Laërte, X, 124.

vraient, semble-t-il, juger la mort plus bienfaisante, puisqu'elle met fin à leurs peines, que rigoureuse parce qu'elle supprime leurs joies. La mort est le terme de nos épreuves, le port après une traversée pénible (1), le refuge assuré contre les douleurs, les tristesses, les fautes et les injustices de la vie. Elle seule tranche nettement toutes nos misères, éteint la fièvre de nos désirs et nous met enfin l'esprit en repos. « Ici, dit une inscription de cimetière, le méchant cesse de nuire et le juste de souffrir. L'innocence n'est plus persécutée et celui qui est las se repose. Il n'y a plus de tyran ni d'opprimé. Le grand et le petit dorment ensemble, et l'esclave est délivré de son maître (2). »

Ils sont nombreux, les sages qui, tenant compte des avantages de la mort, veulent qu'au lieu de la subir à contre-cœur, on l'accueille avec gratitude, comme un bienfait. « On craint la mort, dit Socrate, comme le plus grand mal, sans savoir si elle ne serait pas le plus grand bien », et il conseille de saluer, à l'exemple ce qu'on raconte des cygnes, son approche d'un chant de joie (3). « La mort, déclare plus expressément Sénèque, est la meilleure invention de la vie, et l'on ne saurait trop la louer (4). » Et Pline : « La nature n'a rien donné à l'homme de meilleur que la brièveté de la vie... C'est une folie, et une mauvaise folie, que de vouloir recommencer de vivre après la mort... Ces illusions et cette crédulité détruisent le principal bienfait de la nature, la mort, et elles en doublent la peine s'il faut se tourmenter même d'un état à venir (5). »

---

(1) « J'ai parcouru bien des fois la mer, dit une épitaphe antique... J'ai abordé à des terres inconnues, et voici la borne... Ici, je ne crains ni les vents, ni les orages, ni la mer, ni les pirates, ni une dépense plus forte que le gain. A toi, qui m'as affranchi du souci, je dis : Salut, déesse bienfaisante ! »
(2) Paraphrase de *Job*, III, 13-19.
(3) Platon, *Phédon* et *Apologie* : « *Providentes quid in morte boni sit, cum cantu moriuntur.* »
(4) *Consolatio ad Marciam.*
(5) *Hist. nat.*, VII, 52.

Hegel identifie l'être et le non-être. Schopenhauer donne la préférence au second : « Pour ce qui est de la valeur objective de la vie, il est au moins douteux qu'elle soit préférable au non-être, et même, si l'on consulte la réflexion et l'expérience, c'est le non-être qui doit de beaucoup l'emporter (1). » En Asie, quatre cent millions de bouddhistes aspirent à être libérés de la vie dans l'impassibilité du nirvâna. On peut donc admettre que la vie n'est pas un avantage pour ceux qui l'ont reçue et que les favorisés sont ceux à qui ce don funeste a été épargné. Ainsi pensaient les Grecs, si épris en apparence de la joie de vivre. « Ce qui vaut le mieux pour les habitants de la terre, dit Théognis de Mégare, c'est de ne pas naître et de ne pas voir les rayons du brillant soleil ; mais, lorsqu'on est né, de franchir au plus vite les portes de l'invisible et de dormir couché sous la terre (2). » La même sentence est attribuée par Hérodote à Solon (3), et une foule d'auteurs ont à l'envi répété ce lieu commun de mélancolique sagesse (4). Job maudit le jour de sa naissance (5). Enfin l'*Ecclésiaste* conclut que « les morts sont plus heureux que les vivants, et que le plus heureux est celui qui n'est jamais né (6). »

(1) *Le Monde comme volonté et comme représentation*, trad. Burdeau, t. III, p. 275.
(2) *Théognis*, V, 425-428.
(3) *Histoires*, I, 31.
(4) « Le mieux est de ne pas naître, dit Sophocle, et, une fois né, le second degré du bonheur est de rentrer au plus tôt dans le néant. » (*Œdipe à Colone*, v. 1225 et suiv.) V. encore Platon, *Apologie*, 42 ; Aristote dans Plutarque, *Consol. à Apollonius*, 27 ; Ménandre, fragm. ; de même encore Ausone :
Non nasci esse bonum, aut natum cito morte potiri.
(5) *Job*, III, 3 ; II, 13.
(6) *Ecclésiaste*, IV, 2, 3.

CHAPITRE XIV

CONCLUSION PRATIQUE. — CONSÉQUENCES MORALES

1. — Laissons les optimistes et les pessimistes débattre en sens inverse, mais avec un égal parti pris, la question de savoir si la vie est bonne ou mauvaise. Sa valeur dépend de l'emploi qu'on en fait. Nous n'avons point d'ailleurs à décider s'il convient d'entrer dans la vie ou d'en sortir volontairement. Nous y sommes sans avoir été consultés, et presque tous ne demandent qu'à y rester le plus longtemps qu'il se pourra. Il faut donc s'arranger pour être le moins mal possible. Milton fait donner par l'ange Gabriel un sage conseil à Adam qui voudrait mourir : « N'aie pour la vie ni amour ni haine; mais, tant que tu vis, vis bien (1). » Mieux vaut encore, selon la maxime de Descartes, « aimer la vie et ne pas craindre la mort », afin de jouir pleinement de l'une sans se laisser troubler par l'autre (2).

Les rêves de vie future écartés comme purement imaginaires, on n'a plus à considérer que la vie présente et à en tirer, conformément à ses lois, le meilleur parti possible. Comme elle forme par elle-même un tout complet, sans avoir besoin d'épilogue, elle suffit à nos spéculations et à

---

(1) *Nor love thy life nor hate; but what thou livest*
Live well. (*Paradise lost*, XI.)

(2) ... « Je mettrai tous mes soins...
A mépriser la mort en savourant la vie »
(Voltaire, *Épître à Horace*).

notre activité. On allègue que l'espoir de revivre console des tristesses de ce monde et de la nécessité de mourir; mais on peut dire plus justement que l'illusion d'une autre existence corrompt celle que nous possédons, car les béatitudes idéales dont on se berce désenchantent des plaisirs réels de la vie (1) et les font à tort dédaigner, tandis que les maux chimériques dont on s'effraie s'ajoutent aux véritables pour les aggraver. Si parfois la perspective d'un monde meilleur peut être un réconfort bien insuffisant à l'infortune, l'appréhension d'un avenir redoutable est plus souvent un sujet d'angoisse. Le mystère anxieux d'une destinée en suspens, tout ce que son inconnu renferme d'éventualités menaçantes, les vengeances de dieux irrités, les rigueurs d'une justice implacable, tourmentent et affolent l'imagination des croyants. Les meilleurs sont même le plus exposés à ces terreurs par leurs scrupules, tant on leur répète que la « voie du ciel est étroite » (2), qu'ils doivent « opérer leur salut avec crainte et tremblement » (3), et que, pour de rares élus, on comptera des multitudes de damnés (4). La peur seule de l'enfer, si l'on était bien convaincu et si l'on y pensait toujours, suffirait à empoisonner la vie (5). Qui veut en goûter les joies sans trouble ne doit se laisser tromper ni par de vains espoirs ni par de non moins vaines alarmes. Les Gréco-Romains, qui ne croyaient qu'à l'existence présente et s'y dépensaient tout entiers, jouissaient mieux de la vie et redoutaient moins la mort que les chrétiens abusés par des rêves décevants ou en proie à des épouvantes non justifiées. Comp-

---

(1) « Un grand obstacle au bonheur, c'est de s'attendre à un trop grand bonheur » (Fontenelle).
(2) *Saint Matthieu*, VII, 14.
(3) Saint Paul, *Philippiens*, II, 12.
(4) V. Massillon, *Sermon sur le petit nombre des élus*.
(5) Citons comme exemple l'agonie cruelle d'une sainte, la mère Angélique de Port-Royal, torturée par la peur d'être damnée (V. Sainte-Beuve, *Port-Royal*, V, 1).

ter sur une autre vie et lui subordonner la vie actuelle, c'est lâcher la proie pour l'ombre et sacrifier la réalité à l'illusion. Il y aurait moins de malheureux dans le monde si tout ce qui se perd en préoccupations de l'au-delà était dirigé vers un but tangible et positif, l'amélioration de la condition humaine.

Les mystiques objectent que la vie, confinée dans un présent si borné, bannie du ciel idéal et sevrée d'immortelles espérances, ne vaut guère d'être vécue. Dédaigneux de joies éphémères, ils n'estiment que celles qu'ils pensent devoir durer sans fin. *Dimitte transitoria et quære æterna,* disent-ils avec l'auteur de l'*Imitation* (1). « Tout avantage qui ne concerne que la vie présente ne vaut presque pas la peine qu'on travaille à l'acquérir, dit de même Nicole, parce que cette vie n'est qu'un instant qui ne mérite pas qu'on en délibère (2). » Et Bossuet, plus impérieux encore : « Commencez à compter cette vie mortelle parmi les biens superflus. Méprisez tout, abandonnez tout, et n'aimez plus que le bien qui ne se peut perdre (3). »

Mais il n'est pas facile à ceux qui professent de telles maximes de mettre la pratique d'accord avec la théorie. La nature nous range à ses lois par d'incoercibles exigences, et il paraît peu logique à la raison de rejeter les biens dont elle dispose, parce qu'ils ne sont pas sans mesure. Si la vie est mauvaise de soi, elle ne sera pas meilleure étendue à l'infini ; et, si elle est désirable à toujours, pourquoi faire fi de ce qu'elle contient de bon dans sa courte durée? Un pauvre, réduit à l'extrême besoin, refuse-t-il quelques pièces de monnaie pour ce motif qu'un million lui agréerait davantage ? Égaré par l'excès de ses convoitises, un faux idéal érige en vertu l'immolation de tous les biens de la vie et croit s'en faire un mérite pour gagner le ciel. La sombre

---
(1) *De imitatione Christi,* III, 1.
(2) *De la connaissance de soi-même,* VIII.
(3) *Sermon sur nos dispositions à l'égard des nécessités de la vie.*

folie des ascètes se complaît dans la tristesse, recherche par calcul la souffrance, s'inflige des macérations et se *mortifie* à plaisir, c'est-à-dire anticipe sur la mort dans l'espoir de vivre plus quand on aura cessé de vivre. « Hé ! pauvre homme, s'écrie Montaigne, tu as assez d'incommodités nécessaires sans les augmenter de ton invention : tu es assez misérable de condition sans l'estre par art ! » (1). Mieux inspirés, les anciens définisssaient la sagesse : « L'art de bien vivre et d'être heureux ». Selon les Grecs, la meilleure manière d'honorer les dieux, c'est, à leur exemple, de jouir allègrement de la vie et de déployer en tous sens une libre activité. Gœthe, animé du même esprit, veut qu'on jouisse des dons de la nature, notre mère, des biens de la vie, qui est d'essence divine. D'austères moralistes demandent qu'on soit aimable et gai (2). La joie est une demi-vertu, l'indice de la santé du cœur et de la force de l'esprit. Parmi les obligations qu'impose la morale philosophique, figure à juste titre le devoir d'être heureux, la jouissance des plaisirs qu'offre libéralement la nature et que n'interdit pas la raison. Spinoza s'élève avec force contre ceux qui font la vertu morose et chagrine : « Oui, il est d'un homme sage d'user des choses de la vie et d'en jouir autant que possible, de se réparer par une nourriture modérée et agréable, de charmer ses sens par le parfum et l'éclat verdoyant des plantes, d'orner même son vêtement, de jouir de la musique, des jeux, des spectacles et de tous les divertissements que chacun peut prendre sans dommage pour personne (3). »

Une autre maxime, inverse de la précédente et non moins exclusive, proclame l'inutilité, pour un être péris-

---

(1) *Essais*, III, 5.
(2) « Soyez toujours dans la joie » (Saint Paul, *Thessaloniciens*, I, v, 16). — *Ostendant se gaudentes in domino et convenienter gratiosos*, dit la *Règle* de saint François d'Assise. Sainte-Thérèse recommande également à ses sœurs de se tenir en joie.
(3) *Éthique*, IVe partie, prop. 45, scolie.

sable, de prétendre à des biens éternels. Laissant à l'être absolu son infini, jalousement gardé, de l'espace et de la durée, elle conseille de ne viser qu'à des biens passagers et de chercher en eux un bonheur, précaire sans doute, mais mieux à notre mesure et seul à notre portée. Au rebours du précepte de l'*Imitation*, cette sagesse prendrait volontiers pour formule : *Dimitte æterna et quære transitoria*. Gœthe juge inopportun de rien faire en vue de l'éternité qui nous échappe (1). Puisque tout passe et que nous-mêmes nous passons, attachons-nous de préférence à ce qui nous ressemble. Cet attribut de fragilité, que partagent avec nous tous les êtres périssables, est un titre à notre prédilection. La nature éternelle, mais impassible, n'a droit qu'à notre indifférence. Ce qui est, ainsi que nous, éphémère, débile et souffrant, a le plus besoin d'être aimé et mérite toutes nos tendresses.

Aimez ce que jamais on ne verra deux fois (2).

Aimez-le sans vains serments d'aimer toujours, téméraires engagements bien vite démentis par notre inconstance ; aimez-le sans croire que les objets de nos affections ni ces affections elles-mêmes puissent n'avoir pas de fin, et sans oublier un moment que la mort plane sur tout.

Néanmoins, cette seconde maxime n'a un semblant de justesse qu'opposée à la précédente et n'est pas moins défectueuse. Trop restrictive, elle confine notre puissance d'action dans l'heure présente et n'aspire qu'à des biens fugitifs, tandis qu'il faut à la vie une ambition qui la dépasse, l'amour de quelque chose qui soit plus grand qu'elle-même et qu'elle n'ait pas le temps d'épuiser. On a donc proposé de corriger ces deux formules, insuffisantes l'une et l'autre, en les unissant dans une troisième qui les con-

(1) *Affinités électives*.
(2) A. de Vigny, *la Maison du berger* ; V. aussi *l'Espoir en Dieu*.

cilie : *Transitoriis quære æterna* (1). Sans sortir des bornes d'une existence mortelle, et si étroites qu'elles soient, nous pouvons jouir de ce qui dure dans ce qui passe, de l'ordre universel dans les contingences particulières. Il est peu sage de mettre tout le bonheur de sa vie dans la possession de biens que les circonstances refusent ou qu'un accident peut ravir, dans l'amour d'une femme ou sur la tête d'un enfant, dans l'obtention de richesses, d'honneurs ou de succès qui dépendent moins de nous que de la fortune (2). Il faut aimer surtout ce qu'il y a dans le monde de général et de stable, de meilleur et de moins précaire, la beauté dans l'art, la vérité dans la science, la moralité dans les actes, le bien public dans sa patrie, la civilisation dans l'humanité, la puissance de vie qui resplendit dans l'univers. Quiconque élargit son cœur et, sans dédaigner les affections moindres, le remplit de ces grands amours, trouve en eux d'intarissables jouissances, un but constant à ses efforts, des consolations dans ses épreuves, le plein développement de ses facultés. Par là, ce moi chétif, dont l'exiguïté n'est qu'un point, se dilate et peut participer dans une mesure indéfinie à la vie infinie. « Ainsi, disait Épicure, tu vivras comme un dieu, car en quoi ressemble-t-il à un mortel, l'homme qui vit au sein de biens immortels ? (3)

2. — Sauf en ce qu'ils ont d'infini et d'absolu, car à cela notre condition d'êtres finis et contingents nous interdit de prétendre, nos rêves d'existence meilleure peuvent se réaliser dès cette vie, dans les limites du possible, que nous ne saurions franchir. Tout n'est pas chimérique et faux dans ces conceptions. A défaut de réalité objective, elles

---

(1) Jean Reynaud, *Terre et Ciel*, pp. 147 et 148.
(2) « Tout attachement à la créature, à une nature impuissante, est une folie. Maudit est celui qui met en l'homme sa consolation et sa joie » (Malebranche, IIIe *Entretien sur la mort*).
(3) Diogène de Laërte, X, 135.

conservent une valeur idéale qui permet, tout en les rejetant comme dogmes, de les admettre comme programme de vie supérieure et plan d'activité normale. Puisque nous aspirons toujours à vivre plus et mieux, notre tâche est d'y travailler sans cesse et d'assurer, par les moyens en notre pouvoir, une évolution rationnelle de nos facultés de vie. Nos plaintes, nos prières et nos espérances seront vaines tant que nous nous bornerons à implorer une assistance surnaturelle et à solliciter d'elle, par faveur ou par miracle, les biens que nous convoitons. Il faut les acquérir en dirigeant nos efforts avec sagesse, réaliser nous-mêmes notre idéal. Appliquons au mieux de nos intérêts les lois qui gouvernent les choses, profitons des facilités qu'elles nous offrent, abstenons-nous surtout de troubler leur ordre, puisque nous ne pourrions le faire qu'à notre détriment. Tout se paie. Chacun de nos actes, bon ou mauvais, trouve sa sanction dans ses conséquences, largement rémunéré en plaisirs s'il procure un accroissement de vie, puni au contraire par des restrictions et des causes de souffrance s'il la diminue. « La vie et la mort, le bien et le mal, sont devant l'homme ; ce qu'il aura choisi lui sera donné (1). »

Vous voudriez posséder les avantage de la vigueur et de la santé, jouir du bien-être, écarter la douleur? — Réglez-vous sur les préceptes de l'hygiène : soyez sobres, actifs, tempérants. Donnez aux vrais besoins du corps les satisfactions nécessaires, en consultant plutôt ce que leur exigence a d'impérieux que l'attrait perfide de la volupté. Gardez-vous comme d'un piège des excès où conduit la recherche du plaisir. Vous le goûterez d'autant mieux et dans son exquise pureté que vous mettrez moins de hâte à le poursuivre et d'ardeur à l'épuiser. Veillez avec prudence à ne pas compromettre, sauf en cas de devoirs supérieurs, l'équilibre des fonctions physiologiques. Considérez la

---

(1) *Ecclésiastique*, xv, 18, et *Deutéronome*, xxx, 15.

santé comme le premier des biens et la condition de tous les autres. On n'en connaît trop souvent le prix que quand on l'a perdue et qu'il n'est plus possible de la rétablir. Mais on a tort d'accuser alors la nature du mal qu'on s'est fait en violant ses lois. Avec plus de vigilance et de soin, la plupart des hommes n'auraient pas seulement une vie plus longue et plus douce ; ils seraient aussi mieux disposés à mener, selon les termes de Porphyre, « une vie angélique dans un corps matériel », car l'âme n'est saine que dans un corps sain.

Vous désirez plus de bonheur ? — Cela dépend de vous : soyez plus sages. « C'est dans ton cœur, dit Schiller, que brille l'étoile de ton destin. » La vie est heureuse dans la mesure où elle est conforme aux lois de son développement régulier. Chacun peut arriver à une félicité relative. Les plaisirs, en effet, nous sollicitent en foule, plaisirs des sens, plaisirs du cœur, plaisirs de l'imagination et de l'art, plaisirs de l'étude, plaisirs du travail utile et de la conscience satisfaite, agréments de la société, communion avec la nature... Apprenez la valeur de tous ces biens et appliquez-vous à en jouir. Cédez aux penchants affectifs sans les réprimer dans ce qu'ils ont de légitime ni les dépasser dans ce qu'ils ont de raisonnable. La sagesse ne consiste pas à supprimer les passions, mais à en faire un bon usage. Modérez vos désirs ; n'aspirez pas aux biens que vous ne pouvez atteindre, tâchez de saisir ceux qui s'offrent sans trop de peine à votre prise. Jouissez pleinement de ceux que vous possédez. Suivant un mot profond qu'on prête à saint Augustin, la béatitude des élus dans le ciel consisterait, non à obtenir ce qu'ils désirent, mais à désirer ce qu'ils ont : *Quod habent desiderant.* Combien on ferait d'heureux avec tout ce qui se perd de bonheur en ce monde! N'ayez ni l'ambition de l'impossible, ni le regret de l'irréparable. On se rend surtout malheureux parce qu'on prétend imposer aux choses un ordre qui n'est pas le leur. « Le bonheur, dit Buffon, est au dedans de nous-mêmes ; il nous a été donné ; le malheur est au dehors, et nous l'allons chercher. » C'était une maxime commune chez les anciens, que le sage seul est heureux, mais qu'il rivalise en cela avec Jupiter même (1).

Vous souhaitez de plus pures délices de goût, les ravissements que procure la contemplation de l'idéale beauté ? — Elle n'est point absente du monde réel, mais il faut l'en dégager. Cultivez votre sens esthétique, ouvrez les yeux à ce que Léonard de Vinci appelle *la bellezza del mundo*. Le beau abonde dans l'univers et vous serez plutôt las d'admirer que la nature de fournir. Étudiez ses aspects riants ou grandioses, sa haute et sereine majesté. Laissez-vous ravir par le charme de ses créations aimables, l'élégance des plus beaux types d'animaux, la grâce et le coloris des fleurs, la variété des paysages dont chacun correspond à un état d'âme, la poésie des eaux et de la lumière, la diversité des climats, l'alternance des saisons, la splendeur des nuits étoilées... Celui qui, comme saint François d'Assise, éprouverait une admiration religieuse pour tout ce qui est « beau à voir », vivrait au sein de la nature dans un continuel enchantement. Élevez-vous en outre à l'intelligence des créations les plus parfaites de la littérature et des arts, expression du beau idéalisé par la raison. Rendez-vous familiers les chefs-d'œuvre de tous les pays et de tous les temps. Vous trouverez à les goûter d'inépuisables plaisirs, les plus propres à charmer les heures tranquilles de la vie et à distraire ses tristesses. Quiconque aime la nature, les lettres et les arts a son paradis en ce monde (2). Si banale

(1) Xénophon, *Mémorables*, 1, 9 ; Diogène de Laërte, X ; Horace, *Épîtres*. I, 1.
(2) « Je me réfugie dans le passé. Tout ce qui a été beau, aimable, juste, noble, me fait comme un paradis. Je défie avec cela que le malheur m'atteigne. Je porte avec moi le parterre charmant de la variété de mes pensées » (Renan, *Dialogues philosophiques*, p. 134.)

que soit la réalité qui l'entoure, il peut étendre sur ses laideurs le manteau de pourpre de l'idéal.

Vous ambitionnez un savoir moins borné, un esprit plus apte à percer le voile des choses ? — Instruisez-vous. Demandez à la science une révélation sûre de la vérité. Déjà elle tient à votre disposition plus de connaissances que vous n'en pourrez apprendre ou retenir. Un peu d'étude rendra vôtre la meilleure part de ces trésors et, s'ils ne satisfont pas votre curiosité, travaillez à les accroître. La claire compréhension de l'ordre et des lois de l'univers vous fera goûter ces plaisirs dont Aristote compose la seule félicité qu'il juge dignes des dieux. Soumettez votre esprit à la discipline des méthodes de la science, examinez avant de croire, soyez exigeant en fait de preuves, n'attachez de certitude qu'à l'évidence, doutez souvent au lieu d'affirmer sans cesse, vous aurez moins à craindre les méprises de l'erreur.

Vous aspirez à devenir moins imparfait, à corriger vos défauts, à gagner en vertu ? — Perfectionnez-vous. Un état de moralité supérieure ne se réalisera pas de lui-même dans l'inaction sans épreuve et sans mérite d'une immortalité oisive ; il ne peut résulter que de tâches virilement accomplies et d'un effort continu de la volonté pour devenir meilleur. Cette œuvre, essentiellement personnelle, fait de la vertu le plus élevé des arts, parce que l'artiste se modèle lui-même sur son idéal. En tout le reste, les circonstances dominent souvent nos désirs ; seule la vie morale est entièrement nôtre et nous n'y relevons que de nous-même. Faites-vous des règles de devoir conformes à la raison et dirigez par elle le détail de vos actions. Soyez prudent à projeter, réfléchi dans la délibération, ferme dans l'exécution ; vous aurez ainsi le plus de chances de réussir dans vos entreprises. Ayez surtout « l'intention droite », l'unique chose au monde qui, selon Kant, ait une valeur absolue et ne dépende en rien des accidents de fortune. Celui qui se sent l'âme bonne peut opposer une sérénité dédaigneuse aux disgrâces du sort, le mépris des choses fortuites.

Vous appelez de vos vœux des relations moins défectueuses avec vos semblables, une participation plus large aux bienfaits de la civilisation ? — Harmonisez votre vie avec celle de l'espèce, devenez humain dans le sens le plus élevé du mot. Soyez pour les autres ce que vous voudriez qu'ils fussent pour vous. Cherchez la paix et le bon accord ; montrez-vous bienveillant et bienfaisant. La première des vertus sociales est l'abnégation, le sacrifice de soi aux autres. La vie ne se développe qu'à condition de se répandre et s'enrichit en se donnant (1). Celui qui met son bonheur à faire des heureux, qui se plaît à soulager des infortunes, se rapproche le plus de la félicité véritable, parce qu'il prend part aux joies qu'il procure et goûte des plaisirs attachés à l'intention même, tandis que la jouissance de l'égoïste, acquise par la privation ou le malheur d'autrui, est anormale et précaire, en contradiction avec la loi d'équité. Supposez la plupart des hommes probes, justes, doux, pacifiques, indulgents et secourables, à l'égal de ceux qui le sont le plus et montrent ce que peut la nature humaine : leur bonheur commun ne laisserait guère à désirer. Et que faut-il changer, sinon nous-mêmes, pour réaliser cette société idéale ?

Vous demandez « un monde meilleur » ? — Améliorez celui où vous êtes. En vain vous espérez jouir dans le ciel d'un paradis tout fait ; faites-le sur la terre. Appliquez vos soins à rendre la nature moins hostile, plus féconde, plus belle et plus douce. Nous sommes loin encore de connaître et même de soupçonner toute l'étendue de notre pouvoir pour la modifier à notre avantage. Elle se prête à des transformations indéfinies dans le sens de nos intérêts. Utilisez mieux ses ressources, qui partout abondent et

---

(1) « Le bonheur, dit Joseph de Maistre, c'est d'en donner. »

que votre incurie laisse perdre ; transformez ses forces aveugles, mais dociles, en agents de travail et de production. Exploitez toujours plus largement l'utilité des corps bruts, la fertilité du sol, la richesse des plantes, le concours et les produits des animaux. Unissez votre activité à celle de la nature, en vue d'agrandir son ordre, sans vous exposer à le troubler. Considérez-vous comme les administrateurs et les maîtres de la planète, investis d'une fonction cosmique et chargés de présider à la direction de la vie du globe. Cette grande tâche est déjà partiellement accomplie, et le passé vous est garant de l'avenir. Vous ferez ainsi peu à peu de ce « monde de misère » sinon un Éden, car les édens n'existent que dans nos rêves, du moins un séjour supportable et même de plus en plus attrayant.

Enfin, le sentiment religieux vous inspire le désir d'entrer en communion avec la vie infinie, personnifiée en Dieu ? — Divinisez-vous. Modelez-vous sur cet idéal de perfection que vous adorez. Évitez les superstitions qui le méconnaissent et le fanatisme qui l'outrage. Rendez-lui le seul culte qui lui convienne, non par des actes stériles de piété, mais en collaborant à l'œuvre éternelle. La religion de l'avenir sera le juste sentiment de notre dépendance et de nos obligations dans l'ensemble des êtres. Efforçons-nous de mettre ce qu'il y a de divin en nous en harmonie avec ce qu'il y a de divin dans l'univers. La nature est toute imprégnée de divinité. Entrer dans son activité générale et tendre à ses fins, cela résume nos devoirs et nous fait participer à sa grandeur. « Voulez-vous voir Dieu face à face, dit Fichte, ne le cherchez pas au delà des nues. Dieu est ce que fait celui qui s'inspire de sa pensée, qui vit par lui. Donnez-vous à lui, vous le trouvez au dedans de vous même » (1). Spinoza, qui ramène tout à l'amour divin, dé-

---

(1) *Méthode pour arriver à la vie heureuse.*

clare que la prédominance de ce sentiment l'a rendu parfaitement heureux. La vie en Dieu est, dit-il, la plus pleine, la plus parfaite, celle qui assure le mieux le bonheur, parce qu'elle satisfait l'appétition infinie d'être qui est le besoin fondamental de notre nature (1).

Il est donc en notre pouvoir de réaliser dès cette vie ce qu'un idéal de félicité paradisiaque a de rationnel, c'est-à-dire de conforme aux lois et aux possibilités naturelles, car, pour ce qui excède cette mesure, il serait insensé d'y prétendre, il est même déraisonnable de le rêver. N'ajournons pas à un avenir inconnu tant de belles espérances et n'attendons pas de miracles illusoires ce que nous pouvons acquérir par une libre activité. Ces visions de chimérique béatitude nous trompent ; et, pendant que nous convoitons le bonheur dans le ciel, nous restons malheureux sur terre. L'idée que toute justice sera un jour rendue ailleurs empêche de poursuivre avec le zèle nécessaire le redressement des iniquités présentes, engourdit l'esprit de réforme et fait obstacle au progrès. Restons dans la réalité, seule certaine, ne comptons que sur cette vie et consacrons tous nos efforts à l'améliorer.

3. — Ici se dresse, il est vrai, l'objection de la brièveté d'une existence dont le terme si court arrête tout, alors que nous voudrions supprimer cette limite fatale et prolonger sans fin notre vie. Mais, en cela, nos désirs se heurtent à une impossibilité absolue. L'éternité se dérobe à notre prise. Tout être fini doit se résigner à des bornes dans la durée. Il suffit que ces bornes, qui d'ailleurs n'ont rien d'immuable, puissent être reculées assez pour que nos aptitudes trouvent à se développer largement. Or la mesure assignée à notre existence est en rapport avec nos besoins réels, et, si nous la jugeons trop restreinte, nous

---

(1) *Éthique*, Ire partie, définition VII, et V^e partie, scholie, propos. 42.

avons le pouvoir de l'étendre autant que la raison est en droit de l'exiger.

Le moyen le plus direct et le plus sûr de prolonger la vie consiste à ne pas l'abréger, par imprudence, sottise ou folie, et à la sauvegarder sagement jusqu'au terme normal que la nature ne permet pas de dépasser. Rien n'est plus rare que de mourir de vieillesse, à la fin d'une existence « pleine de jours ». La plupart des êtres humains périssent prématurément, moins par l'effet de causes inévitables ou d'accidents malheureux que par méconnaissance des lois de l'hygiène, par suite de privations ou d'excès, de soucis et de chagrins. « Les hommes ne meurent pas, dit Buffon, ils se tuent. » Alors que les physiologistes déclarent la longévité humaine susceptible d'atteindre un siècle ou même plus (1), à peine compte-t-on un centenaire sur cent mille êtres vivants. Ce qui est parmi nous l'exception pourrait presque devenir la règle. De nos jours, chez les peuples les plus civilisés, quelques progrès d'aisance et d'hygiène ont, en moins d'un siècle, élevé la vie moyenne de vingt-huit à quarante ans. Des soins mieux entendus feraient gagner plus encore. A la devise des insensés, si improprement appelés *viveurs :* « Courte et bonne ! » on doit préférer celle des tempérants et des sages : « Longue et excellente ! » Quiconque est né robuste et sain peut prétendre à vivre longtemps s'il n'abuse ni de sa force ni de sa santé. L'espoir d'atteindre un grand âge n'est même pas interdit aux débiles et aux valétudinaires, astreints seulement à plus de ménagements et de prudence. Rien, on le sait, ne va aussi loin qu'une petite santé bien conduite. Toutefois, s'il convient de veiller à la préservation de la vie, il faut savoir aussi l'exposer lorsque le devoir commande, car bien mourir vaut mieux que mal vivre, et il serait honteux de

---

(1) Hufeland, *Macrobiotique ;* Flourens, *de la Longévité humaine.*

perdre, pour sauver sa vie, ce qui fait le prix de la vie.

Avec quelque soin qu'on s'applique à prolonger l'existence, sa durée reste sans doute toujours contenue entre des bornes étroites; mais, par l'activité de l'esprit, nous avons toute latitude pour agrandir indéfiniment le laps où la pensée s'exerce. Franchissant le cercle si restreint de la vie réelle, l'étude de l'histoire et celle de la nature nous ouvrent la longue suite des temps écoulés, permettent d'évoquer les générations disparues, d'anticiper sur les siècles à venir, et nous font assister à l'évolution de notre espèce, à la succession des êtres sur le globe, à la genèse cosmique, c'est-à-dire vivre intellectuellement la vie entière soit de l'humanité, soit du monde. La spéculation scientifique, embrassant par la pérennité de ses lois l'ensemble des âges, ajoute son immensité à la mesure si courte de notre existence réelle et résume pour nous l'éternité en un moment.

Mais le moyen de vivre le plus possible, c'est surtout d'employer au mieux la durée qui nous est départie. Cette durée, en effet, n'a pas de valeur absolue; ce n'est qu'un contenant dont le contenu marque le prix. Peu de jours bien remplis valent plus qu'un siècle vide. « L'utilité du vivre, dit Montaigne, n'est pas en l'espace, elle est en l'usage... Si vous avez faict vostre proufit de la vie, vous en estes repeu, allez-vous en satisfaict ; si vous n'en avez sceu user, si elle vous estoit inutile, que vous chault-il de l'avoir perdue, à quoi faire la voulez-vous encore ? (1) » Sénèque juge « la vie suffisamment longue pour mener à bien de grandes choses, si tous nos jours sont bien employés... La vie n'est pas courte de soi, mais nous la faisons courte ; nous ne sommes pas pauvres, mais prodigues d'années » (2). Nous gaspillons la durée plus que nous ne

---

(1) *Essais*, I, 19.
(2) *De brevitate vitæ;* V. aussi le commentaire de Diderot.

l'utilisons. Le désœuvrement, l'ennui, des occupations futiles, de frivoles passe-temps consomment la plus grande part de l'existence des hommes. Beaucoup traitent le temps en ennemi et ne visent qu'à le tuer. Mieux instruits de sa valeur, nous devrions en être économes, avares même, et mettre à profit ses moindres instants. Combien la vie serait pleine et riche si chaque minute qui s'écoule nous procurait un gain de plaisir ou d'admiration, un accroissement de savoir ou de vertu! A considérer tout ce que de grands hommes ont fait dans un court espace de temps, que ne pourrait pas accomplir une intelligente activité durant le laps de soixante ou quatre-vingts ans? Mais à quoi servirait l'éternité pour ceux qui, loin de savoir bien user du temps, se font un art de le perdre? Ils ne pourraient trouver en elle qu'un immortel ennui.

La brièveté de la vie n'est donc pas un motif de la prendre en dédain. Au lieu de nous décourager de vivre, l'idée que notre existence finira bientôt est une raison pour nous hâter d'en jouir. L'imminence de la mort et la certitude que chaque instant nous rapproche d'elle, sont une recommandation pressante de ne rien perdre du temps qui nous reste. Il est bon de se redire souvent à soi-même le *Memento mori* des chartreux, non comme un lugubre rappel des vanités passagères de ce monde, mais en y attachant le sens de *Memento vivere*, car « la chose du monde à laquelle un homme libre pense le moins, c'est la mort, et sa sagesse n'est pas une méditation de la mort, mais de la vie (1) ». Empressons-nous de vivre, si nous ne voulons pas mourir sans avoir vécu. Écoutons le salutaire avertissement que nous donne, avec une nuance de regret, l'inscription de la tombe antique.

DUM VIVITIS, VIVITE!

« Faites promptement tout ce que votre main peut faire,

---

(1) Spinoza, *Éthique*, IV, 67.

dit de même l'*Ecclésiaste*, parce qu'il n'y aura plus ni œuvre ni sagesse dans le tombeau où vous courez (1). »

Les poètes nous redisent à l'envi que la pensée de la mort prochaine est un stimulant à goûter des plaisirs dont bientôt nous serons sevrés (2). L'auteur du livre de *la Sagesse* invite à « se couronner de roses avant qu'elles se flétrissent » (3). En Égypte et à Rome, les raffinés étalaient dans leurs festins des squelettes sous les yeux des convives (4), et la chanson bachique des étudiants allemands évoque l'idée de la mort comme une excitation à l'ivresse de la vie. La même réflexion, appliquée à de sérieux devoirs, engage à faire constamment diligence. L'homme vaillant et de grand cœur, qui veut employer au mieux son activité, doit entreprendre comme s'il était assuré de vivre longtemps, et exécuter comme s'il courait le risque de mourir sous peu.

Il importe surtout d'avoir la pensée de la mort toujours si présente et si familière qu'elle ne nous puisse surprendre quand elle portera autour de nous et enfin sur nous ses atteintes. C'est parmi les hommes habitués à la braver chaque jour qu'on trouve les cœurs les plus résolus et les plus fermes, une intrépidité froide et calme. Plus timorés, la plupart « n'ont pas, comme dit Bossuet, moins de soin d'ensevelir les pensées de la mort que d'enterrer les morts mêmes (5). » Ils ne cherchent qu'à se distraire d'une si fâcheuse éventualité et croient éviter le péril en n'y pensant point. « Ils vont, ils viennent, ils trottent, ils dansent ; de mort, nulles nouvelles : tout cela est beau ; mais aussi,

---

(1) *Ecclésiaste*, IX, 10.
(2) Théognis, 567 et suiv., 973 et suiv. ; Anacréon, *Odes*, VI ; Horace, *Carm.*, I, 2 ; *Sat.*, III, 6 ; Catulle, *Carm.*, V ; Perse, *Sat.*, V, 153 ; Tasse, *Gerusalemme liberata*, XVI, 14, 15 ; Lamartine, *le Lac*, etc.
(3) *Sagesse*, II, 8.
(4) Hérodote, II, 78 ; Plutarque, *le Banquet des sages* ; Pétrone, *Satyr.* 34 ; Isaïe, XXII, 13.
(5) *Sermon sur la mort*.

quand elle arrive à eux ou à leurs femmes, enfants et amis, les surprenant en dessoude et à descouvert, quels tormonts, quels cris, quelle rage et quel désespoir les accable ! (1) » — « Vous voyez, écrit Fénelon, combien la vie est fragile. Quatre jours, ils ne sont pas sûrs. Chacun fait l'entendu, comme s'il était immortel ; le monde n'est qu'une cohue de gens vivants, faibles, faux et prêts à pourrir (2). » Devrait-on jamais s'étonner d'apprendre qu'un mortel est mort ? Anaxagore, à la nouvelle qu'il vient de perdre son fils, répond simplement : « Je savais que je l'avais engendré mortel (3). » Souvenons-nous de nos morts aimés, au lieu de les tant pleurer. Aussi longtemps que nous gardons pieusement leur mémoire, quelque chose d'eux survit en nous et nous donne encore l'illusion de leur présence. Il n'y a de vrais morts que ceux qui sont oubliés.

4. — Quel est en définitive le sens de la vie ? A-t-elle une raison d'être dans l'ordre général des choses ou n'y apparaît-elle qu'à titre d'accident fortuit ? Le terme qu'y met la mort équivaut-il à un effacement absolu de l'être ? Rien ne persiste-t-il de ceux qui ont cessé de vivre, et en est-il de leur existence perdue comme si elle n'avait jamais été ? Si une telle conclusion s'imposait, l'idée du néant de la vie, de son manque de but et de sa complète inutilité, aurait quelque chose d'accablant pour la raison. C'est pour l'homme en pleine activité un encouragement nécessaire, comme pour celui qui va mourir une consolation suprême, que de pouvoir se dire : Je n'aurai pas vécu en vain ; je ne périrai pas tout entier, et la meilleure part de moi-même échappera aux atteintes du

---

(1) Montaigne, *Essais*, I, 19.
(2) *Lettre* à Destouches, 18 février 1712.
(3) Diogène de Laërte, II, 10 ; Plutarque, *Consolation à Apollonius*, 33.

trépas. Cet encouragement et cette consolation, la nature ne nous les a pas refusés. « La mort est bien, comme dit Montaigne, le bout, mais non le but de la vie (1), » et, si elle en marque la fin, elle ne lui ôte pas pour cela tout sens et toute valeur.

La mort, il est vrai, supprime avec le moi la conscience qu'il avait de lui-même. Les éléments dont il constituait l'agrégat, indestructibles par nature, continuent d'être après lui, mais, en faisant retour au fonds cosmique, ils ne retiennent aucune empreinte de la personnalité disparue. D'une part, en effet, les matériaux de l'organisme, soustraits à l'empire de la vie, se décomposent, se dispersent et retombent sous les lois du monde inorganique ; de l'autre, les forces un moment liées à l'état de la substance vivante et qui lui donnaient son pouvoir d'activité, se transforment en autres modes d'énergie. Rien ne survit donc de cet assemblage de matière et de ce complexus de forces qui réalisaient une individualité. Seuls, les résultats de son activité propre, engagés dans la trame universelle des choses, peuvent durer encore quand elle n'est plus.

Par la manière dont il naît et dont il vit, l'homme fait partie d'un ensemble, y remplit une fonction et collabore à des séries coordonnées d'effets. Il est un phénomène préparé par beaucoup d'autres, qui se développe de concert avec d'autres, et détermine dans d'autres des suites de conséquences. Une chaîne sans fin de relations, de solidarités et de réversibilités rattache à une existence commune la totalité des êtres. C'est comme une symphonie dont chaque réalité exprime un son qui passe. Cette vie que le moi, se considérant à part, croit lui appartenir et constituer une *entéléchie*, un tout-clos qui se suffit et trouve sa fin en lui-même, n'est telle que par rapport à lui ; par rapport à l'ensemble dont il est une infinitésimale parcelle, il représente

---

(1) *Essais*, III, 12.

un nœud où les fils les plus divers viennent s'entrecroiser, puis se prolongent hors de lui dans tous les sens. Il n'est donc que la résultante d'une multitude d'effets qui concourent. Lui-même se résout en séries de résultantes, et, quand il disparaît comme cause actuelle, il continue d'exercer une influence durable par la manière dont il a vécu et qui a modifié, dans une certaine mesure, les phénomènes de son milieu.

5. — Nous avons reçu la vie de parents qui eux-mêmes la tenaient d'une longue suite d'ancêtres. Nous remontons ainsi, par transmission continue, jusqu'à l'origine de notre espèce, dont tous les membres se partagent un principe commun de vitalité. Outre une organisation affinée et des facultés accrues par l'exercice, nous devons à nos prédécesseurs les conditions améliorées d'existence que résume le mot de civilisation. Le bien-être dont nous jouissons est le produit des efforts de tous ceux qui ont établi notre empire sur la nature, accru sa puissance productrice, purgé la terre de fauves, soumis et multiplié les animaux domestiques, fertilisé le sol par la culture, propagé les plantes utiles, extrait du sein de la terre les trésors qu'elle recèle, approprié à nos besoins tous ces éléments de richesse, et créé par d'ingénieux artifices les industries qui nous rendent la vie facile et douce. Dans cette tâche immense, continuée pendant des siècles sans nombre, il n'est si humble ouvrier qui n'ait légué à la postérité quelque chose des fruits de son travail. Notre constitution psychique est de même la résultante de l'activité passée de notre espèce. L'individu porte profondément imprimé en lui le sceau des générations antérieures. Il hérite de leurs aptitudes acquises et s'enrichit de leurs gains. L'inquiétude de nos désirs est faite de tous les désirs qui ont agité nos pères. Les passions, qui éclosent en nous comme d'impérieux instincts, dérivent de sentiments analogues jadis éprouvés par

eux. La première émotion d'amour qui trouble les jeunes cœurs est le réveil d'une longue suite de tendresses évanouies, et c'est la série de leurs ascendants qui aime en eux. Nous devons de même aux ancêtres le goût épuré du beau, les arts qui le réalisent, leurs œuvres les plus admirées... Et de même encore, la curiosité de nos esprits, nos idées claires ou confuses des choses, les langues qui nous servent à les exprimer, les sciences, trésor inappréciable de certitudes obtenues par des recherches infinies... ; notre tempérament moral, notre caractère, nos qualités, nos défauts, cette voix même de la conscience, écho répercuté d'âge en âge des scrupules d'une moralité en quête du bien... ; nos mœurs, nos usages, nos lois, nos institutions sociales et politiques, legs de traditions séculaires ; cette patrie qui nous est chère, œuvre d'une collectivité d'hommes dévoués au bien public et qu'ont cimentée de leur sang les vaillants qui sont morts pour la faire vivre (1) ; enfin, cette patrie plus grande que la civilisation tend à constituer par l'accord de tous les groupes ethniques, provinces d'un même empire... ; en un mot, tout ce qui fait notre puissance et notre richesse de vie est le produit d'une élaboration prolongée. « Ce qui se trouve le plus dans le présent, dit un historien, c'est le passé (2). » Le patrimoine dont nous jouissons a été lentement accumulé par les morts. Nous vivons d'eux. La foule de nos ancêtres n'a donc pas disparu sans laisser de traces, et, pendant qu'ils dorment oubliés dans leur poussière, la vie qu'ils n'ont plus se retrouve en nous. Platon et Lucrèce ont comparé le principe de vitalité, transmis de génération en génération, aux torches ardentes que les coureurs se passaient de main en main dans les jeux sacrés (3). Mais il convient d'ajouter que cette

---

(1) ..... *Egregias animas quæ sanguine nobis*
Hanc patriam peperere suo.
(*Énéide*, XI, 24.)
(2) Duruy, *Histoire des Romains*, t. V, p. 345.
(3) Platon, *République*, I, 1 ; Lucrèce, *De rer. nat.*, II, 78.

flamme de vie n'est pas seulement perpétuée, et que, sans cesse avivée, elle devient toujours plus brillante...

L'humanité ne doit point être séparée du milieu où se déroulent ses destinées. « Elle n'est pas dans la nature comme un empire dans un autre; elle n'est pas au dehors ni au-dessus, mais au dedans (1). » Elle en fait partie, se rattache à elle par ses origines, dépend d'elle par ses conditions d'activité. Notre espèce, au double point de vue physique et psychique, est le produit et comme le résumé du cycle entier de la création animée. Dernier terme de l'évolution du monde animal, l'homme en constitue le type supérieur, dégagé d'une longue série d'espèces s'élevant par degrés jusqu'à cette forme éminente d'organisation. On a comme un sentiment religieux de l'existence, quand on réfléchit que le principe de vie qui, présentement, nous anime, remonte à l'origine même des choses et provient, par une suite ininterrompue de transmissions et de métamorphoses graduelles, des premiers frémissements dont fut agitée sur le globe la substance organique encore informe mais déjà vivante.

Par ses frontières indécises et ses exigences de vie, le monde animal tient au monde végétal qui s'est développé parallèlement; et le règne organique se lie au monde inorganique dont il est sorti par une genèse physico-chimique. Les manifestations de la vie à la surface du globe ont été rendues possibles par la lente évolution des corps bruts pendant les âges cosmogoniques. Tandis que les substances les plus lourdes et les plus grossières s'accumulaient pour former la masse interne de la planète, les fluides superficiels tenaient en réserve un choix d'éléments mieux doués, plus aptes à produire, à des températures atténuées, des combinaisons complexes, variables, susceptibles de parcourir des cycles d'actions et de réactions, c'est-à-

---

(1) Spinoza, *Éthique*, III, préambule.

dire de se régénérer et de vivre. Plongés dans le milieu inorganique auquel ils empruntent ce qu'ils s'approprient de matière et de force, les êtres vivants, condensateurs d'énergie, transforment en activité suivie, réglée et consciente, les puissances diffuses, chaotiques et aveugles de la matière brute. Ainsi se comble, par l'accord des trois règnes de la nature, l'abîme creusé par la métaphysique entre la vie et son support, entre ce qui la prépare et ce qui la réalise, et l'unité cosmique du globe poursuit sans interruption le cours de son existence grandiose.

Considérée comme astre, la terre fait partie d'un groupe de mondes issus d'une nébulosité commune, et dont les mouvements se coordonnent entre eux. Elle reçoit du soleil, pivot et moteur du système, les irradiations de chaleur et de lumière qui entretiennent la vie... Le système solaire se relie à son tour aux systèmes stellaires par un fonds identique de substance et par des actions réciproques... Enfin, tous les corps célestes, épars en nombre infini dans l'immense éther, semblent tirer de lui, sous la forme la plus élémentaire qui se puisse concevoir, leur principe de matérialité et d'activité. Plusieurs physiciens de nos jours regardent l'éther, substrat ultime de la matière, comme un réservoir primordial de force d'où dérivent toutes les énergies qui se déploient sous différents aspects dans l'univers. La pensée remonte ainsi jusqu'à une réalité irréductible et simple, universelle, inconditionnée, qui a pour unique attribut d'exister et contient en puissance tous les modes d'activité. Tout émane d'elle, tout se résorbe en elle (1). Absolu, infini, éternel, seul être véri-

---

(1) Les anciens en avaient déjà l'intuition. Pacuvius, cité par Cicéron (*De divin.*, I, 2), dit:

Hoc vide circum, supraque, quod complexu continet
Terram : nostri cœlum memorant, Graii perhibent Æthera.
Quidquid est hoc, omnia id animat, format, auget, alit, creat,
Sepelit, recipitque in sese omnia ; omnium idem est pater.
Indidemque eademque oriuntur, de integro eademque occidunt.

table, l'éther, principe et fin des choses, insaisissable à la perception, mais logiquement nécessaire, serait pour la science la représentation effective de l'être mythique, si diversement compris, que les religions personnifient et nommentDieu.

6. — Comme le passé du genre humain et celui de la nature persistent dans le présent qu'ils ont préparé, ce présent qui est nôtre, devenu passé à son tour, persistera dans l'avenir qu'il a mission de féconder. Si infime que soit, en comparaison du tout, chacun des êtres particuliers qui le composent, il en est une parcelle, exerce sa part d'influence et remplit une fonction. Son activité propre détermine des séries d'effets dont les conséquences s'étendent loin et vont se perdre dans l'infini. Les êtres passent, leurs œuvres demeurent. Il y a là pour eux une survivance réelle, plus équitable que l'immortalité rêvée, puisqu'elle perpétue non la personne, phénomène passager, non la gloire d'un nom, vain bruit de renommée dont quelques-uns à peine, et non toujours les plus dignes, ont chance de bénéficier, mais ce qu'il y a en nous de meilleur, de rationnel et de durable.

L'étincelle de vie que la génération actuelle a reçue des générations antérieures sera transmise par elle aux générations futures, assurant ainsi la conservation de l'espèce et ses progrès éventuels aussi longtemps que la nature ne les rendra pas impossibles. Ce pouvoir qu'a la vie de se perpétuer et de se répandre la soustrait aux atteintes de la mort (1) et la fait, en quelque sorte, participer aux attributs divins d'immensité et d'éternité (2). « La Providence, dit Averroès, a accordé à l'être périssable la force de se reproduire pour le consoler de mourir et lui donner, à défaut

(1) Nous sommes, dit Apulée, *sigillatim mortales, cunctim perpetui* (*De deo Socratis*).
(2) Aristote, *de l'Ame*, II. 2.

d'autre, cette sorte d'immortalité (1). » Tout père revit dans ses enfants et dans les enfants de ses enfants, puis en espérance, dans leur postérité qui a chance de durer autant que l'espèce. Outre le don même de la vie, il lègue à sa descendance, suivant la manière dont il a vécu, un héritage de force ou de faiblesse, de santé ou de maladie, d'aptitudes améliorées ou faussées, de moralité ou de corruption, d'aisance ou de misère, d'honorabilité ou d'infamie... Plus généralement encore, chaque homme laisse, dans les groupes dont il a fait partie, une trace persistante de son passage par les conséquences prolongées de son activité. Ce que, durant le cours de sa vie, il a effectué de travail utile, ressenti et inspiré de bons sentiments, réalisé ou apprécié de beau, découvert ou propagé de vrai, fait de bien, accompli de juste, se répand de proche en proche en conséquences heureuses, entre dans le patrimoine commun et augmente le trésor de la civilisation. Il paie ainsi à ses successeurs ce que Manou appelle « la dette de l'ancêtre », qui oblige tout homme à s'acquitter en bienfaits transmis des bienfaits reçus. Ce que chacun a, au contraire, fait de mal, causé de peine, conçu de laid, pensé de faux, donné de mauvais exemples, suscité de trouble social, ne nuit pas seulement à lui, à sa famille et à ses contemporains, mais encore occasionne un préjudice durable à la postérité qui devra, non sans souffrance, éliminer ce principe d'effets pernicieux. Il n'est donc aucun de nos actes qui ne contribue à créer pour l'avenir des conditions propices ou défavorables de vie. Quiconque mène une existence conforme aux lois de la raison accroît la somme des progrès acquis, l'artisan par son labeur, le cœur aimant par sa tendresse, l'artiste par son idéal, le savant par ses recherches, l'homme de bien par ses vertus, le philanthrope par sa bienveillance et son active charité. La civili-

(1) *De animâ.*

sation se compose de cette multitude de petits gains que réalise en détail l'œuvre de chaque être et de chaque jour...

Et ceux-là seuls sont morts qui n'ont rien laissé d'eux (1).

L'ingérence humaine, opérant une sorte de main mise sur les trois règnes de la nature, modifie, avec un pouvoir croissant, l'état du globe dans le sens d'une évolution mieux dirigée par une raison clairvoyante que par le jeu de forces aveugles, et entraîne le monde vers de plus hautes destinées. A une faune et à une flore sauvages, défectueuses et désordonnées, notre action intelligente substitue un choix d'espèces domestiquées ou cultivées, rendues plus fécondes et meilleures. Le monde inorganique lui-même, arraché à son inertie, est investi de fonctions industrielles et se transforme en éléments de richesse. Le rôle de l'humanité dans la nature est ainsi d'accroître la quantité de vie sur la terre et d'y faire régner l'ordre, la pensée, la raison...

Alors même qu'un jour elle devrait cesser d'être, elle aura joué sur le théâtre du globe la plus brillante scène du grand drame de la création terrestre... Et si la terre à son tour doit, comme tous les astres du ciel, finir par se volatiliser dans l'espace, revenir à l'état de nébulosité vague ou même se résoudre en vibrations de l'éther, tout ce que les mondes auront eu de matière et de force se trouvera ramené à sa pure essence, mieux adapté peut-être par ses modalités passées à des transformations futures, et prêt pour une genèse de nouveaux univers, moins imparfaits que le nôtre...

7. — Ainsi, par une suite de rapports prolongés à l'infini, les êtres particuliers, phénomènes transitoires, procèdent de ce qui a été avant eux, se lient à ce qui est avec

---

(1) Sully-Prudhomme, *le Zénith*.

eux et préparent ce qui doit être après eux. Tour à tour effet et cause les uns des autres, ils se coordonnent par séries, et leurs existences, quoique dispersées dans l'étendue et successives dans le temps, composent une existence totale unique. Un même principe d'activité, absolu dans son essence, mais relatif dans ses modes, illimité en extension, mais partout local par ses manifestations, éternel par la permanence de son être, mais caduc et périssable dans chacune de ses manières d'exister, détermine toutes choses, remplit l'univers de contrastes et d'harmonie, met de la variété dans l'unité et forme un ensemble dont toutes les parties concourent (1). « Ce qui me paraît, dit Renan, résulter du spectacle général du monde, c'est qu'il se construit une œuvre infinie où chacun insère son action comme un atome. » L'univers se conçoit alors comme un être immense, « l'Un-Tout » (2) des stoïciens, source inépuisable d'énergie dont la puissance se déploie dans le double infini de l'espace et de la durée. Cet être, qui comprend tout, ne peut développer la pleine diversité de ses attributs qu'en se différenciant par séries d'êtres particuliers, car sans eux son existence resterait vague, uniforme, indéterminée. Pour réaliser sa grande vie, il faut que l'infini se limite dans le fini, que l'absolu se conditionne dans le relatif, que l'éternité s'écoule en moments, que l'unité se scinde en pluralité. La suite sans fin des choses est la variation, sans cesse renouvelée, du même pouvoir d'existence. L'apparition éphémère des êtres sur le fond infini de l'être représente les aspects, les stades, les modalités de ce perpétuel devenir.

Parcelle d'un tout, dérivé de lui, résorbé en lui, l'homme est tenu de suivre, autant que sa raison le comporte, l'ordre et les lois de l'ensemble. Il doit conformer sa conduite aux

---

(1) Σύμπνοια πάντα (Hippocrate).
(2) Ἓν καὶ πᾶν.

tendances générales des choses. Il participe ainsi, non plus passivement et par une vision d'extase, mais activement et en fait, à la vie universelle. Bien qu'il ne soit qu'un atome dans le sein de l'infini, comme cet atome est conscient, doué d'intelligence et de volonté, il a une part réelle, quoique infime, d'influence, et concourt aux séries d'effets, de même que, dans l'Océan, chaque molécule liquide pèse de son poids, et, par les pressions qu'elle exerce ou qu'elle subit, contribue à l'équilibre de la vaste masse des eaux. La valeur de la vie, c'est de collaborer sciemment à une œuvre infinie et éternelle, d'en jouir un instant et d'introduire dans la trame de l'univers une résultante d'activité personnelle qui se prolongera sans terme dans l'impersonnalité de l'ensemble. Notre œuvre, si elle est bonne, nous survivra. Nous triompherons par elle et revivrons dans l'avenir illimité. C'est là « le sillon que chacun de nous laisse au sein de l'infini » (1). Si, selon une belle pensée d'Aristote, la dignité d'un être se mesure à la grandeur de sa tâche et augmente avec l'étendue de ses devoirs, quel plus noble emploi de ses facultés peut-on proposer à un être raisonnable, quel but plus élevé à ses aspirations, que de s'identifier avec l'être infini et de prendre part à la vie universelle en dirigeant dans le même sens son pouvoir d'action ?

Ces hautes vérités ont été entrevues ou formulées par les sages de tous les pays et de tous les temps. Suivant la doctrine de Confucius, l'homme, égal aux puissances créatrices, doit comme elles influer sur le cours de la nature, contribuer au développement des autres êtres, et collaborer à l'œuvre du Ciel et de la Terre, en formant avec ces génies divins une sorte de trinité (2). « Il faut, dit Krichna, accomplir l'œuvre que la position assignée sur cette terre impose et remplir son devoir social, tout en sachant que le profit

---

(1) Renan, *Dialogues philosophiques*, p. 139.
(2) Douglas, *Confucianisme et taoïsme*, 68, 69.

en est médiocre, tout en étant indifférent au mérite des œuvres terrestres, tout en aspirant à l'absolu (1). » Pour Zoroastre, le fond de la religion est le désir de ne pas quitter le monde sans le laisser un peu meilleur qu'on ne l'a trouvé, de combattre le bon combat, de diminuer la part du mal et d'accroître celle du bien. Socrate se proclame « citoyen du monde » plus encore qu'Athénien ou Grec (2). Platon dit également : « Toi-même, chétif mortel, tout petit que tu es, tu entres pour quelque chose dans l'ordre général, et tu t'y rapportes sans cesse. L'univers n'existe pas pour toi, mais tu existes toi-même pour l'Univers (3) ; » et il définit le sage « celui qui met sa vie d'accord avec les mouvements éternels des mondes ». Aristote veut que l'homme « s'immortalise, soi et ses œuvres, en poursuivant, quoique mortel, des fins immortelles (4) ». D'après sa théorie des devoirs, le rôle de la science est de nous faire connaître l'harmonie de l'univers et celui de la morale, de conformer notre activité à ses lois. Les épicuriens et les stoïciens s'accordaient à proclamer la grande maxime : « Suivre l'ordre de la nature », et Cicéron indique comment on peut concilier l'abnégation que ce précepte commande avec la recherche des satisfactions que la personnalité réclame, en se conformant au principe ainsi formulé : « Faire en sorte que, sans jamais aller contre les lois de la nature universelle, nous suivions cependant notre propre nature. (5) » — « On ne saurait subsister seul, écrit Descartes ; l'on est en effet une des parties de l'univers, et plus particulièrement encore l'une des parties de cette terre à laquelle on est joint par sa demeure, par son

---

(1) *Mahabhârata*, épisode du *Bhagavad-Gîta*.
(2) Ὁ δὲ Σωκράτης οὐκ Ἀθηναῖος οὐδὲ Ἕλλην, ἀλλὰ κόσμιος εἶναι φήσας (Plutarque, *De exil.*, 5).
Lucain définit l'idéal des stoïciens :
    Non sibi sed toto genitum se credere mundo.
(3) *Lois*, X, 12.
(4) *Morale à Nicomaque*.
(5) *De officiis*, I, 31.

serment, par sa naissance, et il faut toujours préférer les intérêts du tout dont on est une partie (1). » Spinoza demande qu'on gouverne sa vie « sous l'idée de l'être parfait ». Avoir une claire vue de notre dépendance par rapport à l'univers, le respect de ses lois, le désir constant de participer à un effort vers le mieux, vouloir l'accord de notre raison et des tendances de la nature, voilà la plus pure essence du sentiment religieux. « Faire quelque chose pendant sa vie, même sur la plus humble échelle, si rien de plus n'est à sa portée, pour hâter, si peu que ce soit, ce triomphe final, c'est la pensée la plus stimulante et la plus fortifiante qui puisse inspirer un homme. C'est cette pensée qui... est destinée à constituer la religion de l'avenir (2). »

8. — Ce ne sont encore là que des pressentiments ; mais plus la science avancera dans la connaissance des choses, plus clairement apparaîtront l'harmonie des lois, l'accord des parties entre elles et avec le tout, la place et le rôle de l'homme dans l'univers. Il sera, croyons-nous, possible d'élever sur cette large et ferme base une morale scientifique déduite des lois qui gouvernent le monde et qui nous apprendrait à régler sur elles notre vie, morale à la fois vaillante et stoïque, courageuse pour entreprendre parce que, agissant dans le sens de l'évolution la plus générale, elle bénéficierait de tous les concours, et, résignée pour supporter parce qu'elle montrerait avec évidence la nécessité, la rationalité des conditions qu'il faut subir. La première des vertus philosophiques, c'est l'accomplissement volontaire de ce que les lois de la vie ont d'impératif, l'acquiescement à ce qu'elles ont d'inévitable. Au lieu de vouloir tout ramener à nous, en prenant pour unique règle notre intérêt personnel, appliquons-nous à connaître et à

---

(1) *Lettre à la princesse Elisabeth.*
(2) Stuart Mill, *Essais sur la religion*, fin.

remplir notre fonction dans l'ensemble des êtres. Nous devons chercher le mieux et faire le possible, mais admettre le nécessaire et aller de bon gré où la force des choses nous mène, sans nous y laisser traîner. Comme il est plus facile de changer nos désirs que l'ordre du monde, plions-les à ses exigences ? La raison peut céder sans révolte aux fatalités qui la dominent parce que, résultant de nécessités générales, elles n'ont rien d'arbitraire (1), et, loin d'être humiliée en s'y soumettant, elle fait preuve par une acceptation virile de sentiments qui se confondent avec la forme la plus élevée de la piété. Il convient de dire avec Marc Aurèle : « O univers, je veux ce que tu veux ! (2) » Sénèque interdit même la plainte : « Une âme ferme et sereine dans l'adversité accepte tous les événements comme si elle les avait désirés... Pleurer, se plaindre, gémir, c'est être rebelle (3). »

Acceptons donc la vie avec ses éventualités et ses contingences, avec son lot inévitable d'accidents, de mécomptes et de tristesses, et, si parfois le fardeau paraît pesant, rappelons-nous que nous n'aurons pas à le porter bien loin. Acceptons surtout la loi de mortalité, si dure qu'elle nous semble, et gardons-nous comme d'un égoïsme déraisonnable de vouloir être toujours. Ne nous livrons pas à d'inutiles regrets de la vie qui nous échappe, disons-nous

---

(1) « Celui qui te congédie est sans colère » (Marc Aurèle, Pensées, XII, 36). « Pourquoi gémir sur ce qui s'accomplit suivant une loi de la nature ? Rien de ce qui est nécessaire ne doit nous paraître cruel », dit Euripide parlant de la mort.

(2) Pensées, IV, 23 ; V, 8 ; X, 23.

(3) Questions naturelles, III, préface. — Pascal écrit dans le même esprit de soumission : « J'essaie autant que je le puis de ne m'affliger de rien et de prendre tout ce qui arrive pour le meilleur. Je crois que c'est un devoir et qu'on pèche en ne le faisant pas. Car... l'essence du péché consistant à avoir une volonté opposée à celle que nous connaissons en Dieu, il est visible, ce me semble, que, quand il nous découvre sa volonté par les événements, ce serait un péché de ne pas s'y accommoder. » (Lettre à Mlle de Roannez.)

que notre mort est nécessaire à l'ordre du monde, qu'après avoir vécu il faut faire place à d'autres, que ce qu'il y avait de meilleur en nous se retrouvera en eux. La tâche que nous laissons inachevée sera reprise et menée à bien par des continuateurs plus heureux. Notre mort n'interrompt rien. Ce que nous avons voulu ou rêvé de bonté, de beauté, de vérité, de perfection, de justice, se réalisera quelque jour, et, nous disparus, « il n'y a de moins dans le monde qu'un miroir brisé » (1).

La seule manière de bien mourir, c'est de mourir résigné ou mieux consentant, sinon résolu. Pour ôter à la mort son aiguillon, il ne suffit pas de la subir sans révolte, il faut l'accueillir sans tristesse, l'agréer, presque lui sourire. La supériorité de la raison est de comprendre non seulement la nécessité de la mort, mais aussi son utilité, et d'approuver la loi qui nous condamne à finir. Par là, l'homme s'élève au-dessus des animaux, qui craignent la mort sans la connaître, et il cesse de la craindre, parce qu'il la connaît. L'adhésion volontaire à ce qui est une obligation stricte, le paiement d'une dette sacrée, l'accomplissement d'un dernier devoir, fait de la mort un acte moral qui a, comme tel, sa sanction et trouve sa récompense dans le calme d'une bonne fin. Écartons de chimériques terreurs, fions-nous à l'ordre qui règle le cours des choses, et, quand viendra l'heure suprême, abîmons-nous avec sérénité dans le sein de l'infini. « Pour se retrouver dans l'infini, dit Gœthe, l'individu s'évanouit volontiers. Là se dissipent tous les ennuis, les chagrins, les brûlants désirs, les impatiences et les colères de la fougueuse volonté. S'abandonner dans l'infini est une ineffable jouissance (2). » De même Léopardi :

« *Il naufragar m'è dolce in questo mare* » (3)

(1) Guyau, l'*Irreligion de l'avenir*, fin.
(2) Gœthe, *Testament*.
(3) *L'Infinito*.

Jouissons de la vie comme d'une participation momentanée à l'universelle réalité, mais accédons à la mort, comme à la loi de rénovation des êtres, à la résorption du fini dans l'infini. Sachons vivre et ne nous refusons pas à mourir. Soyons doux envers la mort, elle sera douce envers nous. « Il faut partir de la vie avec résignation, comme tombe l'olive mûre, en bénissant la terre sa nourrice et en rendant grâce à l'arbre qui l'a produite (1). »

---

(1) Marc Aurèle, *Pensées*, IV, 48.

TABLE DES MATIÈRES

	Pages
Introduction	1
Chapitre I. — Origine des idées d'âme et de vie future.	13
Chapitre II. — Exposé des croyances relatives à la vie future.	28
Chapitre III. — Examen des preuves de la survivance : I. Spiritualité de l'âme	61
Chapitre IV. — Examen des preuves de la survivance : II. Simplicité de l'âme.	85
Chapitre V. — Examen des preuves de la survivance : III. Nécessité de compensations et de sanctions.	102
Chapitre VI. — Limitation et extension du droit à la vie future.	130
Chapitre VII. — Réincorporation des âmes. Possession, métempsycose, résurrection.	152
Chapitre VIII. — Conditions de lieu d'une existence future.	178
Chapitre IX. — Conditions de durée d'une existence future.	203
Chapitre X. — Modes d'activité dans une existence future : I. Fonctions physiologiques, semblables ou analogues à celles de la vie présente.	228
Chapitre XI. — Modes d'activité dans une existence future : II. Fonctions psychiques, différentes de celles de la vie actuelle.	255

Chapitre XII. — Modes d'activité dans une existence future : III. Fonctions sociales. 275
Chapitre XIII. — Conclusion théorique. Loi de mortalité. 295
Chapitre XIV. — Conclusion pratique. Conséquences morales 323

24-6-6. — Tours, Imprimerie E. Arrault et Cie.

www.ingramcontent.com/pod-product-compliance
Lightning Source LLC
Chambersburg PA
CBHW070843170426
43202CB00012B/1931